Andrea Riedinger
Meine Trauer traut sich was

andrea riedinger

meine trauer
traut sich was!

nach einem schicksalsschlag wieder
mut zum leben fassen

Inhalt

Prolog	**Als es keinen Geburtstag mehr gab**	7
Kapitel 1	**Das kann nicht wahr sein** Warum Sie mehr Kraft haben, als Sie denken	9
Kapitel 2	**Der Mann vom TÜV** Wie wichtig es ist, die richtige Sprache zu finden	33
Kapitel 3	**In der Fremde** Nur zusammen ist man weniger allein	58
Kapitel 4	**Überfordert** Wieso Schwäche zugeben Stärke ist	85
Kapitel 5	**Das Leben ist jetzt** Warum die Normalität erst einkehrt, wenn Sie das Nichtnormale akzeptieren	106
Kapitel 6	**Scherben und Unordnung** Warum die Schuldfrage irrelevant ist	131
Kapitel 7	**Verwitwet? Ich? Das kann doch gar nicht …** Warum Sie das alte Leben nicht festhalten können	152
Kapitel 8	**Luftballons zum Geburtstag** Wie das Leben weitergeht	173

Kapitel 9	**Regenbögen fallen nicht vom Himmel**	195
	Wieso Sie Ihr altes Leben nicht ausradieren müssen	
Kapitel 10	**Stärker als zuvor**	218
	Warum es gut ist, dass Sie anders sind	
Kapitel 11	**Die Fahrradtour**	240
	Wie es immer wieder weitergeht	
Epilog	**Somewhere over the Rainbow**	266

Prolog
Als es keinen Geburtstag mehr gab

"Mama, hast du eigentlich auch mal Geburtstag?" Mit diesen Worten hüpft meine dreijährige Tochter auf meinen Schoß und schaut mich erwartungsvoll an. "Ja, das habe ich. Im Februar", antworte ich ihr sehr zögernd, und mir ist gar nicht wohl bei meinen Worten. "Wann ist denn Februar?" Svenja lässt nicht locker. "Ein paar Wochen nach Weihnachten, also gar nicht mehr so lange", erkläre ich. "Au prima, da freue ich mich schon drauf." Kaum ausgesprochen kraxelt sie wieder runter von mir und saust ins Kinderzimmer zurück.

Und da sitze ich nun und starre die Decke an. Mein Geburtstag! Wie gerne hätte ich ihn wieder ignoriert und einfach ausfallen lassen, wie bereits im vergangenen Jahr. Nichts sehen, nichts hören, nicht reden. Einfach so tun, als wäre es ein ganz normaler Wochentag, der in keinster Weise mit mir in Verbindung steht. Nicht ans Telefon gehen und niemanden einladen. Am besten aus der Wohnung flüchten, damit ich ja keinem begegne. Doch mir wird klar, dass ich nach dem Gespräch mit Svenja aus dieser Nummer nicht so schnell wieder rauskomme. Sie würde nachbohren, bis der Tag endlich da ist, soviel steht heute schon fest. Was soll ich nur tun?

Seit dem Ausbruch der Krankheit meines Mannes Andi hatte ich das Gefühl, dass es in meinem Leben einfach keinen Grund mehr zum Feiern gab. Ich war traurig und ich hatte Angst. Mit meinem Geburtstag konnte ich einfach nichts mehr anfangen, denn zu viel Schreckliches war in den letzten zwei Jahren passiert: eine Krebserkrankung, ein Todesfall, das Zurückbleiben als junge Witwe mit einem Kleinkind, das mit nur zwei Jahren seinen Papa verlor.

Das Schicksal hatte mit voller Wucht zugeschlagen! Wums. Einfach so. Es war ungefragt und ohne Vorbereitung in mein Leben getreten. Da war es. Rücksichtslos und ohne jede Vorwarnung. Und es blieb, biss sich fest und ließ nicht mehr locker. „Ich will dich nicht, du hast in meinem schönen, friedlichen und geordneten Leben nichts zu suchen. Es gibt keinen Platz. Geh weg, ganz weit weg, denn so etwas passiert mir nicht. Und jetzt erst recht nicht." Doch weder Wut noch Entsetzen, weder Worte noch Gedanken helfen in solch einer Situation, den ungebetenen Gast zu vertreiben. Sie verpuffen, prallen ab und bleiben völlig unbeachtet.

Ein Schicksalsschlag trifft hart und löst sich nicht einfach wieder in Luft auf. Er wird zum Wegbegleiter und jeder Betroffene muss lernen, mit ihm zu leben. Auch ich musste diese bittere Erfahrung machen.

KAPITEL 1

Das kann nicht wahr sein
Warum Sie mehr Kraft haben, als Sie denken

„Wir haben da was gefunden. Ich bin sofort bei Ihnen." Kaum aufgetaucht, rauscht der Arzt mit wehendem Kittel auch schon weiter den Flur entlang. Wir starren uns entsetzt an. Der Schokoriegel, der unser Abendessen ersetzt, bleibt mir fast im Hals stecken. Langsam verhallen die Schritte und wir sind wieder allein in einem abgelegenen Teil der Augenklinik. Es ist bereits dämmrig und durch das Fenster sehen wir die vielen Lichter von Stuttgart aufblitzen. Der Buggy mit unserer schlafenden Tochter steht zwischen uns. Nach langem Kampf hat ihre Müdigkeit endlich gesiegt. Wie soll ein Kind auch zur Ruhe kommen, wenn es die innere Anspannung beider Elternteile spürt, sich stundenlang in stark frequentierten Krankenhausgängen aufhält und statt dem vertrauten abendlichen Milchfläschchen auf einmal einen Plastikersatz mit Milch vorgesetzt bekommt, den wir kurzfristig samt Windeln in einem Drogeriemarkt erstanden hatten, da wir auf so einen langen Tag auswärts gar nicht vorbereitet waren.

Die Ärzte haben etwas gefunden. Das Etwas befindet sich im Kopf meines Mannes, denn die vorausgegangene Untersuchung, auf deren Ergebnis wir seit einer gefühlten Ewigkeit warten, war eine Kernspintomografie des Schädels. In den ersten Sekunden sind wir weder fähig zu sprechen noch uns zu bewegen. Es ist gespenstisch still in diesem Wartebereich. Wir halten uns fest an den Händen und versuchen beide, die ungeheuerlichen Worte zu begreifen. „Der kann uns doch mit diesem Satz nicht einfach sitzen lassen." Meinem Entsetzen folgt Wut, mit der ich mich ein Stück weit abzulenken versuche von der näherkommenden Bedrohung, gegen die ich mich innerlich mit aller Macht wehre. Ich bin wütend auf diesen unsensiblen Arzt, stellvertretend für alle, die uns seit heute Morgen immer wieder warten lassen: auf diverse Augenuntersuchungen, die Entscheidung, dass eine Notfall-Kernspintomografie gerechtfertigt ist und schließlich auf die eigentliche Aufnahme. Denn als dieser Termin am Spätnachmittag endlich erreicht war, verzögerte sich die bildgebende Untersuchung immer wieder aufgrund dringenderer Notfälle. Letztendlich saßen wir allein drei Stunden vor dem Untersuchungsraum der Radiologie. Mittlerweile ist es 21 Uhr abends. Meine Nerven sind kurz vor dem Zerspringen. Und nun dieser eine Satz. Er bringt unser Leben ins Wanken. Das kann ich förmlich spüren. Doch begreifen will ich es nicht.

Andi sieht seit gestern immer wieder Doppelbilder, als spielten ihm seine Augen einen Streich. Morgens war es noch eine Unschärfe gewesen, doch im Verlauf des Tages verschoben sich die Bilder immer mehr. Er hatte den Tag geschäftlich in Bremerhaven verbracht und kam erst in den Abendstunden zurück. Als er das Wohnzimmer betrat, saß ich vor dem Fernseher und schaute das „heute-journal". „Ich sehe die Marietta heute zweimal." Er zeigte auf die

Nachrichtensprecherin. "Und von den Vasen da oben gleich vier." Ich folgte seinem Blick auf die Schrankwand, auf der zwei Glasvasen standen. "Wie bitte?" Das klang so grotesk, dass ich im ersten Moment zu lachen anfing. Aber es verging mir schnell, denn seine Stimme klang nicht so, als würde er mich auf den Arm nehmen.

Doch mit seinen Augen ist alles in Ordnung. Aus diesem Grund sitzen wir immer noch hier und warten unruhig auf den Arzt.

Das Leben steht Kopf

Völlig unvorhergesehen und ohne jede Vorwarnung schlägt ein Schicksal zu. Eine niederschmetternde Diagnose, der Tod eines lieben Menschen, ein verheerender Unfall mit schwerwiegenden Folgen, eine überraschende Naturkatastrophe, eine schmerzvolle Trennung oder der Verlust der Arbeitsstelle, an der man zwanzig Jahre seinen Platz gefunden hat – das alles sind einschneidende Ereignisse, die ein Leben von heute auf morgen völlig verändern und den Betroffenen in eine tiefe Krise stürzen. Schwierigen Situationen können wir nicht entgehen. Unglücke passieren. Krankheiten entstehen. Todesfälle folgen. Das alles ist schrecklich und wird es auch immer bleiben. Krisen gehören zum Leben, das wissen wir. Doch für jeden Menschen, Angehörigen, Freund oder Partner ist es eine ganz persönliche und noch nie dagewesene bittere Erfahrung, die plötzlich und unerwartet das Leben auf den Kopf stellt. Es ist etwas passiert. Von einer Minute auf die andere. Etwas Schreckliches, etwas Einschneidendes, ohne dass es aufgehalten werden konnte. Es ist sofort spürbar, bedrohlich, aber noch nicht richtig greifbar. Alles scheint auf einmal anders, vieles ist in Unordnung geraten.

Noch einen Tag, bevor mein Mann erste Beschwerden hatte, hielten wir unser Leben für leicht, unbeschwert und mal abgesehen von banalen Alltagsproblemchen für sorgenfrei. Wir hatten keinerlei Vorstellung von dem, was noch auf uns zukommen sollte. Wie auch? Krisen gibt es. Klar, das wussten auch wir. Doch weder Geschichten aus dem Bekanntenkreis, den Nachrichten, der Tageszeitung noch Erzählungen von Kollegen brachten uns früher zum Nachdenken. Ich bereue das im Nachhinein nicht. Im Gegenteil. Ich denke, wir unterschieden uns da kaum von vielen anderen in unserem Umfeld. Sich schlimme Szenarien auszudenken, hilft einfach nicht weiter. Genauso wenig kann man allen lauernden Gefahren ausweichen. Sämtliche Verkehrsmittel wie Auto, Zug oder Flugzeug zu umgehen, um einen Unfall zu vermeiden, ist in der heutigen Zeit nicht praktikabel. Sich vorsorglich ständig auf neue Arbeitsstellen zu bewerben, um einer eventuellen Arbeitslosigkeit zu entrinnen, macht einfach keinen Sinn. Eine Vorbereitung auf einen Schicksalsschlag ist und bleibt unmöglich. Er kommt immer überraschend.

Heute beneide ich diejenigen, die diese Sorglosigkeit noch verspüren und ihr Leben mit der festen Überzeugung leben, dass schon nichts passieren wird. Die nach vorne sehen und die nächsten zehn Jahre ohne große Stolpersteine vor Augen haben. Keiner weiß, was kommt. Doch leider bin ich mittlerweile einen Schritt voraus und werde diese schöne, beruhigende Naivität und Arglosigkeit deshalb niemals mehr einfangen können.

Aber genau diese Arglosigkeit ist es, die einen zur Salzsäule erstarren lässt, wenn das Schicksal von heute auf morgen zuschlägt. Die Gutgläubigkeit, dass schon alles gut gehen wird, und die Sorglosigkeit, die bis gestern noch vorhanden war. Doch auf einmal gelten diese Grundsätze nicht mehr. Ein Schock. Urplötzlich herrschen andere Emotionen: Angst, Entsetzen und Hilflosigkeit führen das Regiment und lassen Betroffene kaum einen klaren Gedanken fassen. Zudem sind die neuen Tatsachen fernab aller Vorstellungskraft, sie kommen so überraschend, sind grausam und anders als alles zuvor Dagewesene, dass Menschen in Krisen im ersten Moment nicht anders können, als abzuriegeln und alles von sich zu weisen: Die Diagnose kann nicht stimmen, der Arzt muss sich irren. Mein Mann wird bestimmt wieder gesund, so früh darf man nicht sterben. Mein Partner will sich bestimmt nicht endgültig von mir trennen, sondern überlegt es sich noch mal. Es werden Stellen abgebaut, aber mich trifft es mit dem Arbeitsplatzverlust bestimmt nicht. Die Flut kann unser Haus nicht treffen, vielleicht die anderen, aber unseres sicher nicht. Nein. Nein. Nein! Das kann alles nicht wahr sein. Das geht einfach nicht.

Ich weiß noch, dass Andi an dem Abend, als er zum ersten Mal Doppelbilder wahrnahm, unser Gesundheitsbuch aus dem Bücherregal zog und ausgestreckt auf dem Fußboden darin zu blättern begann. Es gab in dem Ratgeber ein Diagramm, bei dem Symptome abgefragt wurden. Er las laut vor und wir verfolgten quasi seine Spur. Bereits dort gab es einen Pfeil in Richtung Hirntumor, natürlich mit dem Hinweis, bei dieser Symptomatik zur Abklärung zum Arzt zu gehen. Doch für uns beide war das so weit hergeholt, schrecklich und absolut unvorstellbar, dass wir uns ansahen und einstimmig beschlossen: „So ein Quatsch. Jetzt lassen wir die Kirche mal im Dorf", und Andi das Buch zuklappte und es zurück ins Regal stellte. Doch aus Quatsch wurde Ernst. Bitterernst. Denn zwei Wochen später lautete seine Diagnose: Lymphome im Gehirn, also ein Hirntumor.

Menschen, die mit einem Schicksalsschlag konfrontiert werden, versuchen ihn zu ignorieren und schieben die furchtbare Realität beiseite: *Ich kann das nicht ertragen! Ich halte das nicht aus!* Diese Gedanken rücken sofort in den Vordergrund. Betroffene fühlen sich nicht in der Lage, die heftigen Auswirkungen einer Krise zu stemmen. Sie fühlen sich zu schwach, um die Unordnung in ihr Leben eindringen zu lassen. Sie wollen wieder zurück zu Stabilität und Sicherheit. Zurück zu vertrauten Dingen. Genau deshalb wird das Schlimme einfach verdrängt. Die Realität ausgeblendet. Einem schwer verletzten Unfallopfer kommen Gedanken wie: Ich gebe die Funktion meiner Beine nicht auf! Das wird besser. Wie soll ich denn mit einem Rollstuhl zurechtkommen? Ich bin völlig ungeschickt. Ich kann das nicht. Und die Blicke, die

Rollstuhlfahrer kassieren, ertrage ich sowieso nicht. Ich werde wieder laufen können.

Doch kommt man mit einer Vogel-Strauß-Mentalität vorwärts? Einfach, in Bildern gesprochen, den Kopf in den Sand stecken und so tun, als wäre bald wieder alles gut und beim Alten? Sicher nicht. Es ist genau andersherum: Wer sich der Realität verweigert, der schlägt einen Weg ein, der die Situation zusätzlich noch verschlimmert.

In unser Wohnzimmer hängte ich direkt nach der Beerdigung ein Bild von meinem Mann, das wir während der Trauerfeier in der Aussegnungshalle aufgestellt hatten. Dieses Bild war recht groß und hing direkt neben der Küche. Es war also ein Platz, an dem ich sehr häufig vorbeimusste. Doch stehen blieb ich selten davor. Das Einzige, was ich ihm wochenlang gedanklich oder verbal entgegenschleuderte, sooft ich auch daran vorbeikam, waren die Worte: „Andi, das geht nicht!" Zu mehr Gedanken war ich nicht in der Lage, mehr hätte mich restlos überfordert. Ich konnte und wollte seinen Tod nicht akzeptieren. Ich war darauf nicht vorbereitet, sein Sterben hatte mich eiskalt erwischt. Genauso wenig wollte ich wahrhaben, dass er mich alleingelassen hat, ohne Schuld zweifellos, und trotzdem war es so. Nach zwölf Jahren Beziehung, einem gemeinsamen Kind und zehn schrecklichen kräftezehrenden Krankheitsmonaten wollte ich das alles nicht glauben. Der Schmerz saß so tief, dass das Nachdenken darüber jedes Mal eine neue Welle des Leidens auslöste. Und deshalb schob ich es einfach beiseite. Ich war innerlich erstarrt, gerade noch dazu in der Lage, mein Kind zu versorgen.

Mehr war erst mal nicht möglich. Doch das konnte kein Dauerzustand werden. Das wurde mir recht schnell klar.

Welche Auswirkungen hat denn ein permanentes Ignorieren und Schönreden? Das Wegschieben der Realität, die Betroffene einfach nicht wahrhaben wollen? Dieses Verhalten kostet Kraft. Und zwar jede Menge. Denn hier versuchen wir, etwas aufrechtzuerhalten, was es nicht mehr gibt.

Zusätzlich zum Ausblenden der Realität lauert noch eine weitere Gefahr, die in einer Krise einen unheimlichen Kräfteverlust birgt. Die Frage nach dem Warum: Warum hatte ich diesen schrecklichen Verkehrsunfall? Warum nur ist mein Mann so schwer erkrankt? Warum habe ich meinen Job verloren und nicht der Kollege ohne Familie? Warum ist unsere Beziehung gescheitert, obwohl jahrelang alles gut lief? Wieso nur muss mir das passieren? Was habe ich getan, dass das Leben mir so viel abverlangt?

Es ist ganz natürlich, dass diese Fragen anfangs gestellt werden. Sie schaffen eine gewisse Erleichterung und jeder Betroffene kennt sie. Trotzdem ist es wichtig, nicht an diesen Sätzen hängen zu bleiben. Denn die Situation ändert sich dadurch nicht. Ganz im Gegenteil. Gelöst hat diese Fragen kaum einer. Es gibt oft keine Antworten, so sehr wir auch danach suchen. Und selbst wenn sich eine Erklärung findet, hilft das trotzdem nicht weiter. Ändert sich denn die Lage für einen gekündigten Arbeitnehmer, wenn er die Beweggründe seines früheren Chefs genau nachvollziehen kann? Schlichtweg nein. Er ist und bleibt arbeitslos und muss sich einen neuen Job suchen.

Sich gegen die Krisensituation aufzulehnen, sie zu ignorieren, anzuzweifeln, zu hadern oder sich Dinge schönzureden ist eine absolut normale Erstreaktion, die der Schock des Schicksalsschlags mit sich bringt. Doch diese Verhaltensweisen führen nicht weiter. Dabei ist das Vorankommen in einer Krise unheimlich wichtig. Und dafür braucht es Kraft!

Die Welt dreht sich von einer Minute auf die andere für Betroffene und Nahestehende völlig anders. Den Tagesablauf von gestern gibt es nicht mehr. Von heute auf morgen gibt es neue Wege, die vor einem liegen und enorme Herausforderungen bergen, die der Einzelne kaum bewältigen kann: Ein Arbeitsloser muss die Schwelle zum Arbeitsamt übertreten. Weder Gebäude noch Menschen sind ihm vertraut, und dieser Schritt kostet jede Menge Überwindung. Gleichzeitig ist die Sorge um die eigene Existenz ungeheuer groß. Selbst der Anruf bei einem Anwalt fällt getrennt lebenden Ehepartnern schwer, denn schon der Griff zum Hörer bedeutet, eine Trennung offiziell voranzutreiben. Und auch der Weg in ein Krankenhaus ist nicht einfach, wenn eine monatelange Therapie auf dem Plan steht und die Klinik nicht, wie bisher nach einer ambulanten Behandlung, am gleichen Tag wieder verlassen werden kann. Allein die Sorge um die eigene Gesundheit beschäftigt dabei immens, doch auch die Situation mit dem Arbeitsplatz oder Fragen innerhalb der Familie müssen für diese Zeit neu gelöst werden.

Der Weg ist hart und kostet viel Energie. Doch Kraft ist vorhanden. Wir müssen sie nur an der richtigen Stelle nutzen, anstatt auf falsche Strategien wie Ignorieren oder Hadern zu setzen.

Ja, es ist ein Albtraum

„Andi, du hast Krebs, nicht irgendeine Blinddarmentzündung, die jeder Chirurg in Deutschland behandeln kann. Nein, Lymphknotenkrebs. Und deshalb gehen wir natürlich nach Freiburg. Auch wenn das für uns alle ein paar Umstände mehr bedeutet." Meine Stimme ist aufgebracht und ich sitze senkrecht auf der vorderen Kante des Sofas im Wohnzimmer. Seit Tagen machen wir uns Sorgen, wie es weitergehen soll. Die erste Chemotherapie hat zu keinem positiven Ergebnis geführt. Der letzte Befund war ein weiterer Schock. Doch soeben öffnet sich erstmals ein kleines vielversprechendes Türchen. Das Zögern meines Mannes kann ich deshalb nicht nachvollziehen. Er steht immer noch unschlüssig mit dem Telefon in der Hand vor mir.

Vor ein paar Minuten hat er das Telefonat mit einem Hämatologen der Freiburger Universitätsklinik beendet. Der Arzt ist Leiter der Studie, nach der Andis weitere Behandlung erfolgen soll. Er bot Andi an, ihn direkt vor Ort zu therapieren. Die andere Möglichkeit ist ein Krankenhaus in Stuttgart, das jedoch immer in Absprache mit Freiburg agieren müsste. Und dass solche Rückfragen sehr viel Zeit kosten können, hat Andi in den letzten Tagen zur Genüge erfahren. Doch meine Argumente scheinen an ihm abzuprallen. In sich zusammengesunken sitzt er auf einem Hocker und starrt auf den Boden.

Nun mischt sich auch meine Schwiegermutter ein, die unser Gespräch bisher schweigend verfolgt hat und bringt das Ganze auf den Punkt: „Andreas, in dieser Situation geht man nicht zum Schmidtchen, sondern zum Schmidt." Die Redewendung ist neu für uns beide und bringt uns trotz des Ernstes der Lage zum Lachen. Selbst Svenja quietscht mit und freut sich über den scheinbaren Stimmungswechsel. Andis Mutter hat vollkommen recht. Der Schritt muss erfolgen, egal was das für einen Kraftakt für alle Beteiligten nach sich zieht. Doch die Entscheidung liegt allein bei Andi.

Es half alles nichts – kein Jammern, kein Klagen, kein Ignorieren, kein Schönreden. Wir mussten der Realität ins Auge sehen. Vor allem Andi. Er stand aufgrund der erfolglosen ersten Therapie zu diesem Zeitpunkt mehr unter Schock als nach der Krebsdiagnose am Anfang. Die Lage war brenzlig. Unsere Angst grenzenlos. Ein Albtraum. Doch Andi stellte sich ihm. Er ließ sich überzeugen und leitete selber noch am gleichen Tag die Aufnahme in Freiburg in die Wege. Diesen Schritt bereute er nicht einen einzigen Tag. Ganz im Gegenteil. Er hatte das Gefühl, alles versucht zu haben.

Was genau bewirkt es, wenn die Bedrohung, der Verlust, der Schmerz oder die Veränderung in einer Krise wahrgenommen werden? Zumindest das Ignorieren und Verweigern hat ein Ende. Aber was genau bringt das? Welchen Vorteil? Durch das Ende der Verweigerungstaktik werden Kräfte frei, die bisher genau dafür benötigt wurden. Wir haben schlicht und einfach mehr Kraft zur Verfügung.

Und diese können wir nutzen. Denn in der akuten Krisensituation benötigen wir davon besonders viel zum Weitermachen.

Übertragen auf die Situation des schwer verletzten Unfallopfers bedeutet das: Wird er immer weiter ignorieren, dass seine Beine nicht mehr in der Lage sind, ihn zu tragen, verweigert er auch den Rollstuhl? Lässt er aber den Gedanken zu, dass der Rollstuhl nun einen Gehersatz darstellt, der es ihm ermöglicht, sich wieder ohne Hilfe von anderen Personen zu bewegen, kommt er auch tatsächlich vorwärts. Er kann seine Kraft, die er bisher immer für den Gedanken – ich werde bald wieder laufen können – verbraucht hat, in Energie für das Annehmen des Rollstuhls umwandeln.

Und ähnlich verhält es sich auch mit den oben genannten Warum-Fragen. Sie verbrauchen zu viel Kraft. Dem Verletzten passiert das beispielsweise bei folgenden Sätzen: Warum bin ich nur so schnell gefahren? Warum hat der andere Autofahrer nicht richtig aufgepasst? Warum bin ich an dem Morgen nicht eine halbe Stunde später gestartet? … Diese Fragen helfen nicht weiter. Sie lassen sich nicht lösen. Und selbst wenn, bleiben seine Beine geschädigt. Es ist nicht die Frage nach dem Warum, die einen weiterbringt, sondern die Frage nach dem: Was ist jetzt zu tun? Oder: Wie schütze ich mich, wie wappne ich mich für die nächste Zeit?

Ich sage nicht, dass diese Strategie einfach zu bewältigen ist. Ganz und gar nicht. Denn einen Schicksalsschlag wahrzunehmen, heißt ja noch lange nicht, dass Ängste,

Verzweiflung und Sorgen verpuffen. Doch allein das Hinsehen ermöglicht eine Vorwärtsbewegung, während das Verleugnen der Realität genauso wie die Fragen nach dem Warum in die Irre führen.

Bei der Recherche zu diesem Buch habe ich gelernt, dass auch der Vogel Strauß schlauer ist als sein Ruf. Obwohl sich das Gerücht über ihn stetig hält, steckt keines dieser Tiere seinen Kopf tatsächlich in den Sand. Im Gegenteil: Sie sehen ihren Feinden ins Gesicht, auch wenn sie sich manchmal hinlegen und den Hals senken, um für andere Tiere nicht gleich erkennbar zu sein. Würden sie den Kopf in den Sand stecken, hätten sie niemals eine Chance zur Flucht und wären jedem Raubtier sofort als Opfer ausgeliefert. Hinzusehen hilft also auch dem Vogel Strauß. Wie richtet ein Betroffener in einer Krise nun aber Schritt für Schritt den Blick auf die Realität, um dem Schicksal in die Augen zu sehen?

Denk positiv – oder doch nicht?

„Ich fühle mich den Ärzten völlig ausgeliefert. Ich bin eine Nummer und die rennen rein, blättern die Krankenakte durch, ohne groß aufzusehen, sprechen mit mir ihr Fachchinesisch und sind schon wieder weg." Die Stimme meiner Freundin Ute ist am Telefon kaum zu hören und zittert. Seit drei Tagen liegt sie im Krankenhaus. Diagnose Brustkrebs. Auch das weiß sie erst seit Kurzem. Operiert wurde sie heute. „Gestern wurde mir ein Laufzettel für das Screening in die Hand gedrückt: Lunge, Leber, Knochen. ‚Gehen Sie

mal zu den Untersuchungen!', so eine Schwester. Das Blatt sah aus wie ein Einkaufszettel, bei dem angekreuzt war, was mitzubringen ist. Ob ich das seelisch alleine stemmen kann, war denen ganz egal. Ich weiß nicht mehr, wo oben und unten ist. Mir ist nur noch schlecht und ich will von allem einfach nichts mehr sehen und hören."

Hätte ich selber in den vergangenen Jahren nicht viele ähnliche Situationen wie meine Freundin durchlebt, wäre ich sicherlich der Meinung gewesen, sie nun ganz schnell wieder aufrichten zu müssen. Ich hätte ihr so viel positiven Zuspruch wie möglich erteilt und mich verbal an die gute Prognose und die hinter ihr liegenden Dinge geklammert.

Doch so ließ ich sie weinen, jammern und sich beklagen, bis sie selber genug davon hatte. Ich hörte zu und fragte nach, ohne auch nur einmal das Gespräch ins Positive wenden zu wollen. Letztendlich ergab sich das auch ganz von alleine und nach einer halben Stunde waren wir schon wieder am Kichern, auch wenn das weitere Telefonat stimmungsmäßig von Höhen und Tiefen geprägt war.

Es ist dieser Satz: „Denk positiv!", von dem ich selber genug habe. Immer wieder habe ich ihn gehört, immer wieder hieß es von außen: nicht aufgeben, kämpfen, es wird besser, lasst euch nicht unterkriegen. Und mein Gedanke dabei war immer: *Du hast ja keine Ahnung*, auch wenn ich wusste, dass der Zuspruch freundlich und gut gemeint war. Trotzdem steckte auch in mir die Haltung, negative Gedanken möglichst zu verbannen. Heute denke ich anders darüber. Es hätte mir und bestimmt auch meinem Mann gutgetan, wenn wir gleich zu Beginn seiner Krankheit unseren Ängsten und Befürchtungen mehr Raum gegeben hätten. Es waren sicher sehr ähnliche Sorgen und der Austausch hätte uns geholfen. Doch größtenteils verschwiegen wir sie und klammerten uns an die Hoffnung, dass schon alles gut gehen wird.

Ich halte nichts davon, die Augen vor der Realität zu verschließen, doch trotzdem bin ich der Meinung, dass besonders am Anfang – immerhin hat der Blitz gerade erst eingeschlagen – jeder Mensch, der eine Krise durchlebt, und auch die nahen Angehörigen, Verständnis für negative Gedanken, Mutlosigkeit und Pessimismus verdienen. Schließlich stehen sie momentan einem Scherbenhaufen gegenüber. Wann, wenn nicht jetzt, darf man sein Leben denn anzweifeln? Wann ist es einem schon mal vergleichbar schlecht ergangen?

Wenn von einem Haus nach einer Brandkatastrophe nur noch Schutt und Asche übrig sind, schockt allein der Anblick. Nichts ist mehr da: keine Möbel, keine Kleidung, keine Fotos, keine Dokumente. Auch wenn Betroffene zum Glück ihr Leben retten konnten, bleibt der Rest unwiederbringlich verloren. Wer könnte in diesem Moment zupacken, optimistisch nach vorne schauen und denken, dass das schon wieder hinzukriegen ist? Sicher kaum jemand. Und das ist nachvollziehbar.

Ängste muss man aussprechen dürfen, denn allein schon die Auseinandersetzung mit ihnen nimmt den ersten

Schrecken. Sorgen muss man teilen, um sie wieder in einem neuen Licht zu sehen. Seine Wut darf man äußern, denn unterdrücken schadet nur. Die Traurigkeit darf gelebt werden, denn jeder Mensch hat Trost verdient. Nach dem Brand ist der Vater der Familie vielleicht in erster Linie in Sorge, wo alle die kommenden Nächte verbringen sollen, die Mutter hingegen trauert um die vielen Erinnerungsstücke, der Sohn ist wütend auf den Verursacher und die kleine Tochter hat unheimliche Angst vor einer weiteren Feuerkatastrophe. Keine Reaktion in einer Krise gleicht der anderen. Menschen sind verschieden, das Schicksal unterschiedlich, die Lebenssituation eine andere. Was den einen traurig stimmt, macht den anderen wütend, den Dritten teilnahmslos oder weinerlich. Alles ist erlaubt, denn an diesem Punkt muss jeder einen eigenen Weg für sich finden. Stimmungsschwankungen sind an der Tagesordnung. Doch auch das ist völlig normal.

„Denk positiv!" ist kein Leitsatz, an dem wir uns von Anfang an festhalten sollten. Denn was heißt das denn im Umkehrschluss? Was ist, wenn ich einfach nicht positiv denken kann? Habe ich dann eine gewisse Mitverantwortung an meiner Situation? Störe ich den Heilungsprozess, verbaue ich mir selber den Weg, um wieder glücklich zu werden, verzögere ich den Wiederaufbau eines Hauses oder falle ich meinem Partner, der Familie oder dem Freundeskreis so unnötig zur Last?

Ich bin der Meinung, es ist nicht richtig, hier irgendeine Art von Mitverantwortung zu unterstellen. Selbst in der Medizin herrscht keine Klarheit, ob eine kämpferische

Einstellung und positives Denken bei schweren Krankheiten die Heilungschance erhöht oder nicht. Wer als echter Kämpfer gegen seine Krebserkrankung gilt, ist der frühere Radsportprofi Lance Armstrong. Ihm half seiner Meinung nach sein Lebensmotto „Live strong" (Lebe stark) und er besiegte den Krebs. Glaubt man dagegen dem Deutschen Krebsforschungszentrum, so hat die Grundhaltung keinen Einfluss auf den Verlauf einer Krebserkrankung. Man muss nicht immer positiv denken und kämpfen. Bezogen auf den Radprofi bedeutet das, er hätte den Krebs auch ohne sein optimistisches Ziel, eine weitere Tour de France zu gewinnen, besiegt.

Letztendlich ist es wie bei vielem: Das Extrem ist ungesund. Das soll heißen, es muss Platz für Gefühle wie Mutlosigkeit und Niedergeschlagenheit, einen Raum für Ängste, Tränen und Trauer geben. Aber die Auseinandersetzung mit den Themen sollte gleichzeitig dafür sorgen, dass der Blick irgendwann in die Zukunft gerichtet werden kann und die aktuelle Situation angenommen wird. Das Schimpfen, Weinen, Hadern und Mutlossein muss von Betroffenen einfach gelebt werden, damit sie die Gefühle hinter sich lassen können, um anschließend die Kraft für den nächsten Schritt aufzubringen.

Es ist wie ein Atemholen, um neue Kraft zu schöpfen. Das lässt sich gut bei Kindern beobachten: Wenn ein Kind gerade auf dem Spielplatz vom hohen Klettergerüst gefallen ist, kommen die Eltern auch nicht herbei und sagen sofort: „Geht schon wieder", wenn die Tochter oder der Sohn zu weinen anfängt. Das Kind wird getröstet und in den Arm genommen, bis der Schreck und der erste Schmerz verflogen sind. Diese kleine Auszeit hilft, dass sich das Kind meist von alleine wieder aufrappelt und Minuten später weiterrennt. Und genau das ist auch auf eine Krisensituation übertragbar. Nach dem ersten Schock braucht es Zeit zum Luftholen und Verständnis, bevor an ein „Weitermachen" zu denken ist. Die Möglichkeit zur kleinen Atempause ist wie eine Kraftquelle und wirkt sicher besser, als wenn Betroffenen von Anfang an der Satz eingeimpft wird: „Es wird schon wieder alles gut werden, du musst nur daran glauben."

Eine Auszeit, ja ein gewisses Verharren und Stehenbleiben kann in der Anfangsphase einer Krise guttun. Doch zu lange sollte keiner den Atem anhalten. Dann wird es ungemütlich. Aber was können wir nun tun, um unserer Hilflosigkeit und dem Gefühl des Ausgeliefertseins entgegenzutreten? Wie kommen wir der Realität ein kleines Stückchen näher?

Das Puzzlespiel

Es ist Mittagspause und verhältnismäßig ruhig auf den Fluren der Onkologie. Andi und ich sitzen seitlich auf dem Krankenbett und brüten über einem Schriftstück. Wenn wir den Kopf heben, sehen wir durch das hohe Fenster eine graue Wolkendecke und Schneeregen. Winterwetter eben. Unsere Beine baumeln nebeneinander und wir haben den kleinen Nachttisch herangezogen, um den daraufliegenden Befund der Radiologie näher unter die Lupe zu nehmen.

Das ist alles andere als einfach, denn trotz mehrfachem Lesen verstehen wir kaum ein Wort. Doch jede Kleinigkeit ist für uns wichtig.

Neben dem Befund liegt aufgeschlagen der Pschyrembel, ein klinisches Wörterbuch, **die** *Informationsquelle der Medizin. Das Blatt mit der Diagnose sieht langsam aus wie im Fremdsprachenunterricht, bei dem man Vokabeln übersetzt. Denn zu jedem unbekannten lateinischen Fachbegriff schreibe ich mit Bleistift die Übersetzung und gehe dann zum nächsten weiter. „Proliferation", Andi blättert angespannt im Lexikon, bis die gesuchte Definition gefunden ist. „Wucherung", seine Antwort. So geht das. Wort für Wort. Satz für Satz. Wie bei einem Puzzle setzen wir Stückchen für Stückchen zusammen, bis sich ein Bild ergibt, das uns erschüttert.*

In den ersten zwei Wochen nach dem Ausbruch von Andis Krankheit tappten wir, was die genaue Diagnose anging, ziemlich im Dunkeln. Es fanden zig Untersuchungen statt, doch wir bekamen keine klare Antwort. Diese Zeit war schrecklich und stark verunsichernd.

Raumforderung! Mit diesem Begriff konfrontierten uns die Ärzte in den ersten Tagen ohne weitere Erklärungen. Doch was soll einem das als Laie sagen? Nach langem Warten vermuteten sie Entzündungen im Gehirn, vielleicht eine beginnende Multiple Sklerose, doch auch bösartiges Gewebe, also Krebs, stand nach wie vor im Raum. Ich kann verstehen, dass Ärzte sich erst einmal ein genaues Bild verschaffen müssen, doch niemand hat meinem Mann, selbst auf Nachfrage, den genauen Hintergrund der einzelnen Untersuchungen oder Begrifflichkeiten erklärt. Das Internet war es, was uns beide aufklärte. Diese Erfahrung war für Andi und auch für mich prägend.

Auf jeden Fall sehe ich bei schweren Krankheiten den behandelnden Arzt oder auch den Hausarzt im Fokus. Wer nicht Medizin studiert hat, für den ist die Krankenhauswelt ein Buch mit sieben Siegeln. Jeder Patient tut sich schwer, Ergebnisse, Befunde und Aussagen einzuordnen. Doch mein Mann wurde allein in fünf verschiedenen Krankenhäusern behandelt. Den speziellen Arzt seines Vertrauens gab es nur phasenweise. Und selbst innerhalb eines Krankenhauses tauchten bei den Visiten immer wieder andere Ärzte auf: Chefärzte, Oberärzte, Assistenzärzte, Hämatologen, Onkologen, Radiologen, Strahlenexperten, Neurologen, Neurochirurgen und, und, und. Es gab keine Stelle, an der alle Fäden zusammenliefen. Darum mussten wir uns schon selber kümmern. Und das taten wir, denn damit hatten wir beide das Gefühl, wieder agieren zu können und uns nicht hilflos zurücklehnen zu müssen und abzuwarten, bis uns eine neue Lawine überrollt. Wir saugten Informationen auf wie ein Schwamm, sortierten und bündelten diese, behielten vor allem bei einem Krankenhauswechsel die Übersicht und konnten Fragen fast immer sofort beantworten. „Der mündige Patient" kursiert als Schlagwort immer wieder in der Presse. Doch leider ist es gar nicht so einfach, aufgeklärt und eigenverantwortlich den Ärzten, eben den Spezialisten, gegenüberzutreten.

Wer es schafft, die Kraft und Mühe aufzubringen und sich über seine Lage zu informieren, der richtet den Fokus automatisch auf das eigentliche Problem, auf den Kern der Krise, auf die Realität. Und genau auf diese Weise besteht die Chance, der Ohnmacht und der Hilflosigkeit zu entkommen. In kleinen Schritten lösen wir uns von dem furchtbaren Gefühl des Ausgeliefertseins.

Allein das Recherchieren und Faktensammeln entfernte meinen Mann und mich von der Warum-Frage und wir konnten den Blick auf den kommenden Weg, auf Andis Therapie richten. Wir konnten beide das Gefühl der Verzweiflung überwinden und hatten dadurch auch wieder Kraft, um zu handeln. Vor allem mein Mann befreite sich von dem quälenden Gedanken, das Problem aussitzen zu müssen und andere über sich bestimmen zu lassen. Der Wechsel nach Freiburg war sein Wunsch und nicht irgendeine Entscheidung eines Chefarztes.

Nach dem ersten lähmenden Schock bedeutet das eine enorme Hilfe. Es kommt eine gewisse Dynamik auf, die der Betroffene selber initiieren kann. Das stärkt. Gleichzeitig wird das Problem nicht einfach weiter ignoriert. Der Albtraum wird realer, was nicht heißt, dass er besser wird. Ein Puzzlestückchen ergänzt das andere. Ob man sich selber auf die Suche nach Informationen begibt oder eine vertrauensvolle Person findet, beispielsweise einen Arzt, Therapeuten oder sonstigen Berater, der für etwas Licht im Dunkel sorgt, ist dabei nicht entscheidend. Ausschlaggebend für Krisenbeteiligte ist allein das kraftgebende Gefühl, eine Bewegung wieder selber auslösen zu können und nicht tatenlos die Katastrophe weiter über sich ergehen lassen zu müssen.

Durch Stehenbleiben vorwärtskommen

„Sie kann es! Andi, seit heute kann sie es wirklich! Unsere Motte ist tatsächlich zum ersten Mal alleine Fahrrad gefahren!" Ich stehe im Wohnzimmer vor Andis Bild und erzähle mit stolzer Stimme von dem großen Ereignis des heutigen Nachmittags.

Dem Schockzustand nach der Krebsdiagnose konnten sowohl Andi als auch ich relativ zügig entkommen. Ganz anders war es zehn Monate später. Es dauerte sehr lange, bis ich es nach dem Tod meines Mannes geschafft habe, wirklich wahrzunehmen, dass er nicht mehr da ist und dass sich diese Situation auch nicht mehr ändern wird. Eine Zeit des Ausblendens, des Haderns, des Sich-dagegen-Wehrens – eine gewisse Atempause, eben ein Stillstand – waren vorneweg zwingend notwendig gewesen, und diese Zeit habe ich mir unbewusst auch genommen. Es vergingen Wochen, vielleicht auch Monate. Doch mit einem Mal habe ich gemerkt, dass ich ihm trotz allem noch mehr zu sagen hatte als den Satz: „Andi, das geht nicht." Ich habe gelernt hinzusehen, denn meine Hast, das Dagegen-Ankämpfen und der verzweifelte Satz, den ich seinem Bild lange Zeit zuflüsterte, halfen mir kein Stück weiter und verbesserten überhaupt nichts. Wirklich gar nichts. Weder meine Ängste vor dem Alleinsein, vor der Verantwortung als Alleinerziehende noch meine Angst vor der Zukunft. Doch diesen Ängsten musste ich mich irgendwann stellen, das hatte ich auf einmal begriffen.

Und deshalb blieb ich eines Tages vor dem Foto stehen und schaute ihn erstmals wieder länger als nur eine Sekunde im Vorbeirennen an. Das war alles andere als leicht. Aber ab dem Moment, als ich ihn wieder richtig ansehen konnte, war es möglich, meine Trauer zuzulassen und mich meinen Ängsten zu stellen. Ich teilte meine Sorgen und die Verzweiflung mit ihm, aber auch die schönen Momente, beispielsweise das Fahrradfahren, auch wenn dabei eine große Traurigkeit mitschwang. Gerne hätte ich es Svenjas Papa überlassen, ihr das Radfahren beizubringen, oder wäre noch lieber zusammen mit ihm aufgeregt und jubelnd hinter dem Fahrrad unserer Tochter hergesprungen.

Ich war also mit einem Mal bereit, stehen zu bleiben, um mich gleichzeitig mit dieser Geste wieder vorwärtszubewegen. Meine Kraft wurde nun anders eingesetzt. Ich hatte Initiative ergriffen und hatte das Gefühl, den Stillstand und das Ignorieren durchbrochen zu haben. Ich war in der grausamen Realität angekommen. Den Albtraum gab es immer noch, doch anders als zuvor sah ich ihm nun in die Augen. Die Bedrohung, die ich bereits am ersten Tag im dunklen Gang der Augenklinik wahrgenommen hatte, war Wirklichkeit geworden. Gleichzeitig barg das Foto meines Mannes eine gewisse Vertrautheit und mit meinen diversen Dialogen brachte ich ihn wieder ein kleines Stückchen zurück in mein Leben. Das stärkte mich, und die Richtung, in die ich blickte, war plötzlich eine andere geworden. Ich hatte mich entschieden hinzusehen, den Schmerz in voller Bandbreite zuzulassen, wieder vorwärtszugehen, wenn ich auch noch überhaupt keine Ahnung hatte, wie dieser Weg ohne ihn aussehen soll.

KAPITEL 2

Der Mann vom TÜV
Wie wichtig es ist, die richtige Sprache zu finden

„Wieso können wir nicht gleich ins Freibad fahren?" Die Stimme meiner vierjährigen Tochter klingt wenig verständnisvoll für mein heutiges Vorhaben und auch ich kämpfe mit meinem Pflichtgefühl, als ich den wolkenlosen Juli-Himmel über mir betrachte. Doch die blauen Fahnen des TÜV-Gebäudes sind bereits in Sicht. Das Auto fährt ruhig durch die letzte Kurve und ich atme innerlich auf, als ich weder ein ungewöhnliches Quietschen noch ein Klappern vernehme. Wir haben Glück. Bahn 3 ist leer und wir können uns ganz vorne einreihen.

Wenige Minuten später öffnet sich vor uns das große Rolltor. Ein älterer Mechaniker in blauer Montur weist uns freundlich ein. Scheinwerfer, Blinker, Bremslicht. Das Spiel beginnt und ich führe alle Anweisungen auf Zuruf meines Gegenübers aus. Auf dem Rücksitz ist es schlagartig still geworden. Die hallenden Geräusche, der ölige Werkstattgeruch und mein Hebel- und Knöpfchendrücken nehmen Svenja voll und ganz gefangen. Die Beleuchtung ist rasch geprüft. Wir klettern aus dem Wagen.

„Na, dann schauen wir mal, ob mit dem Auto von Papa und Mama alles in Ordnung ist." Der Mechaniker lächelt meine Tochter an und geht Richtung Autotür. Gar nicht mal

unfreundlich fügt er noch hinzu: „Hat der Papa lieber mal die Mama geschickt?", und zwinkert Svenja verschmitzt mit den Augen zu.

Ich hole tief Luft und überlege, ob ich darauf eingehen soll. Doch schon sagt Svenja ganz unverkrampft: „Das ist doch das Auto von der Mama. Mein Papa ist im Himmel, da braucht er keins mehr."

Noch in der Bewegung hält der Mechaniker inne und sieht Svenja an. Seine Gesichtszüge entgleisen. Doch Svenjas Aufmerksamkeit ist längst auf den benachbarten Prüfstand gerichtet, von dem aus die Hupe eines Wohnmobils ertönt. Sie hat ja nur etwas klargestellt, was nicht ganz richtig war. Fall erledigt. Doch für den Mann vom TÜV ganz und gar nicht. „Sicherheit geprüft" – das Logo auf seiner blauen Jacke sticht mir ins Auge. Doch bei diesem Herrn ist keine Spur mehr von Sicherheit zu erkennen. Fassungslos starrt er mich an und registriert peinlich berührt mein bestätigendes Nicken. Das Klischee „Ehefrau wird vom Mann zum TÜV geschickt" trifft bei mir unerwarteter Weise nicht zu.

„Entschuldigung", murmelt er in meine Richtung und verschwindet schnell im Innenraum meines Fahrzeuges. Die Elektronik sowie die diversen Lämpchen über dem Lenkrad werden auffallend lange und sorgfältig geprüft.

In den folgenden Minuten wagt der Mann kaum, mich anzuschauen. Jedem Blickkontakt weicht er aus, auch mit Svenja schäkert er nicht mehr herum. Es ist, als hätte er seine Zunge verschluckt.

Erst als die Plakette schon am Nummernschild klebt, sagt der Mechaniker zu meiner Tochter, die gerade einsteigen will: „Moment noch. Komm mal mit." Und schon sind beide auf dem Weg in Richtung Büro. Es dauert eine ganze Weile, bis ich das rosa T-Shirt meiner Tochter erneut aufleuchten sehe. „Mama, schau mal." Freudestrahlend stürmt sie auf mich zu und hält in beiden Händen je ein blaues Windrädchen. Zusätzlich steckt in jeder Faust eine kleine Tüte Gummibärchen, von deren Inhalt bereits ein Großteil in ihrem Mund verschwunden ist. Doch auch der Mann vom TÜV kommt nicht mit leeren Händen. Ungefähr zwanzig weitere Tütchen steckt er mir lächelnd zum Abschied zu. Nur mit Mühe findet er ein paar Worte: „Als Proviant. Gute Fahrt Ihnen beiden!"

So etwas passiert uns nicht

Je stärker und erschütternder ein Schicksalsschlag ist, desto weniger können wir das Geschehen in Sätze fassen. Es fehlen die Worte, um die Wahrheit, aber auch Anteilnahme und Entsetzen auszudrücken. Wir haben keine Stimme mehr.

Als ich erfuhr, dass die Ärzte bei meinem Mann Krebs vermuteten, fühlte ich mich von einem Moment auf den nächsten wie gefangen in einem Albtraum. „Das kann nicht wahr sein. Die Ärzte müssen sich irren." Mehr Gedanken ließ ich anfangs nicht zu. Doch Ärzte irren sich nur selten.

Sprachlosigkeit heißt nicht, dass einem alle Worte fehlen. Im Gegenteil. Es werden nur nicht die richtigen Worte genutzt. Die Worte, die die Realität klar und deutlich beschreiben. Das Wort Krebs beispielsweise hat viele Verwandte. Da ist die Rede von Knoten, Gewächs, Verhärtung, Wucherung, Geschwulst, Geschwür oder Furunkel, um nur einige zu nennen. Das kann alles Mögliche bedeuten – oder auch nichts. Doch das, was mein Mann hatte, war bösartig, ein maligner Tumor. Krebs.

K-R-E-B-S. Auch wenn es völlig verschiedene Arten, Therapien und Überlebenschancen gibt – dieses Wort ist eindeutig. Es bringt die Realität auf den Punkt.

Die gleiche kreative Sprachlosigkeit zeigt sich bei dem Wort Tod. Wer in der Zeitung aufmerksam die Todesanzeigen liest, erhält eine Fülle an Ideen, wie der Tod umschrieben werden kann. Da ist die Rede von heimgehen, entschlafen, ableben, dahinscheiden, verlassen, doch immer weniger von tot sein. Auch bei einem Menschen mit einer Behinderung versucht man sein Handicap mit „Der ist anders" zu umschreiben, anstatt konkret zu sagen, was genau eigentlich anders ist. Und wenn ein Paar sich trennt, dann sagen sie nicht: „Wir sind gescheitert, unsere Beziehung ist am Ende." Sondern sie streuen sich und anderen Sand in die Augen: „Wir versuchen es mal anders. Wir sind ja immer noch beste Freunde. Wir nehmen uns eine Auszeit." Viele Menschen, die mit einem tiefen Einschnitt in ihr Leben konfrontiert werden, wollen die Realität ausblenden, indem sie sie nicht benennen.

In einem Märchen der Gebrüder Grimm muss die Müllerstochter aufgrund eines Versprechens ihr erstes Kind dem kleinen Männchen Rumpelstilzchen überlassen. Sie erhält jedoch die Möglichkeit, innerhalb von drei Tagen den Namen von Rumpelstilzchen zu erraten. Nur wenn sie das schafft, darf sie ihr Kind behalten. Wenn sie nicht den Namen dessen ausspricht, der ihr Glück bedroht, wird sie ihr Liebstes verlieren.

Anfangs ist sie der Situation hilflos ausgeliefert. Sie versucht es mit allen möglichen Namen, die ihr einfallen: von Kaspar und Melchior bis zu so exotischen und unwahrscheinlichen Namen wie Rippenbiest und Hammelswade. Keiner ist der richtige. Doch ein Zufall rettet sie. Ein Diener erfährt im Verborgenen den Namen Rumpelstilzchens. Sobald sie den wahren Namen ausspricht, sobald sie also die richtigen Worte für ihre Situation gefunden hat, ist die Bedrohung machtlos geworden. „… und riss sich selbst mitten entzwei", heißt es im Märchen. Sobald sein wahrer Name ausgesprochen war, sind von Rumpelstilzchen nur noch Fetzen übrig geblieben.

So wie die Müllerstochter ohne das richtige Wort dem Geschehen hilflos ausgesetzt war, so geht es auch uns. Wir nennen alle möglichen Namen, nur nicht den einen. Sobald wir aber wagen, den richtigen, den wahren zu nutzen, also die Dinge beim Namen zu nennen, ist der Bann gelöst. Es sind Worte, die uns helfen, etwas Unvorstellbares zu benennen, unsere Ängste zu formulieren und sie nach und nach in den Griff zu bekommen.

„Ach, ich habe da was", „Das schaffe ich" oder „Das wird schon wieder". Solche Umschreibungen benutzen Menschen für Krankheiten, über die sie eigentlich nicht sprechen möchten, weil sie Angst machen. Und genauso kommen diese Worte beim Gegenüber an: Sie wirken abwehrend. Der Wunsch von Freunden und Verwandten, sich nach Neuigkeiten zu erkundigen, wird im Keim erstickt. Ist das Wehwehchen unbedeutend, ließe sich dieses Verhalten nachvollziehen und wäre nicht weiter tragisch. Denn Wehwehchen vergehen. Wenn es sich aber um eine schwerwiegende Krankheit handelt, dann wirkt dieses Herunterspielen wie eine Mauer und verhindert genau das, was den Menschen menschlich macht: Mitgefühl und tätige Anteilnahme.

Wenn wir uns doch mit dieser Wortlosigkeit von unseren Nächsten abkoppeln, warum tun wir das dann? Warum benutzen wir für schlimme Dinge „Kosewörter", obwohl genaue Definitionen und Namen vorhanden sind? Warum versuchen wir, uns die Realität so lange es irgend geht vom Hals zu halten? Warum schweigen wir, obwohl es doch so viel zu besprechen gäbe? Und dieses Schweigen ist nicht friedlich. Im Gegenteil. In uns drin tobt es. Und das ist gleichzeitig auch die Erklärung: Wir schweigen aus Ohnmacht und Entsetzen, die akute Bedrohung macht uns stumm. Die Erkenntnis, dass wir nichts tun können, um die Realität ungeschehen zu machen, macht uns fertig. Diese Hilflosigkeit ist schwer zu ertragen.

Um die richtigen Worte zu finden, müssen Betroffene hinsehen, das Problem beim Namen nennen. Erst so schaffen sie die Grundlage, um sich weiter mit der Situation auseinanderzusetzen.

Als mein Mann Andi und ich erfuhren, dass er an Krebs erkrankt war, versuchten wir uns mit der Krankheit, der Therapie und unserem neuen Alltag zu arrangieren. Das alles war schon schwer genug. Das Schlimmste aber war das Gefühl der Ohnmacht. Weil wir die Unausweichlichkeit nicht ertragen konnten, haben wir sie verleugnet.

Selbst „Profis" wie die zuständigen Ärzte fanden nur schwer die richtigen Worte. Dabei behandeln Onkologen und Hämatologen doch regelmäßig schwer kranke Menschen! Sie sollten also durch ihre Ausbildung und Erfahrung zu heiklen Gesprächen in der Lage sein und diese mit Direktheit und Ehrlichkeit führen. Fehlanzeige! Vor der ersten Chemobehandlung stellte Andi der damals behandelnden Ärztin die Frage: „Werde ich es schaffen?" Ihre Antwort: „Sie müssen." An diesem Satz hielten wir uns fest. Zehn Monate lang. Bis er plötzlich nicht mehr galt.

Dass wir noch lange nicht am Ende unseres Leidensweges angekommen waren, dass uns mit dem zweifellos bevorstehenden Tod meines Mannes noch viel Furchtbareres als die monatelange Behandlung erwartete, haben wir beide aus unseren Köpfen verbannt. Wir fanden keine Gedanken und somit keine Wörter für den Tod. Wir glaubten, dass die Auseinandersetzung mit ihm uns das letzte bisschen Sicherheit nehmen würde. Ein viel zu früher Tod durch eine mörderische Krankheit – so etwas Schlimmes passiert im Fernsehen, vielleicht dem Bekannten von Freunden oder einem fernen Verwandten. Aber das passiert doch bitte schön nicht uns! Das kann einfach nicht wahr sein.

Aber dann ist es doch geschehen.

Abschied ohne Worte

Ich sitze auf der Kante von Andis Krankenbett. Trotz früher Morgenstunde wird es langsam warm im Zimmer und die Markisen über den Balkonen fahren brummend nach außen. Vom Krankenhausflur ertönt gedämpftes Stimmengewirr und Geschirrklappern. Wie jeden Tag beginnt auf der Station langsam das Leben. Doch hier im Zimmer nicht.

Nichts ist alltäglich, wenig ist vertraut. Mir ist kalt und ich fröstele. Andis Hände wärmen mich und liegen in meinen. Er bewegt sich kaum mehr, muss gelagert werden. Trotzdem gibt er mir unendlich viel Halt. Doch das kann er nicht mehr lange.

„Er wird den morgigen Tag nicht überleben." Diesen Satz musste ich hören. Gestern. Erst schilderte der Oberarzt langwierig Andis Situation, ohne konkret zu werden. Viele Worte ohne Inhalt. Doch dann hatte ich ihn zu dieser direkten Antwort gezwungen. Auf einmal konnte ich es. Was ich selber monatelang verleugnet hatte, wollte ich nun endlich wissen. Ich musste es hören, um es wahrzunehmen. Wenige Stunden vor Andis Tod bewies ein Arzt Mut und redete Klartext.

Fassen kann ich es trotzdem nicht. Es ist unwirklich. Alles ist unwirklich. Doch es ist wahr. Er wird sterben. Er wird gehen, ohne sich zu verabschieden. Zumindest nicht mit Worten. Dazu ist er nicht mehr in der Lage. Seit fast einer Woche hat er nicht mehr gesprochen. Seine Augen ruhen auf mir. Auch mit ihnen kann man viel sagen. Doch es ist nicht das Gleiche. Und jetzt ist es zu spät. Wir haben unsere

Chance verpasst. Wir wollten es nicht wahr werden lassen, aber das Leben lässt sich nicht austricksen. Wir haben uns an den sprichwörtlichen Strohhalm geklammert. Nun trägt er nicht mehr.

So vieles ist unausgesprochen geblieben. Plötzlich höre ich meine Stimme. Die Worte fallen schwer. Doch sie strömen aus mir heraus, auch wenn mir der Druck auf der Brust fast die Luft raubt und es in meinen Ohren rauscht. Dieser Monolog bringt mich an ungeahnte Grenzen. Ich konnte mir bisher nicht vorstellen, wie bedeutsam und wertvoll eine Stimme ist.

Es ist gut, dass ich Andi noch so viel habe sagen können. Ich hoffe, dass er es noch aufnehmen konnte. Doch eine Antwort habe ich nicht mehr bekommen. Ich habe zu spät begonnen, das Schweigen zu brechen.

Mein Monolog am Sterbebett hat mich verändert. In diesem Moment habe ich gelernt, dass Ignorieren nicht weiterhilft. Einem Schicksalsschlag kann man nicht ausweichen. Er trifft hart und schmerzhaft. Nichts kann einen vor diesem Schmerz bewahren. Auch nicht Verleugnen und Schweigen. Ganz im Gegenteil: Beides verstärkt nur die Unsicherheit, verlängert den Schmerz und macht ein aktives Umgehen oder gar ein Abschließen mit der Situation unmöglich. Dabei ist es so wichtig, aus der Passivität herauszukommen! Aus dem „Es-mit-sich-geschehen-lassen". Denn die Sicherheit kommt nicht von allein zu uns zurück. Und ein „Zu spät!" kann niemals mehr revidiert werden.

Es ist unsere Sprache, unsere eigene Stimme, die uns in Lebenskrisen Sicherheit oder zumindest ein Stück weit Halt gibt. Damit wir nicht völlig ausgeliefert sind und das Gefühl zurückgewinnen, unser Leben wenigstens teilweise wieder selber steuern zu können, müssen wir reden, ins Gespräch kommen. Ohne Gespräche mit uns, mit anderen, sind wir dazu verurteilt, in dem tiefen schwarzen Loch zu bleiben, in das uns das Schicksal hineingestoßen hat. Erst im offenen Dialog können sich Menschen in Krisensituationen mit der Realität auseinandersetzen. Das macht die Krise nicht ungeschehen, aber es nimmt uns das Gefühl des Ausgeliefertseins. Nicht nur mit sich selbst kommt man ins Reine. Im Austausch mit anderen finden wir neue Blickwinkel, im Gespräch erhalten Betroffene und Angehörige Halt und Beistand. Denn eine Stimme braucht ein Gegenüber. Das ist sehr wichtig.

Es passiert mir selbst auch heute noch, dass Menschen mir ausweichen, weil sie sich nicht in der Lage sehen, mit mir über mein Schicksal zu sprechen. Es gibt alte Bekannte, die die Straßenseite wechseln oder fluchtartig ein Geschäft verlassen, wenn sie mich sehen. Alles andere, nur nicht reden müssen! Ich versuche das nicht persönlich zu nehmen, doch es verletzt mich trotzdem. Und es ist grotesk, dass nicht sie es sind, die mir helfen, sondern dass ich es bin, die sich Gedanken um jene machen muss, die mit der Situation nicht zurechtkommen. Die sich auf einmal in meiner Gegenwart unwohl fühlen, weil mir etwas passiert ist, dass sie sich nicht in Worte zu fassen trauen. Ich war früher nicht anders.

„Wenn etwas ist, können Sie mich immer anrufen", mit diesen Worten verabschiedet sich die Brückenschwester des Vereins für schwer kranke Tumorpatienten. Gestern wurde Andi nach einem schweren Krampfanfall aus dem Krankenhaus entlassen. Der Verein half uns, schnell und unkompliziert einen Rollstuhl und diverse andere Hilfsmittel für zu Hause zu besorgen. Ich schließe die Wohnungstür hinter der Schwester. Dabei fällt mein Blick auf das Faltblatt, das sie mir beim Gehen in die Hand gedrückt hat: „Palliative Care ist die Behandlung und Begleitung von Patienten mit einer nicht heilbaren, weit fortgeschrittenen Erkrankung mit begrenzter Lebenserwartung". Mit dem Rücken zur Tür gleite ich auf den Boden. Ganz langsam dringen die Worte, die ich gerade gelesen habe, in mir vor. Einen Moment bin ich geneigt, den Prospekt einfach zu zerreißen, als könnte ich damit etwas verhindern. Doch ich brauche die Telefonnummern. Vielleicht benötigen wir ja irgendwann noch weitere Hilfsmittel. Langsam stehe ich auf und verstecke das Faltblatt in meiner Handtasche.

Die Krankheit meines Mannes und die Konfrontation mit seinem Tod haben meine Ansichten und mich selbst verändert. Ich habe lernen müssen, die Situation anzunehmen und offen darüber zu sprechen. Meine Tochter hatte von Anfang an andere Voraussetzungen. Sie konnte den Themen Krankheit und Tod von klein auf nicht ausweichen. Für sie waren sie Normalität. Heute sorge ich dafür, dass unser Dialog darüber nicht abbricht. Wir haben eine Sprache gefunden, wir nutzen unsere Stimmen und entgehen somit einer Hilflosigkeit, die uns lähmen würde.

Die Müllerstochter hat im Märchen den richtigen Namen gefunden. In der Geschichte vom Rumpelstilzchen hat sie ihn ausgesprochen. Dort heißt es: Ende gut, alles gut. Doch was im Märchen so einfach klingt, erscheint im richtigen Leben unmöglich. Schließlich ist es unsere Hilflosigkeit, die uns sprachlos macht. Aber wie bekomme ich diese Hilflosigkeit in den Griff?

Kann der uns sehen?

„Was machst du da?" Der vierjährige Ronny steht auf dem Rand der Korbschaukel des Kindergartens und beobachtet die gleichaltrige Svenja, die rücklings in der Schaukel liegt und Handküsse nach oben verteilt. „Ich schicke meinem Papa Küsschen. Der ist nämlich tot und wohnt jetzt im Himmel." Ronnys Blick wandert ebenfalls nach oben und er schaut angestrengt in die Luft. Kurze Zeit später beginnt er die Schaukel weiter anzuschubsen, bis sie sich wieder schwungvoll bewegt. „Kann der uns sehen?"

„Klar kann der uns sehen", antwortet meine Tochter.

Es dauert eine Weile, bis Ronny ein weiteres Mal innehält. „Bäääh", macht er und streckt die Zunge raus. Dann reckt er den Kopf in den Himmel und wartet ab, ob dort etwas passiert. Oben bleibt es ruhig, aber unten springt Svenja mit einem Satz von der Schaukel auf: „Hey, du darfst meinem Papa nicht die Zunge rausstrecken." Empört steht sie Ronny gegenüber.

Dieser grinst sie an und antwortet kess: „Wieso? Der ist doch tot."

„Na und. Das darfst du trotzdem nicht!" Das lautstarke Geschrei der beiden Kinder weckt die Aufmerksamkeit einer Erzieherin und die beiden Streithähne werden aus der Schaukel gezogen.

Als mir diese Situation wenig später beim Abholen von einer Erzieherin geschildert wird, muss ich herzlich lachen. Mehr noch, als ich das immer noch empörte Gesicht meiner Tochter sehe, die mir wutschnaubend im Garderobenraum entgegenläuft. Äußerlich verhalte ich mich ruhig, verkneife mir ein Grinsen und nehme ihren Ärger ernst. Ich drücke sie fest an mich und höre einfach zu. Ich bin stolz auf sie. Sie verteidigt ihren Papa genauso, wie sie es getan hätte, wenn er noch leben würde. Auch über einen toten Papa darf man diskutieren, denn nur so bleibt er in den Gedanken lebendig. Auch wenn sie sich heute geärgert hat: Ich wünsche ihr einfach noch viele weitere Situationen, in denen sie von ihrem Papa erzählen und ihn somit an ihrem Leben teilhaben lassen kann. Und für den kleinen Ronny hoffe ich, dass er seine unbekümmerte, etwas freche, aber ebenso neugierige Art weiterhin bewahrt.

Hilflosigkeit und Unsicherheit können überwunden werden. Kinder zeigen uns, wie es geht. Sie besitzen eine Unbefangenheit und Sorglosigkeit, die sich in ihrer Sprache wiederfindet. Sie handeln spontan und äußern ihre Worte ohne Hintergedanken. Gerade mit den Tabuthemen unserer Gesellschaft haben Kinder keine Berührungsängste. Sie nehmen sie, wie sie kommen, und fragen nach, wenn ihnen etwas Außergewöhnliches auffällt.

„Warum seid ihr denn nicht mehr zusammen? Mögt ihr euch nicht mehr?" Oder: „Was passiert denn, wenn man tot ist?" Und: „Tut das sehr weh?" Kinder finden die richtigen Worte, nicht nur vage Umschreibungen. Die Erwachsenen empfinden diese Direktheit oft als sehr erfrischend und willkommen. Wenn Erwachsene ihre Gespräche nur genauso gelassen wie Kinder führen könnten! Dann hätten sie sicherlich nicht mit ihrer Sprachlosigkeit zu kämpfen. Dann würden sie selbst besser mit Schicksalsschlägen zurechtkommen und auch anderen, die in Krisensituationen geraten, besser helfen können.

Erwachsene haben diese Direktheit und Unmittelbarkeit verlernt. Bevor sie nur den Mund aufmachen, sind sie oft schon gedanklich zwei Stufen weiter und das „könnte", „sollte", „würde" steht ihnen im Weg. „Wie wird sie reagieren, wenn ich sage, dass es mir so leidtut, dass ihr Kind diesen schweren Unfall hatte?" Oder auch: „Es ist doch viel zu banal, wenn ich ihm sage, dass ich es furchtbar finde, dass seine Firma Pleite gemacht hat und er nun auf der Straße sitzt und sie vermutlich das Haus verlieren werden." Sie meinen: Bevor ich etwas Falsches sage, spreche ich lieber gar nicht. Sie schlucken lieber den ersten Satz hinunter, anstatt ihn fließen zu lassen. Und wenn der erste Satz fehlt, kommt auch kein zweiter mehr nach. Am Ende sagt niemand mehr etwas. Alle tun so, als ob nichts wäre. Schrecklich!

Durch Sprachlosigkeit wird eine Krise nur verschärft oder verkrampft. Niemandem hilft das. Gerade wenn jemand möglichst feinfühlig sein will und nur noch auf

Zehenspitzen herumläuft, kann es denjenigen, der in der Krise steckt, wahnsinnig machen.

Ist es wirklich so einfach? Können Menschen die Dinge wirklich allein mit Worten wieder in den Griff bekommen? Nein, allein mit Worten geht das natürlich nicht. Aber sie sind der notwendige erste Schritt zurück in ein lebenswertes Leben. Ohne diesen ersten Schritt geht es nicht weiter.

Nur im Dialog hat man die Chance, andere an Ängsten und Sorgen teilhaben zu lassen. Das Unglück wird dadurch nicht ungeschehen gemacht, es wird aber auf mehrere Schultern verteilt. Im Gespräch mit anderen erfahren wir, dass Menschen Trost spenden und Mut machen können. Eigene Gedanken können sortiert werden und lassen sich manchmal danach in einem anderen Licht sehen.

Erst ein Jahr nach Andis Tod habe ich eine Gesprächstherapie begonnen. Es war ein Angebot der Evangelischen Kirche in einer psychologischen Beratungsstelle. Anfangs war es eine Kopfentscheidung. Ich war skeptisch und eigentlich der Meinung, so etwas nicht zu benötigen. Aber ich merkte, wie gut es mir tat, reden zu können. Ein Jahr lang hatte ich immer wieder die Möglichkeit, mir meine Sorgen von der Seele zu reden. Und zwar bei einer neutralen Person, die, egal was ich sagte, Verständnis für mich aufbrachte. Ich habe in diesem Jahr Halt gefunden und viel gelernt, vor allem über mich selbst. Wie gut, wie erlösend wäre es gewesen, hätte ich solche Gespräche auch mit Andi führen können. Doch weil wir seinen nahenden Tod weit von uns schoben, haben wir uns dieser Möglichkeit beraubt.

Während der Erkrankung meines Mannes haben wir über vieles gesprochen und das Nötige geregelt. Doch statt uns mit unseren persönlichen Gefühlen zu beschäftigen, kümmerten wir uns um Dokumente. Wir redeten über ein Testament und eine Vorsorgevollmacht, aber nicht über uns. Den Tod haben wir so zwar theoretisch abgehandelt, doch trotzdem immer auf Distanz gehalten. Wir haben viel über die Zukunft nachgedacht und darüber, was wir machen wollen, wenn diese schlimmen Monate der Therapie endlich vorbei sind. Zwei tolle Urlaube hatten wir in der Vergangenheit in Kanada verbracht. Dort sollte es so schnell wie möglich noch mal hingehen. Das war ein großes Ziel. Dass einer von uns die Zukunft vielleicht nicht mehr erleben kann, haben wir einfach außer Acht gelassen.

Ich halte grundsätzlich sehr viel davon, positiv zu denken. Doch mit einem übertriebenen Optimismus läuft man Gefahr, die Wahrheit auszublenden. Es ist sicherlich auch normal und hilfreich, wenn man in schwierigen Situationen nach vorne blicken muss. Doch es hört dann auf, wenn man einfach die Augen schließt. Hätten wir in Andis letzten Wochen und Monaten den Tod nicht ausgeblendet, wäre uns die Möglichkeit des Abschieds geblieben. Wir hätten noch mal in Worte fassen können, was uns das gemeinsame Leben geschenkt hat, was uns wichtig ist und wovor wir Angst haben. Es wäre ein Trost gewesen, vor allem im Nachhinein – für mich. Über seinen bevorstehenden Tod zu sprechen, wäre nicht einfach gewesen, aber diese Worte hätten uns Kraft geschenkt, da bin ich mir heute sicher. Aber wir fanden nicht den Mut dazu.

Aber auch wenn man weiß, dass man die Dinge beim Namen nennen muss, dass man im Gespräch auf lange Sicht Linderung erfahren wird, ist damit die Angst vor den Worten noch nicht verflogen. Wo kommt die eigentlich her?

Das Schweigen brechen

„Für dich."

Andi reicht mir den Telefonhörer und gibt mir mit einer Geste zu verstehen, dass er das Anziehen unserer Tochter übernimmt. Ich verlasse das Kinderzimmer, melde mich und warte auf eine Reaktion.

Die Stimme meiner Freundin am Telefon hört sich völlig überrascht an: „Der klingt ja ganz normal!"

Während der Krankheit meines Mannes ging die Zahl der bei uns eingehenden Anrufe rapide zurück. Natürlich hatte ein Großteil des Bekanntenkreises erfahren, dass Andi an Krebs erkrankt war; doch um sich zu erkundigen, wie es ihm geht, riefen sie in der Regel nur bei engen Freunden von uns an. Nicht bei uns. Wenn Andi wieder einmal im Krankenhaus war, kamen ein paar mehr Anrufe bei mir an, aber wenn er daheim war, klingelte es kaum noch. Den Anrufern fiel es schon schwer, sich mit mir zu unterhalten, ein Gespräch mit meinem Mann ging vollends über ihre Kräfte. Andi direkt anzurufen, mit ihm zu sprechen, war für viele ein Ding der Unmöglichkeit. Die Angst davor, mit einem Schwerkranken zu sprechen, war zu groß.

Da seine Krankenhausaufenthalte nicht immer geplant waren, kam es ab und an zu Überraschungen am anderen Ende des Telefons, wenn er es war, der das Gespräch entgegennahm. Doch jedem, der unbeabsichtigt in so ein Telefonat hineinstolperte, ging es nach dem Gespräch deutlich besser. Wenn erst mal die Scheu verflogen und die erste Hürde überwunden war, merkten sie, dass es eigentlich ganz einfach war, mit Andi zu reden.

Und genau darum geht es: die Scheu und die Angst vor der ersten wirklichen Begegnung mit einem, der eine Krisensituation durchlebt oder durchlebt hat, zu überwinden. Einfach anfangen und dann schauen, wohin das Gespräch treibt. Je mehr einer im Vorfeld darüber nachdenkt, was er sagen könnte, umso schwieriger wird der Gesprächsanfang. Was soll ich bloß sagen? Wie soll ich es sagen? Wirkt mein Anruf neugierig? Was mache ich, wenn Tränen kommen? Vielleicht ist es der falsche Zeitpunkt? Die Gedanken kreisen und kreisen. Das Problem wird immer größer. Doch über all diesen Überlegungen geht sehr viel verloren: Spontanität, Herzlichkeit, Mitgefühl und eben auch Zeit.

Es ist vergebliche Mühe, auf den richtigen Moment zu warten, denn im schlimmsten Fall ist die Zeit abgelaufen und die Chance für klare Worte vorbei. Wichtig ist es, rechtzeitig den Mut zu deutlichen Worten zu finden. Also eher heute als morgen. Angst zu haben, ist normal, doch diese zu teilen und dabei eine Sprache zu finden, ist wertvoll und entlastend.

Es gibt keinen Grund dafür, Angst zu haben, etwas Falsches zu sagen, denn der Freund, der Verwandte, der die

Krise durchmacht, ist immer noch der Gleiche. Der Unterschied besteht nur darin, dass etwas Schreckliches passiert ist, und allein mit der Geste eines Anrufes oder eines Gesprächs kann jeder seine Unterstützung und Anteilnahme ausdrücken. Viele Worte braucht es dafür nicht.

Wenn ich von mir selber ausgehe, hatte ich nach dem Tod meines Mannes ein unheimliches Redebedürfnis. Es war alles so unfassbar für mich, so unvorstellbar, dass ich unsere Geschichte immer wieder erzählte. Wer mich ansprach, mich ehrlich ansprach, sodass ich das Gefühl hatte, er möchte hören, wie es uns ergangen war, der konnte sich die nächsten Minuten auf das Zuhören beschränken. Und damit war das Eis meist schon gebrochen. Es ging allein darum, das Schweigen zu brechen und so seine Sprache wiederzufinden.

Das Gespräch zu suchen, mit klaren Worten, die nichts beschönigen, dem Menschen in der Krise beizustehen – dabei kann man nichts falsch machen. Nicht nur diejenigen, die in einer Krisensituation stecken, profitieren von dem Trost der anderen. Jeder, der sich dazu aufrafft, seine Teilnahme auszudrücken, wird feststellen, dass er sich im Anschluss besser fühlt. Und ist erst einmal die Scheu vor dem ersten Gespräch überwunden, werden weitere einfach folgen.

Nichts falsch machen können, das entlastet. Aber stellt sich eine neue Sicherheit im Umgang mit der Krise denn allein schon dadurch ein, dass der Gesprächsanfang geschafft ist?

Wenn die Worte fehlen, hilft zuhören

Am Tag vor der Beerdigung betrete ich zusammen mit Svenja das Untersuchungszimmer der Kinderarztpraxis. Sie ist nicht krank. Es ist ein Vorsorgetermin, den ich bereits vor Wochen für sie ausgemacht habe. Nun sind wir hier. Ich wollte nicht absagen. Was soll ich heute auch tun? Andi braucht meine Hilfe nicht mehr.

In der Praxis weiß man Bescheid. Auf dem Schreibtisch des Kinderarztes liegt die Todesanzeige. Svenjas Kinderarzt schließt die Tür und setzt sich uns gegenüber. „Wir wussten nicht, ob Sie kommen würden. Aber es ist gut, dass Sie hier sind. Was ist passiert?" Hilflos zucke ich mit den Schultern, doch dann beginne ich mit leiser Stimme zu reden. Von Anfang an. Und er hört einfach zu. Er sitzt mir schweigend, aber aufmerksam gegenüber, während ich die letzten Monate in Worte fasse und mir die Tränen still über das Gesicht laufen. Svenja sitzt auf meinem Schoß, hat ihr Köpfchen an mich gelehnt und hält mich fest an der Hand.

Anstatt einfach da zu sein, zuzuhören und Anteil zu nehmen, macht sich der eine im Vorfeld so viele Gedanken über seine Worte, dass schnell der Mut zur Begegnung fehlt. Ein anderer verhaspelt sich in Floskeln, um etwas Allgemeingültiges beizutragen. „Die Zeit heilt alle Wunden", diesen Satz kann nur jemand sagen, der sich noch nie in einer Krisensituation befand. So etwas will man wirklich nicht hören, wenn die Welt für einen in Trümmern liegt, auch wenn der Satz ein Körnchen Wahrheit beinhaltet. Denn Zeit verschafft einen gewissen Abstand. Mit dieser Distanz vom unmittelbaren Geschehen wird es nicht unbedingt gut, aber zumindest anders. Doch bis es so weit ist, dauert es lang. Im konkreten Schmerz hilft dieses Wissen kein bisschen.

Sie haben allein durch Zuhören viel mehr zu bieten, als Sie denken, auch wenn es auf den ersten Blick nach wenig aussieht. Sie müssen nicht viel sagen. Den aktiven Part wird Ihr Gegenüber einnehmen, denn bei ihm sind viele Dinge geschehen und es ist einiges in Unordnung geraten. Machen Sie sich als Familienangehöriger, Freund, Bekannter oder Kollege bewusst, dass es reicht, einfach zuzuhören. Es kann gut sein, dass der Betroffene, der am Anfang des Gesprächs noch äußerlich gefasst wirkte, nach kurzer Zeit in Tränen ausbricht. Tränen sind nicht schlimm. Sie wirken meist sogar reinigend.

Einfach nur zuzuhören ist schwerer als man denkt. Denn spricht man mit jemandem, der Schreckliches erleben musste oder immer noch muss, möchte man nicht, dass sich der andere nach der Begegnung schlechter fühlt. Ganz im Gegenteil. Jeder will helfen und dazu beitragen, dass es dem Gegenüber wieder besser geht. Das ist sehr ehrenhaft, aber es funktioniert einfach nicht. Zumindest nicht so.

Das größte Missverständnis liegt vor allem darin, dass viele denken, dem Betroffenen nun ganz viel Zuspruch und Trost spenden zu müssen. Sie möchten, dass sich ihr Gesprächspartner nach dem Gespräch besser fühlt als zuvor.

Sie verkennen, dass es meist genügt, ein Gespräch anzustoßen. Dazu reicht ein einziger Satz oder eine einzige ernst gemeinte Frage. Das Wichtigste ist, sich bewusst zu machen, dass niemand, kein Betroffener, kein Familienangehöriger, Freund, Verwandter oder Kollege ein Problem lösen muss oder kann.

Der hohe Anspruch an sich selbst macht die Situation häufig nur komplizierter, als sie ist. Niemand muss das Problem, das Leid, den Schmerz, die Ohnmacht und die Hoffnungslosigkeit seines Gegenübers auffangen, niemand kann die Last des anderen einfach beseitigen.

Wann kommt er wieder?

Diesmal halte ich Svenja auf dem Arm, als ich mich mit ihr am Vormittag erneut auf die Bettkante des Krankenbettes setze. Ich habe meine Tochter seit gestern Morgen nicht mehr gesehen. Ich kann sie nur an mich drücken, erklären kann ich ihr momentan nichts. „Pssssst. Papa, heia", zischt sie ganz liebevoll in mein Ohr, nachdem sie einen Blick auf ihn geworfen hat. Ich zucke zusammen. Schlafen. Ach, würde er doch nur schlafen. Doch ich weiß genau, dass es nicht so ist und kann ihr trotzdem nicht antworten. Mir ist klar, dass ich das nachholen muss, doch im Moment schaffe ich nicht zu sprechen. Die Ruhe und Sicherheit, die meine Bewegung ausstrahlt, könnte meine Stimme nicht widerspiegeln. Es ist friedlich im Zimmer. Ganz anders als noch wenige Minuten zuvor. Ich handele mechanisch. In mir drin ist nichts, alles fühlt sich taub an. Wir sitzen einfach da und sehen ihn an. Kinder spüren besondere Momente. Svenja ist mucksmäuschenstill. Und trotzdem scheint sie sich keineswegs unwohl zu fühlen.

Einen Tag später fasse ich mir ein Herz. Ich kann Svenja nicht tagelang im Glauben lassen, dass Andi weiterhin im Krankenhaus liegt. Sie merkt, dass irgendetwas vorgefallen ist. Um sie herum herrscht Traurigkeit, die sie nicht greifen kann. Trotz ihrer knappen zwei Jahre spürt sie die Veränderung. „Der Papa ist nicht mehr im Krankenhaus. Er ist gestern gestorben und hat nun keine Schmerzen mehr." Ich wähle ganz bewusst das Wort „gestorben". Auch das Wort „tot" erwähne ich in meinen weiteren Erklärungen. Sie soll es einmal gehört haben. Und zwar in Verbindung mit ihrem Papa. Und von mir.

Wie ich erwartet habe, erhalte ich in kleinkindlicher Sprache die Antwort: „Und wann kommt er wieder?" Auch das beantworte ich ehrlich: „Wir können ihn leider nicht wiedersehen." Auch wenn diese Worte für die Vorstellungskraft eines kleinen Mädchens zu viel sind. Sie sind ehrlich. Wichtig ist, dass sie gesagt wurden. Glauben kann ich sie selbst noch nicht. Auch unser Kind muss erst begreifen lernen. Wichtig für sie ist, dass er nicht einfach eingeschlafen ist, wie das jeder Mensch abends tut. Eben auch die Mama. Diese Angst muss ich ihr im Vorfeld nehmen. „Papa ist gestorben." Die Worte faszinieren sie. Das neue Wort erzeugt ungeheure Emotionen und Aufmerksamkeit bei jedem Gegenüber. Das merkt sie, obwohl sie den Satz kaum sprechen kann. Er hat sich in ihrem kleinen Köpfchen eingebrannt und fällt die nächsten Wochen mehrfach am Tag.

Diese Tage beschreiben den Tiefpunkt meines Lebens. Doch auch wenn es mir damals noch nicht klar war: Dieses Gespräch war ein Wendepunkt, denn es beweist, dass aus klaren, wahren Worten Kraft und Stärke entstehen können. Jedes neue Gespräch, das ich heute in dieser Direktheit und Offenheit führe, bestärkt mich auf meinem Kurs. Die ehrlichen Worte haben meiner Tochter gutgetan. Sie haben sie gestärkt und selbstbewusst gemacht. Sie hat keine Scheu davor, ihren Papa zu erwähnen, genauso wenig seinen Tod. Und heute erleben wir, dass wir ihn auch in fröhliche Situationen verbal einbinden können, denn das Reden über ihn ist eine Selbstverständlichkeit geworden.

Die Fragen, mit denen Svenja mich immer wieder aufs Neue aus dem Konzept bringt, zeigen mir, dass sie von mir gelernt hat. Unsere Worte machen uns stark, egal mit was oder wem wir konfrontiert werden, und so wehren wir uns gegen das Ausgeliefertsein. Wir nutzen unsere Stimme. Sie löst kein Problem, aber verändert den persönlichen Zustand. Wir treten der Unsicherheit entgegen und benennen das Unfassbare.

Gespräche verleihen die Stärke, die nötig ist, um sich mit schwierigen Situationen besser auseinandersetzen zu können. Wir erhalten die Möglichkeit, das Leben, den Alltag und die eigenen Gefühle wieder aktiv zu gestalten. Wir können konkret sagen, ob es uns gerade gut geht oder eben nicht, ob wir Hilfe oder einfach einen Zuhörer brauchen. Dieser Dialog, der nicht nur an der Oberfläche geführt wird, verbindet uns mit Menschen. Ich habe diese

Erfahrung immer wieder gemacht. Erstaunlicherweise sind es nicht unbedingt die engsten Freunde oder nächsten Verwandten, mit denen man die intensivsten Gespräche führt. Bis heute überraschen mich Menschen, die ich teilweise kaum kenne, mit Mut, ehrlichem Interesse, Mitgefühl und der Fähigkeit, dafür klare Worte zu finden. Dagegen gibt es einige Bekannte, Kollegen oder Nachbarn, die mir seit Jahren regelmäßig begegnen, mit denen ich jedoch noch nie ein persönliches Wort über Krankheit oder den Todesfall gewechselt habe.

Oft denke ich an den sprachlosen Mann vom TÜV, denn er ist zum einen ein Beispiel für die Sprachlosigkeit unserer Gesellschaft und er hat mir auch vor Augen geführt, wie sehr ich selbst mich verändert habe. Früher hätte ich vermutlich auch nicht gewusst, was ich in einer solchen Situation sagen sollte. Heute weiß ich, wie gut es tut, wenn wir das Schweigen brechen und auf den Trauernden zugehen.

KAPITEL 3

In der Fremde
Nur zusammen ist man weniger allein

Nach dem Bestrahlungstermin am Vormittag bin ich heute bereits zum zweiten Mal auf dem Weg ins Krankenhaus. Ich ziehe die schwere Eingangstür auf und fahre mit dem Aufzug in den zweiten Stock des Altbaus. Wieder einmal nimmt mich der typische Geruch dieser Station gefangen. Die Mischung aus altem Gemäuer, Desinfektionsmitteln und kranken Menschen ist mir unangenehm und wirkt auf mich regelrecht beklemmend. Ich laufe den Flur entlang bis ganz ans Ende. Meine Absätze klappern leise. Ansonsten ist es still. Ein Pfleger biegt um die Ecke. Ich kenne ihn. „Kann ich Sie kurz sprechen?", fragt er mich. Erstaunt und sofort voller Angst bleibe ich stehen.

„Es ist etwas passiert", hämmert es in meinem Kopf. Andi befindet sich in diesen Tagen immer noch in einer Art Krise und man hofft, dass die Bestrahlung endlich Wirkung zeigt. Zusätzlich wird er mit einer Tabletten-Chemo gequält, von der es ihm richtig elend geht. „Ihr Mann verweigert sich und spricht nicht mit uns", beginnt er und sein Tonfall lässt klar erkennen, dass er das weder verstehen noch akzeptieren will. „Wie bitte?" Ich bin wie vor den Kopf gestoßen. „Er antwortet kaum, nimmt weder seine Tabletten noch isst er richtig." Der Pfleger hat sich mittlerweile vor mir aufgebaut

und vermittelt den Eindruck, als wäre er persönlich gekränkt worden. „Meinem Mann ist es furchtbar übel von der Chemo und…" „Dann soll er halt etwas sagen, dafür gibt es Tabletten", fällt er mir ins Wort. Langsam werde ich wütend. „Was bildet sich dieser Kerl eigentlich ein?"

Vor einer Woche konfrontierte uns der Arzt mit der Nachricht, dass die letzte, vielversprechende autologe Stammzelltransplantation erfolglos war. Bei dieser Transplantation werden den Krebspatienten eigene Blutstammzellen entnommen und anschließend wird ihnen eine Hochdosis-Chemotherapie verabreicht, bei der alle blutbildenden Zellen im Körper vernichtet werden. Andis Krebszellen aber sind zäh. Die Therapie hat sie nicht zunichtegemacht. Im Gegenteil. Die Tumoren waren nach der bildgebenden Kontrolle sichtlich „am Brennen" und er musste innerhalb eines Tages im Bestrahlungszentrum untergebracht werden. Dieser Schock sitzt tief. Sein Handy bleibt seit Tagen ausgeschaltet. Er ist einsilbig und das Lachen ist aus seinem Gesicht verschwunden.

Diese Szene hier im Flur ist grotesk. Wer Andi kennt, der weiß, dass er zu den wenigen Menschen gehört, die mit fast jeder Person auskommen. Er besitzt die Gabe, seinem Gegenüber sofort sympathisch zu sein. Das liegt sicher daran, dass er jeden einfach akzeptiert, wie er ist. Ohne Wenn und Aber. Und nun kommt dieser Pfleger und erzählt mir etwas von unhöflichem Verhalten bei einem seiner Patienten, dem es seelisch und körperlich gerade hundsmiserabel geht. Er mag sicherlich seine Qualitäten besitzen – Einfühlungsvermögen gehört nicht zu seinen Stärken. „Ich kümmere mich

darum, dass er ab jetzt regelmäßig seine Tabletten nimmt."
„Idiot!", murmele ich leise vor mich hin. *Ich lasse den Pfleger stehen und laufe weiter – hinein in den nächsten Flur. Vorbei an einer geschlossenen weißen Tür nach der anderen. Der Gang scheint kein Ende zu nehmen. Meine Wut verraucht langsam. Nun steigt ein anderes, ein bedrückendes Gefühl in mir auf. Ich fühle mich alleingelassen auf dieser Station mit den vielen Zimmern, die alle gleich aussehen. Alleingelassen mit meinem schwer kranken Mann in diesem riesigen Krankenhaus mit seinen über 10 000 Mitarbeitern, von denen mir zumindest einer gerade offiziell seine Solidarität gekündigt hat.*

Anders als gestern

Aus der Vogelperspektive betrachtet, erscheint eine Insel im Meer als einzelner Punkt. Ganz klein, regelrecht winzig und weit weg vom Rest der Welt. Abgeschieden. Drumherum nur Wasser, Wind und Wellen. Kein Boot ist in Sicht, keine Brücke, die eine Verbindung zum Festland herstellt.

Menschen, die eine Krise erleben, fühlen sich wie gestrandet auf dieser einsamen Insel. Die Verbindung zur Welt der anderen scheint von einem Moment auf den nächsten komplett unterbrochen. Um sie herum gibt es nur Unbekanntes. Jeder Gestrandete auf so einer Insel fühlt sich unendlich einsam und vollkommen verlassen. Abgeschieden. In der Fremde. Und allein. Dabei kann es durchaus sein, dass sich andere Personen in der Nähe befinden. Auch auf einer kleinen abgelegenen Insel leben vielleicht Einheimische. Die Lage der Gestrandeten ändert das trotzdem nicht. Sie sitzen fest, weit weg von zu Hause, in einer ungewohnten Umgebung. Und haben Angst. Diejenigen, die nicht vom gleichen Schicksal betroffen sind, können die prekäre persönliche Situation des Menschen, der sich in einer Krise befindet, einfach nicht verstehen.

Was genau ist in der Krise denn der Auslöser für das Gefühl von Einsamkeit? Was ist im Vorfeld passiert?

Alles ist auf einmal anders geworden. Anders als gestern. Der Alltag hat sich rapide verändert. Ein Schicksalsschlag wirbelt das bisherige Leben heftig durcheinander. Nichts ist mehr so, wie es vorher war: Statt zur Arbeit gehen Betroffene von einem Tag auf den anderen in ein Krankenhaus. Und dort beschäftigen sie sich nicht wie bisher mit der Computersprache, den aktuellen Verkaufszahlen oder den kommenden Projekten. Sie treffen keine Kollegen bei einem Kaffee auf dem Flur und tauschen Neuigkeiten aus. Nein, sie müssen sich mit der verwirrenden Sprache der Medizin befassen, erhalten Therapiepläne und medizinische Cocktails. Die Türen der Nachbarzimmer bleiben meist verschlossen, die Gesichter auf den Fluren sind fremd. Die Familie ist nicht greifbar. Aber auch gesunde Menschen können durch Schicksalsschläge wie Trennung oder Jobverlust aus dem bisherigen Leben gerissen werden. Anstatt abends mit Freunden Squash oder Skat zu spielen, sich zum Joggen zu verabreden oder sich auf ein Bierchen zu treffen, liegen Betroffene nun kraftlos auf dem Sofa, sind antriebslos und müde oder haben Geldsorgen. Ein abendlicher Kino- oder Theaterbesuch sprengt plötzlich das Budget, weil das Geld für anderes gebraucht wird. Jede Krise hat ihr eigenes Gesicht.

Wenn uns etwas Schlimmes widerfährt, verlieren wir unsere Autonomie. Obwohl wir uns nicht freiwillig in diese Lage gebracht haben, können wir nichts daran ändern. Ausgelöst durch eine überraschende Diagnose, eine plötzliche Kündigung oder einen anderen einschneidenden Vorfall kann man viele Entscheidungen nicht mehr selbst treffen. Wer noch selbst entscheiden kann, ist in der Lage, Vorkehrungen zu treffen. Er kann beispielsweise bei einer geplanten Operation einen Termin irgendwann in den kommenden Wochen vereinbaren – eben dann, wenn es für ihn passt. Er hat die Möglichkeit, gewisse Vorbereitungen zu treffen, wie z. B. eine Vertretungsregelung für sein Geschäft zu organisieren, die Betreuung des Hundes zu Hause zu regeln, Familie und Freunde zu informieren, Besuche abzustimmen oder die Hin- und die Rückfahrt ins Krankenhaus zu planen. Zudem könnte sich der Kranke im Vorfeld mit der Operation und der Genesungsphase auseinandersetzen, im Vorgespräch Fragen stellen und so ungefähr abschätzen, was auf ihn zukommt.

Die Situation sieht ganz anders aus, wenn es beim ersten Arztgespräch heißt: „Bleiben Sie gleich da. Ein Bett steht bereit. Morgen werden Sie operiert und direkt im Anschluss an dieses Gespräch müssen diverse Voruntersuchungen erfolgen." Diese Sätze kommen aus dem Nichts, völlig abrupt und absolut unerwartet. Gleich zweimal konfrontierten die Ärzte meinen Mann mit einer ähnlich lautenden, überraschenden Entscheidung. Das kommt unerwartet und schockierend. Trotzdem kann man den Verlauf nicht aufhalten oder stoppen. Schwerkranke oder Menschen, die einen Unfall erleiden – und ihre Angehörigen –, haben keine Wahl.

Der Tagesrhythmus verändert sich mit einem Schlag und diese Menschen können ihren täglichen Ablauf von heute auf morgen nicht mehr aufrechterhalten. Das trifft jeden von uns unsagbar hart. Und genau dabei entsteht das Gefühl von Einsamkeit. Gerade in der Zeit in Freiburg habe ich das deutlich gespürt. Meine Wege führten nun täglich für Stunden in ein Krankenhaus. Ich hatte keine Chance mehr, meine Zeit hauptsächlich meinem Kleinkind zu widmen. Kein Schwimmkurs, kein Musikgarten, keine Krabbelgruppe. Weit weg von Freunden oder der Familie. Ja, wir befanden uns noch nicht einmal mehr in unserer vertrauten Wohnung, sondern in den unterschiedlichsten Ferienwohnungen, in denen wir uns jedes Mal neu zurechtfinden mussten.

Einsamkeit entsteht durch das Wegbrechen der Selbstbestimmung. Denn gerade im Alltag sind wir es schließlich gewohnt, selber zu steuern. Bestimmt treffen auch Sie über den Tag verteilt zahlreiche Entscheidungen: Vor dem Frühstück gehe ich eine Runde walken, zum Mittagessen treffe ich mich mit einem früheren Kollegen, an der Besprechung nachmittags nehme ich nicht teil, den Urlaub an die Costa Brava buche ich später im Internet, heute

Abend gehe ich mit Freunden italienisch essen. Diese kleinen und alltäglichen Entschlüsse in unserem Alltag erfolgen laufend und häufig spontan.

Bei größeren Vorhaben sieht es anders aus. Wer lässt sich schon sofort auf große Veränderungen ein, ohne zu überlegen und Vor- und Nachteile gegeneinander abzuwägen! Lieber erst in Gedanken alles durchspielen, bevor es zur Entscheidung kommt: Bringt mir der Jobwechsel berufliche und finanzielle Vorteile? Eigentlich ist mein jetziger Job gar nicht so schlecht. Ist ein Umzug wirklich notwendig oder kann ich eventuell pendeln? Soll ich die neue Beziehung wirklich eingehen? Vielleicht passen wir gar nicht zueinander. Nur wenige nehmen neue Herausforderungen an, ohne mit der Wimper zu zucken. Wir können uns von Vertrautem und Alltäglichem nicht im Handumdrehen lösen. Diese freiwilligen Entschlüsse müssen aber auch keine negativen Folgen haben. Ganz im Gegenteil. Oft birgt eine Änderung auch neue Perspektiven, neue Erfahrungen und Erkenntnisse. Es entstehen dabei positive Gefühle wie Motivation, Entdeckerlust, Freundschaft, Liebe und neuer Mut.

Doch in einer Krise ist das ganz anders. Sie konfrontiert uns mit einer riesigen Veränderung im Leben, für die man sich selber nicht entschieden hat. Und das ist neu. Menschen in Krisen fühlen sich fremdbestimmt und haben die Möglichkeit zu steuern verloren. Die Situation lässt kein Nachdenken zu. Der Einzelne hat keine Möglichkeit mehr zum Abwägen. Und auch keine Wahl. Die Einschnitte in den Alltag sind radikaler und plötzlicher als jemals zuvor.

Die Herausforderungen immens. Und auch vor negativen Folgen ist man keinesfalls sicher.

Was geht uns durch diese fremdgesteuerte Umstellung eigentlich verloren?

Kein Papa mehr beim Frühstück

„Also, tschüss. Wir telefonieren ja später noch mal. Bis dann." Schon will ich die Zimmertür zum Krankenhausflur nach diesen Worten leise schließen, als Andi mir nachruft: „Warte mal. Ich glaube, wir lassen das mit den Anrufen morgens und abends." Mit einem Ruck reiße ich die Tür wieder auf und starre ihn an. „Was? Wieso das denn?" Hinter mir fällt die Tür geräuschvoll ins Schloss und ich stehe verwirrt wieder neben seinem Bett. Mein abendlicher Aufbruch ist erst einmal verschoben. „Ich will nicht immer an die Anrufe denken müssen, und ich habe Angst, dass ich es mal vergesse und ihr dann umsonst darauf wartet." Andis Stimme klingt entschuldigend und gleichzeitig sehr entschlossen.

Ich habe es geschluckt. Was blieb mir auch anderes übrig. Seine Kraft hatte nachgelassen. Chemos, Tabletten, Strahlung – das alles hatte einen hohen Preis: Die physischen und konditionellen Einschränkungen waren unübersehbar.

An diesem Abend ging etwas verloren: ein kleines Stückchen Vertrautheit. Denn in dieser unsicheren Zeit hatte ich mich wenigstens noch auf eines verlassen können – auf die Telefonanrufe meines Mannes. Seit seinem ersten Krankenhausaufenthalt rief er direkt nach dem Aufwachen zu Hause an, um uns Guten Morgen zu sagen und griff vor dem Schlafengehen nochmals zum Handy, um eine gute Nacht zu wünschen. Telefonate in die andere Richtung funktionierten nicht, da er sehr unregelmäßig schlief. Acht Monate praktizierten wir das so, und es hat uns allen etwas geholfen, seinen leeren Platz, gerade morgens beim Frühstück und abends im Bett, besser zu verkraften. Doch plötzlich rief niemand mehr zu diesen Zeiten an. Das Vertraute war einfach verschwunden.

Es ist die Verlässlichkeit, die von heute auf morgen fehlt. Stellen Sie sich vor, Gewohnheiten und Abläufe gehen ganz plötzlich verloren, die Sie bisher für selbstverständlich gehalten haben. Beispielsweise Folgendes:

- Der Wecker, der an jedem Werktag um 6.30 Uhr klingelt.
- Die Hektik und der Blick zur Uhr beim Anziehen und Frühstücken.
- Der Weg zum Bahnhof, der bei Wind und Wetter für ein bisschen Bewegung am Morgen sorgt.
- Das Mohnbrötchen, das die Bäckereiverkäuferin jeden Morgen in die Tüte packt.
- Die U-Bahn, die mit zwei Minuten Verspätung auf den Bahnsteig rollt.
- Täglich die gleichen Gesichter, denen man auf dem Bahnsteig begegnet.
- Das Lesen der Tageszeitung, während das surrende Geräusch der Schienen zu hören ist.

- Der Kollege, der immer drei Haltestellen später zusteigt und sich neben einen setzt.
- …

Was passiert, wenn es das alles nicht mehr gibt und diese Situationen nicht mehr eintreten? Wenn man als Arbeitnehmer eine Kündigung erhält und seinen Job verliert oder aufgrund einer schweren Erkrankung aussteigen muss? Der bisherige Alltag ist einfach weg. Genauso die tägliche Routine. Und Sie vermissen genau die Dinge, die mit einem Mal verschwunden sind. Dramatisch ist nicht jede einzelne Kleinigkeit – es ist die Summe. Denn eine Änderung folgt der nächsten:

Das Weckerstellen muss nicht mehr sein. Ein Zuspätkommen gibt es nicht mehr. Die morgendliche Hektik ist schlagartig vorbei. Die Wohnung muss man gar nicht erst verlassen. Die U-Bahn fährt ohne einen, genauso der Kollege. Und statt ein Brötchen beim Bäcker zu kaufen, kann man nun den heimischen Kühlschrank plündern.

Und schon ist sie spürbar – die Einsamkeit. Plötzlich sitzen Sie zu Hause. Vom Rest der Welt einfach abgekoppelt. Allein. Ihre bisherigen Verbindungen sind jäh unterbrochen. Soziale Kontakte gekappt. Die morgendlichen Wege sind unnötig. Doch die Aufzählung trifft ja nur die erste Stunde am Morgen. Die Änderungen aber ziehen sich wie ein roter Faden weiter durch den ganzen Tag.

Eine Krisensituation macht nicht bei den direkt Betroffenen halt. Nein, sie streut. Und zwar in alle Richtungen. Es trifft die Familie, den Freundeskreis, die Kollegen, die

Verwandtschaft. Auch dort nehmen gewisse Vertrautheiten ein jähes Ende. Wenn auch in unterschiedlicher Ausprägung.

Kinder haben es in einer solchen Situation besonders schwer. Was passiert, wenn die Mutter zweier Kleinkinder an Brustkrebs erkrankt? Bisher war sie immer vor Ort, wenn die Kinder aus dem Kindergarten kamen. Und morgens brachte sie sie selbstverständlich auch dorthin. Sie kaufte ein, kochte das Mittagessen, hielt das Haus sauber und verbrachte die Nachmittage zusammen mit den Kleinen. Und jetzt? Wie sieht der Alltag mit dieser tückischen Erkrankung aus? Mehrfache Krankenhausaufenthalte sind notwendig, das Besuchen der Mama ist nur eingeschränkt möglich. Eine gefürchtete Begleiterscheinung der Chemotherapie heißt Fatigue-Syndrom, was bedeutet, dass extrem starke Müdigkeitserscheinungen auftreten. Die Mama ist kaum mehr greifbar und wenn sie da ist, liegt sie geschwächt auf dem Sofa. Der Vater der Familie versucht seinen Job nun ab und zu von zu Hause aus zu erledigen und sitzt häufig am Esstisch hinter seinem Laptop. Eine Haushaltshilfe ist neuestens mit dem Putzeimer unterwegs, räumt das Kinderzimmer auf und bezieht die Betten neu. Freunde und Nachbarn springen abwechselnd als Kinderbetreuung ein. Auch Oma und Opa sind oft da, stehen statt der Mama vor dem Kindergarten oder begleiten die Kleinen auf den Spielplatz.

Genauso wie die erkrankte Person wird auch ihr Umfeld von einer Krise getroffen. Verlässlichkeit und Vertrautes gehen auch bei Partnern und Kindern verloren. Auch finanzielle Probleme wirken sich schnell auf alle Familienangehörigen aus. Dinge, die bisher selbstverständlich waren, werden von heute auf morgen für alle gestrichen: Kino gibt es nicht mehr, genauso wenig den Ausflug in den Tierpark. Vielleicht erfolgt ein Umzug in eine kleinere Wohnung. Die Angst vor dem sozialen Abstieg greift in der ganzen Familie um sich.

Auch ich war während der Zeit in Freiburg nicht direkt betroffen. Mein Mann hatte Krebs und demzufolge Therapien. Ich war nur die nächste Angehörige. Trotzdem sah auch mein Alltag schlagartig anders aus. Der unserer Tochter ebenfalls. Seit dieser Zeit weiß ich, dass jeder unmittelbar oder eben indirekt von einer Krankheit oder Krise Betroffene aus seinem gewohnten Umfeld gerissen wird und sich in der neuen Situation fremd fühlt. Auch wenn das, was man vermisst, sich individuell unterscheidet.

Da ist keine Beständigkeit mehr. Und ebenfalls nichts, was man kennt. Ein Zustand, der fremd ist und alle Beteiligten stark verunsichert. Der Angst macht und Sorgen bereitet. Der Albernheiten und Späße verschwinden und das Miteinander ins Stocken geraten lässt.

Die Gefahr, sich einsam zu fühlen, wird für jeden Einzelnen größer und größer.

Wie gehe ich nun aber mit diesem Gefühl von Fremde um? Gibt es eine Möglichkeit, der Einsamkeit entgegenzutreten, obwohl gerade die Welt der Betroffenen und die Welt der Nahestehenden wie Kontinente auseinanderdriften?

Fahranfänger und Beifahrer

"So, Blutabnahme erledigt. Jetzt müssen wir in die HNO-Klinik zum Lungenfunktionstest." Andi schnappt sich Svenja und verfrachtet sie in den bereitstehenden Buggy. Ich sammele währenddessen unsere Jacken, die Wickeltasche und meine Handtasche ein. Wir befinden uns in der Onkologischen Patientenaufnahme- und -leitstelle (OPAL) der Uniklinik Freiburg. Heute ist es so weit: Andi wird für eine autologe Stammzelltransplantation in Verbindung mit einer hoch dosierten Chemotherapie zum ersten Mal stationär aufgenommen. Die HNO-Klinik kennen wir noch nicht. Wir fragen uns durch, passieren etliche Stationen und landen wenig später alle gemeinsam im nächsten Wartebereich. Wieder erhält Andi einen Fragebogen und kämpft lachend mit Svenja um den Stift. „Papa malen." Ich ziehe ein paar Pixibücher aus der Tasche, um sie abzulenken. Andi und ich besprechen derweil die weiteren Untersuchungen: ein EKG, ein MRT und ein PET. Wenig später wird er aufgerufen.

Svenja läuft ungeduldig den Gang auf und ab. Endlich öffnet sich die Tür, die sie nicht aus den Augen gelassen hat. Sie rennt los und landet in Andis Armen. Lachend kommen beide auf mich zu und Andi lässt sich auf den Plastikstuhl fallen. Er nimmt eine Flasche Wasser dankend entgegen und teilt sich anschließend eine Brezel mit Svenja. Ein Blick zur Uhr zeigt, dass wir uns wieder auf den Weg machen müssen. Der nächste Termin steht an und wir halten uns noch in einem völlig anderen Gebäude auf. Trotz Februarkälte scheint heute die Sonne und wir beschließen, statt der

Krankenhausgänge den Weg durch den Park zu nehmen und dabei gleich den Enten einen Besuch abzustatten.

Wir haben in diesen schwierigen Monaten in Freiburg versucht, ein gewisses Familienleben aufrechtzuerhalten. Dieses Familienleben bestand ganz sicher nicht mehr aus gemütlichen Abenden und Wochenenden, aus regelmäßigen Ausflügen oder gemeinsamen Besuchen bei Bekannten. Es musste mit einem Mal sehr flexibel gestaltet werden, denn die Gelegenheiten kamen sporadisch. Das Vertraute und der bisherige Alltag waren weg. Doch wir reagierten darauf und versuchten, uns auf diese neuen Situationen einzulassen.

Svenja sah ihren Papa immer noch regelmäßig. Er „wohnte" aus ihrer Sicht zwar auf einmal im Krankenhaus, er blieb jedoch greifbar. Eine fremde Umgebung, aber ein vertrauter Mensch. Wir verbrachten unsere gemeinsamen Stunden neuerdings im Krankenhauspark, sooft es der Gesundheitszustand meines Mannes und das Wetter möglich machten. Wir ließen uns ein auf die Kombination Rollstuhl und Puppenwagen, verbanden das Fremde und das Gewohnte. Das war niemals einfach. Aber wir hatten erkannt, dass es uns alle stärkt, wenn wir uns zusammen auf diese Krise einließen. Die regelmäßigen Besuche halfen, der Einsamkeit jedes Einzelnen entgegenzutreten.

Wenn Sie sich in einer Krise befinden, können Sie die Fremde nicht verändern. Doch was man tun kann ist, Verlässlichkeit wieder aufzubauen. Genau darauf kommt es an. Und mit diesem Schritt treten Sie dem Gefühl von Einsamkeit entgegen.

Einschneidende Änderungen sind in Krisen immer da, Selbstverständlichkeiten gehen verloren. Das ist unumgänglich. Und diese gilt es nun, so gut es geht wiederherzustellen. Und die Unterstützung von Familie und Freunden ist dabei enorm hilfreich. Das ist vergleichbar mit einem Fahranfänger, der nun nicht mehr als Fußgänger, sondern als Autofahrer unterwegs ist. Seine Lage hat sich stark verändert. Der Fahrer steuert und übernimmt die Verantwortung für den Wagen. Das kann ihm niemand abnehmen. Wenn er aber einen Beifahrer neben sich weiß, der auch aufpasst, den Verkehr ebenfalls beobachtet, der Richtungsschilder vorliest und Stopp ruft, falls es notwendig ist, dann gibt das dem Neuling eine unheimliche Sicherheit. Anfangs ist niemand ein Routinier. Schon gar kein Mensch, der eine Krise erlebt. Allein zu fahren ist anstrengend, vor allem durch eine unbekannte Gegend. Wie hilfreich ist es da, jemanden neben sich zu wissen, der einem beisteht. Und mit der Zeit wird das fremde Auto auch für einen Fahranfänger vertrauter, die Handgriffe werden immer mehr zu Selbstverständlichkeiten. Genauso ist das in einer Krise.

Nur wenn Betroffene, Familie und Freunde an einem Strang ziehen, sich in die gleiche Richtung bewegen, sich unterstützen und respektieren, nur dann besteht die Möglichkeit, das Neue und das Alte, eben das Gewohnte, Vertraute mit allen neuen Herausforderungen zu verknüpfen. Es gilt, Verlässlichkeit zu schaffen, um dem Alleinsein entgegenzutreten.

Wir können keine Kontinente zusammenschieben, aber wir können sie verbinden!

Eine kleine Dose Zeit

„Der Mensch besitzt nichts Wertvolleres als seine Zeit!"
Ludwig van Beethoven

Kennen Sie die kleinen Blechdosen mit den roten Schleifen, in denen man beispielsweise Gutscheine für ein romantisches Abendessen, einen zweitägigen Kurzurlaub oder einfach einen kleinen Spaziergang verschenken kann? Diese silbrig glänzenden Dosen beinhalten etwas sehr Wertvolles – gemeinsame Zeit, die vor allem in einer Krise rar werden kann, obwohl man als Betroffener anfangs oft jede Menge Aufmerksamkeit erhält. Einen Patienten erreichen Genesungswünsche per Post, Blumensträuße oder eine Packung Pralinen, die jemand unbemerkt vor der Tür ablegt hat. Seltener geht man mit Betroffenen eine Tasse Tee in der Cafeteria eines Krankenhauses trinken.

Doch genau solch eine Geste, diese Art von Beistand ist das Wichtigste, was Angehörige und Freunde einem Menschen in einer Krise schenken können. Auch ich habe erst im Nachhinein wirklich begriffen, wie sehr ich meinem Mann in den vielen Monaten seiner Krankheit allein durch meine Anwesenheit geholfen habe. Wir hatten Glück. Die Tatsache, dass ich damals in Elternzeit war und somit die Möglichkeit hatte, viele Wege gemeinsam mit ihm zu gehen, war für unsere kleine Familie enorm hilfreich und wertvoll. Gleichzeitig hat es mir aber auch selbst geholfen, mit der Krisensituation umzugehen. Ich fühlte mich nicht ausgeschlossen, hatte die gleichen Informationen wie mein Mann und war quasi in den Krankenhausalltag integriert. Wir fühlten uns als Team in dieser schrecklichen Situation und waren füreinander da.

Das schrecklichste Gefühl ist es, alleine durch ein dunkles Tal gehen zu müssen. Denn die Angst vor Untersuchungen, Ergebnissen und Diagnosen lässt sich niemals abschütteln. Diese Momente sind total emotional und lassen sich nicht rational getreu nach dem Motto lösen: „Jetzt schauen wir erst einmal, was dabei herauskommt!"

Wenn jemand eine solche Situation nicht am eigenen Leib erlebt hat, fällt es manchmal schwer, sich in das Leben des anderen hineinzuversetzen. Es fallen Sätze wie: „Ist denn jede einzelne Untersuchung wirklich so ein Drama?", „Das ist eine Routinekontrolle, muss ja nichts Ernstes bedeuten", „Ich kann sowieso nicht helfen", „Was soll ich überhaupt dort? Ich sitze ja nur rum und störe. Oder bin sogar im Weg", „Und mit dem Thema kenne ich mich sowieso nicht aus".

Wer sich diese oder ähnliche Fragen als Angehöriger oder Freund stellt, dem kann ich nur sagen: Nehmen Sie sich wichtig! Und schenken Sie einfach Zeit! Auch ohne besonderen Anlass und ohne Blechdose. Das Letzte, was Sie tun, ist stören. Das habe ich sowohl von Andi als auch von vielen anderen betroffenen Krebspatienten immer wieder gehört. Es gibt nichts Hilfreicheres, als ein

Untersuchungszimmer voller Sorgen zu verlassen und auf einen Angehörigen oder Freund zu treffen, dem man etwas bedeutet und der nichts anderes tut, als vor dieser Tür auf einen zu warten.

Vielleicht haben Sie sich auch schon einmal in einem Krankenhaus, beim Arbeitsamt oder auch bei einem Anwalt statt als Patient oder Mandant als Fall gefühlt. Und wer ist schon gerne ein Fall, eine Sache, für die es eine Akte gibt. Und diese Akte legt der Arzt oder Anwalt kurzfristig beiseite, wenn die Untersuchung oder das Gespräch vorüber ist. Aber weder für einen Patienten noch einen Mandanten ist der „Fall" einfach erledigt, wenn er das Untersuchungs- oder Besprechungszimmer verlässt. Es gibt Nachwirkungen wie Sorgen, Ängste, Gefühle. Und wenn für diese Nachwirkungen eine vertraute Person greifbar ist, die sich auf Gespräche einlässt oder einen ganz einfach an die Hand nimmt, ist das von unschätzbarem Wert. Für einen Angehörigen oder Freund zählt der Mensch. Das ist ein himmelweiter Unterschied.

Zum Beispiel wenn der beste Freund eines Arbeitssuchenden im Anschluss an ein Bewerbungsgespräch im gegenüberliegenden Café wartet. Eigentlich kann er ja nichts tun. Schon gar nicht das Gespräch mit dem potenziellen Arbeitgeber beeinflussen oder eine konkrete Hilfestellung bieten. Wichtig ist ja auch vielmehr, was im Vorfeld oder im Anschluss passiert. Vielleicht verlief das Gespräch gut und der Freund sprudelt nach dem Gespräch vor Freude und sieht seine Zukunft endlich wieder optimistisch. Oder aber es verlief schlecht, die Absage liegt auf der Hand. Die unsichere Zeit scheint nicht beendet. Gerade dann ist es notwendig, dass jemand da ist, der zuhört und neuen Mut macht.

Zusammen ist man weniger allein – nur eine Floskel? Für mich nicht. In Bezug auf eine Krise bekommt dieser Spruch eine enorme Bedeutung, weil er der Schlüssel dazu ist, wie Menschen mit Schicksalsschlägen eine Krise besser überstehen können.

Und um diese Floskel umzusetzen, kann man im Vorfeld etwas tun.

Den Blinker setzen

Diese Situation kennen Sie bestimmt: Sie fahren morgens im Berufsverkehr auf einer zweispurigen Bundesstraße durch eine Innenstadt. Sonnenstrahlen blitzen vereinzelt zwischen den Häuserschluchten hindurch. Es ist noch so früh, dass es die Sonne bisher nicht über die hohen Mauern der städtischen Gebäude geschafft hat. Der Verkehr ist dicht gedrängt. Die Autos rollen Stoßstange an Stoßstange. Von Kreuzung zu Kreuzung. Stop-and-go wie jeden Morgen.

Sie stehen auf der linken Spur, als die Ampel vor Ihnen auf Grün schaltet. Wieder anfahren. Und beschleunigen. Ihr Radio läuft. Mit einer Hand drehen Sie den Knopf etwas lauter und lauschen amüsiert dem Radiomoderator, der einen witzigen Spruch zum Besten gibt. Plötzlich bemerken Sie durch das Seitenfenster auf der rechten Fahrspur einen Autofahrer, der wild durch die Gegend gestikuliert. Im ersten Moment fühlen Sie sich nicht angesprochen. Sie können die ausladenden Armbewegungen nicht deuten und schauen wieder nach vorne. Aus dem Augenwinkel aber nehmen Sie weiter den fuchtelnden Autofahrer wahr und wenden erneut den Kopf. Es scheint so, als ärgere er sich ganz konkret über Sie, denn er schaut Sie immer wieder an und wedelt verzweifelt mit der linken Hand weiter nach vorne.

Auf einmal fällt der Groschen und Sie verstehen: Der Autofahrer möchte sich vor Ihnen einfädeln!

Aber warum hat er nicht einfach geblinkt?

Der Autofahrer hat schlicht und einfach eines vergessen – nämlich seine Erwartung zu äußern. Bei Fahrzeugen gibt es dafür als Instrument einen Blinker, damit man eben nicht durch die Gegend schreien oder gestikulieren muss. Genau das ließ der Autofahrer einfach außer Acht und war trotzdem wütend und verzweifelt, dass ihn niemand beachtete und eine Lücke ließ. Doch ohne das Aufblitzen des Blinkers fehlte den anderen Autofahrern das Signal. Sie hatten einfach keine Ahnung von dem Wunsch des Fahrers, die Spur zu wechseln.

Auch Krisenbeteiligten geht es wie dem enttäuschten Autofahrer, wenn sie vergessen, gewisse Erwartungen zu äußern, und ihre Wünsche somit im Unklaren lassen. Die Folgen liegen auf der Hand: Es kommt zu Enttäuschungen und dem Gefühl, alleine zu sein. Ist ein Kind schwer erkrankt, sind sowohl die Mutter als auch der Vater in heller Aufruhr und unsicher, wie sie die nächste Zeit bewältigen sollen. Doch hinter den Eltern verbergen sich zwei eigenständige Personen, die jeweils eine persönliche Meinung und ganz unterschiedliche Erwartungen haben. Will die Mutter vielleicht keine Minute von ihrem Kind im Krankenhaus weichen, erwartet sie genau die gleiche Reaktion von ihrem Mann. Sie ist sich sicher, dass er für die nächsten Tage Urlaub bei seinem Arbeitgeber einreichen wird und sie und das Kind im Krankenhaus unterstützt. Der Vater dagegen hält zwei Personen vor Ort für überflüssig, denn man weiß ja nicht, wie lange sich dieser Aufenthalt hinzieht. Er überlegt sich deshalb, wie sie die Betreuung am besten aufteilen könnten: die Mutter tagsüber, er gegen Abend und am Wochenende. Klar, dass diese zwei Positionen zu Enttäuschungen führen, wenn die Eltern nicht darüber sprechen. Und letztendlich fühlt sich jeder der beiden in dieser Krisensituation allein, obwohl es um die gleiche Sorge um das gemeinsame Kind geht.

Ich habe gelernt, dass man Erwartungen aussprechen muss. Genau dann haben Nahestehende nämlich die Chance, dass sie diese Erwartungen auch erfüllen können. Zu vielen Themen gibt es unterschiedliche Meinungen und Auffassungen. Genau das bereitet vielen Schwierigkeiten, die Lage richtig einzuschätzen.

Ich hatte während meiner Bankausbildung einen Mitauszubildenden, der an Leukämie erkrankt ist. Er war von heute auf morgen quasi wie vom Erdboden verschluckt. Keiner wusste, was ihm fehlte, wann er wiederkommt oder wo er sich aufhielt. Niemand, bis auf einen einzigen Freund. Dieser war das Bindeglied. Er richtete Grüße aus, transportierte Briefe, besuchte ihn und telefonierte mit dem Kranken. Er stellte ebenfalls von Anfang an klar, dass Arno keinen weiteren Kontakt wünscht und auch seine Krankheit geheim halten möchte. Einige Monate später starb Arno an Krebs. Erst bei der Beerdigung haben die meisten von uns erfahren, wie und wo er die letzten Monate verbracht hatte. Wir alle haben seine Entscheidung bis zum Schluss respektiert. Aber nur aus dem Grund, weil Arno selber seine Erwartungen ganz klar formuliert hatte.

Ob sie also Familie und viele Freunde um uns haben wollen oder nur einen ganz kleinen ausgewählten Kreis, das müssen Menschen, die eine Krise erleben, deutlich machen. Worte wie: „Ich freue mich, wenn du anrufst, mich besuchst oder mich begleitest", machen eine Erwartung deutlich. Adressen, die man rausgibt, sind ein klares Zeichen. Genauso können Betroffene bewusst „Nein" sagen, wenn sie gewisse Dinge lieber mit sich selber ausmachen oder Wege alleine bestreiten möchten. Lassen Sie die Dinge nicht im Unklaren, denn nicht blinken und ärgern, das bringt Sie auf Dauer Ihren Bedürfnissen und Wünschen nicht näher.

Wie können wir als Angehörige lernen, Signale des Betroffenen wahrzunehmen und angemessen zu handeln?

Was ist schon selbstverständlich?

„And you're singing the songs. Thinking this is the life…", das Lied der schottischen Sängerin Amy Macdonald begleitet mich fast jeden Morgen auf der Fahrt zu Andi ins Krankenhaus. Die Zeilen sind zu einem Motto geworden, gehen

mir nicht mehr aus dem Kopf. Das Fenster ist geöffnet und die kühle Frühlingsluft umweht mein Gesicht. Das Radio ist aufgedreht und ich singe das Lied, während ich mich in den Stadtverkehr von Freiburg einfädele. Dieser Song verleiht mir Kraft und gute Laune, und beides ist bitter nötig in diesen Wochen.

Ein Blick auf die Uhr zeigt mir, dass ich mich beeilen muss. In einer Stunde muss Andi im Wartebereich der Strahlenklinik sitzen. 10.40 Uhr an jedem Werktag und das für 32 Bestrahlungstermine. Vorher aber heißt es waschen, anziehen, Tabletten nehmen, hinlaufen. Das Einzige, was er morgens noch selbstständig macht, ist frühstücken. Für jeden terminlichen Druck besitzt er keine Kraft mehr. Es stresst ihn, die Uhr im Blick zu haben und so komme ich täglich früh genug, um zusammen mit ihm alles zu erledigen.

Obwohl ich meinen Mann Tag für Tag im Krankenhaus besuchte, entging selbst mir anfangs sein plötzlich auftretender Zusammenbruch. Wenn ich vormittags das Krankenzimmer betrat, waren Dinge wie Frühstücken, Duschen, Anziehen, Morgenration Tablettennehmen immer schon erledigt. Dachte ich. Doch der Schein kann trügen. Andi war angezogen wie immer. Einen Pulli über dem T-Shirt, da ihm tagsüber manchmal kalt war – so seine Worte. Dass er aber Tag und Nacht so blieb, merkten seine Mutter und ich erst Tage später am leeren Wäschebeutel. Bis auf den Toilettengang hatte er sein Bett nicht mehr verlassen. Selbst im Nachhinein schäme ich mich für meine Unachtsamkeit. Doch bei etwas, was man selber für selbstverständlich erklärt, kommt einem eine plötzliche Wendung gar nicht in den Sinn.

Aber warum erzähle ich das? Er war eben sehr krank. Und er war im Krankenhaus. Genau das ist aber der Punkt. Nicht irgendeiner Krankenschwester fiel seine Schwäche auf. Der Pfleger hielt ihn ja sowieso für unhöflich. Nein. Wir als Angehörige merkten es als Erste, wie unselbstständig er von heute auf morgen geworden war. Und selbst das noch mit Verzögerung.

Ab diesem Tag strukturierte ich meine Besuche. Ich nahm ihm ab, was ging. Es wurde ein harter Kampf. Ich wurde ungewollt zur persönlichen Antreiberin: Zähne putzen, Duschen, Termine einhalten, Tabletten schlucken… „Immer wenn du kommst, machst du Stress!", diese Worte kamen nicht nur einmal und ich habe in diesen Monaten gelernt, selbst vieles zu schlucken und mir ein dickes Fell zuzulegen.

Mit meiner „Antreiberei" habe ich trotzdem auch etwas erreicht – ich habe gewisse Selbstverständlichkeiten wiederhergestellt. Und zwar die, die mein Mann selber verloren hatte. „Klar macht der das. Ich kenn ihn doch" – das gilt in einer Krise nicht mehr. Und zwar von heute auf morgen. Diese Stabilität ist weg. Selbst der optimistischste Spaßvogel kann durch eine Krise so stark erschüttert sein, dass er in eine depressive Phase rutscht. Er ist kraftlos, ohne jedes Engagement. Gerade Depressionen verheimlichen davon betroffene Menschen gerne, da sie in unserer Leistungsgesellschaft als Schwäche gelten. Als Makel. Die Einsamkeit ist vorprogrammiert.

In einer Krisensituation gibt es Einbahnstraßen! Das sollte man sich als Nahestehender klarmachen: Gingen die Anrufe und Besuche unter Freunden früher ausgeglichen hin und her, kommt es in einer Krise zum Stillstand. Menschen in Krisensituationen sind nicht in der Lage, Freundschaften zu pflegen! Das gilt es als Freund und Verwandter einfach zu akzeptieren. Es herrscht eine Krise! Der Kopf ist voll mit Dingen – Telefonnummern gehören nicht dazu. Anrufen, besuchen, dranbleiben. Gerade der regelmäßige Kontakt, die Nähe, die Aufmerksamkeit ermöglicht Nahestehenden, frühzeitig einzugreifen. Biegen wir in Einbahnstraßen ein! Nur so besteht die Chance, dass der Kontakt nicht abbricht.

Auch Geldsorgen können aus Scham schnell in die Isolation führen. Der bisher so großzügige Gastgeber verkriecht sich mit einem Mal, weil er sich gesellige Abende nicht mehr leisten kann. Die Treffen finden von heute auf morgen nicht mehr statt, obwohl sie jahrelang eine Selbstverständlichkeit waren. Gleichzeitig verschwindet die Souveränität des Gastgebers. Ebenfalls sein Selbstwertgefühl. Denn er fühlt sich unheimlich schlecht in seiner neuen Rolle. Der Kontakt zu Freunden in dieser Lage ist von immenser Bedeutung. Was könnte man denn tun, um diese neue und fremde Situation zu gestalten? Haben Freunde eine Möglichkeit einzugreifen?

Ich denke schon. Eine Idee wäre vielleicht, das Essen und die Getränke einfach mitzubringen. Dann hätte der Herr des Hauses die Möglichkeit, seine Rolle als Gastgeber wieder einzunehmen. Es wäre zumindest ein Teil wieder beim Alten. Das vermittelt Sicherheit und Zusammenhalt. Und genau diese Geste führt aus der Einsamkeit heraus.

Ich habe selber erfahren, wie schnell es passieren kann, dass einem die alltäglichsten Dinge entgleiten. In den ersten Tagen nach dem Todesfall war ich nicht in der Lage, mich um Dinge wie einen gefüllten Kühlschrank, ein gekochtes Mittagessen oder um einen gedeckten Tisch zu kümmern. Die Trauerfeier und die Beerdigung standen wie ein Berg vor mir und raubten mir jeglichen Gedanken an Alltägliches. Bisher war es eine Selbstverständlichkeit für mich gewesen, morgens zu frühstücken, mittags ein Essen und abends eine Kleinigkeit zu mir zu nehmen. Doch nicht einmal das spielte in meinem Leben mehr eine Rolle – bis ich plötzlich umkippte. Ich hatte das Gefühl für meine eigenen Kräfte verloren.

In diesen ersten Tagen war ich deshalb froh, bei meinen Eltern unterzukommen, wo gewisse Regelmäßigkeiten einfach noch vorhanden waren. Wo eine warme Mahlzeit auf den Tisch kam und die Familie dreimal am Tag zusammensaß. Diese Stabilität tat gut, schützte mich und stellte gewisse Selbstverständlichkeiten wieder her.

Diese Mahlzeiten waren sicherlich nur ein kleiner Schritt. Natürlich schützt ein Mittagessen allein nicht vor dem Gefühl der Einsamkeit. Doch es ist wichtig zu wissen, dass auch in einer Krise die Möglichkeit zur Gestaltung besteht, um der Einsamkeit entgegenzutreten. Denn in Krisen gibt es keine Selbstverständlichkeiten mehr. Viele Verbindungen sind unterbrochen. Manchmal gelingt es, diese wiederherzustellen. Oder eben neue zu schaffen. Genau in dem Moment fangen wir an, unser Leben wieder selber zu steuern. Möglichst mit gutem Beifahrer. Was folgt, ist eine neue Verlässlichkeit.

Das Fremde ist nicht zu ändern, aber zu gestalten.

KAPITEL 4

Überfordert
Wieso Schwäche zugeben Stärke ist

Ich stehe zu Hause im totalen Chaos: Wäsche, Windeln, Reisebett, T-Shirts, Jacken, Spielzeug, Schnuller, Hosen... – alles liegt wild durcheinander. Der Fußboden gleicht meinem inneren Zustand, denn mir schwirrt der Kopf. Mehrere Taschen stehen verteilt auf dem Boden. Und mittendrin mein Kind. Ich packe gleichzeitig für das Krankenhaus und die Ferienwohnung. Für welchen Zeitraum weiß ich nicht. Tage, Wochen, Monate? Niemand kann uns das genau beantworten. Gleichzeitig muss ich eine neue Bleibe für Svenja und mich organisieren. Auf dem Bauernhof, auf dem wir fünf Wochen gelebt haben, sind im April alle Ferienwohnungen vergeben. Neben dem Packen bediene ich also den Computer, suche nach einer Unterkunft und telefoniere mit verschiedensten Vermietern in und um Freiburg. Svenjas Musikgartenkurs und das Babyschwimmen sage ich ab, meinem Chef gebe ich Bescheid, dass ich die Elternzeit verlängern muss, die Nachbarin wird wegen Post und Blumen informiert. Dachte ich noch vor wenigen Tagen, dass nun der Alltag in unser Leben zurückkehren würde? Falsch gedacht. Unser Leben gleicht einer Achterbahnfahrt: Kaum sind wir um eine Kurve, überrascht uns im Eiltempo schon die nächste.

Habe ich alles? Das Klingeln des Telefons reißt mich aus meinen Gedanken und ich zucke zusammen. Ist es das Krankenhaus? Zustandsverschlechterung? Ich bin erleichtert, als ich die Stimme von Marko wahrnehme, Andis bestem Freund. Er will ihn sprechen, um zu hören, wie der gestrige Termin verlaufen ist. Ich sinke auf den nächsten Stuhl. Es ist, als hätte er eine Schleuse geöffnet. Völlig verzweifelt sprudeln die Worte aus mir heraus und ich schildere die letzten 24 Stunden. Ich gebe die Sätze des Hämatologen weiter, die noch in meinen Ohren hallen: „Ich dachte wirklich, ich kann Ihnen heute eine gute Nachricht überbringen. Leider ist dem nicht so. Wider Erwarten sind die Lymphome gewachsen und geradezu am Brennen. Wir müssen Sie umgehend in die Strahlenklinik einweisen."

Am anderen Ende der Leitung ist es sehr still. Es ist, als müsse Marko erst langsam begreifen, was da in kürzester Zeit alles passiert ist. Mir geht es ja selbst so. Zeit zum Nachdenken bleibt mir trotzdem nicht. Die nächste Lawine rollt bereits auf Andi zu: die Strahlentherapie. Schnelles Handeln hatten die Ärzte ihm gestern deutlich nahegelegt und das Bett im Krankenhaus schon bereitgestellt.

Wir beenden das Telefonat. Marko möchte versuchen, Andi auf dem Handy im Krankenhaus zu erreichen, und mein Blick wandert zurück auf den chaotischen Fußboden.

Erst als ich abends mit meinem Mann telefoniere, erfahre ich, warum Marko genau in diesem Moment anrief. Er war Papa eines kleinen Jungen geworden. Ich kann es kaum fassen, dass er mir das nicht gesagt hat. Levi ist ein Frühchen, kam sieben Wochen zu früh. Trotzdem nagt sofort das schlechte Gewissen an mir: Ich habe mich nicht erkundigt! Nicht einmal einen Gedanken daran verschwendet. Was bin ich bloß für eine Freundin! Mein Kopf ist vollgestopft bis in den kleinsten Winkel mit Dingen, die in und um Freiburg herum passieren – die Schwangerschaft unserer Freundin ist dabei herausgepurzelt.

Der Sog der Krise

„Wenn eine verzweifelte Situation besonderes Können erfordert, dann bringt man dieses Können auch auf, obwohl man vorher keine Ahnung davon hatte." Diese Worte soll Napoleon Bonaparte (1769–1821), Kaiser der Franzosen und einer der größten Feldherren der Weltgeschichte, geäußert haben. Sicherlich sprach er diesen Satz während einer Schlacht oder eines Feldzuges. Obwohl das schon sehr lange her ist, besitzt dieses Zitat auch in heutigen Krisen Gültigkeit.

Ein unglaubliches Phänomen vieler Krisensituationen ist nämlich die Kraft und Stärke, die Menschen von heute auf morgen mobilisieren und immer wieder neu aufbringen, wenn sie sich aus der schreckerfüllten Starre, dem Schock, lösen konnten. Sie wachsen über sich hinaus und packen Dinge voller Energie an, sodass sie ihre eigenen Grenzen ständig weiter überschreiten.

Denken Sie beispielsweise an die vielen Flutopfer 2013 in Deutschland, von denen viele bereits elf Jahre zuvor schon einmal von einer Flutkatastrophe betroffen waren. Und trotzdem nahmen die Menschen, direkt nachdem der

Wasserstand in den Städten sank, die Aufräumarbeiten ein zweites Mal in Angriff. Obwohl sie wussten, dass auch diesmal gravierende Schäden an den Gebäuden entstanden und wochenlange Aufräumarbeiten folgen würden.

„Ich könnte das nicht." Wie oft habe ich diesen Satz in den letzten Jahren von Personen um mich herum gehört. Ich halte ihn für unüberlegt und antworte stets: „Doch! In vergleichbarer Situation kannst du das auch." Keiner weiß so recht, was in ihm steckt und zu was er fähig wäre. Einerseits schade. Ein bisschen mehr Selbstvertrauen täte dem einen oder anderen bestimmt gut. Auf der anderen Seite überraschen sich Menschen in Extremsituationen auch selbst mit ihrem Können, mit ihrer Stärke und allein diese Erkenntnis führt weiter zu Entschlossenheit und Durchhaltevermögen.

Doch wer hat dabei schon eine Wahl! Niemand hört in einer Krise die Frage, ob er sich das alles zutraue und geneigt sei, die Herausforderung anzunehmen. Keine Spur von einer möglichen Alternative. Das Weitermachen ist ein Muss:

Als Alleinerziehende von heute auf morgen für ein Kind oder mehrere Kinder zu sorgen, wenn der Tod ein Elternteil mitten aus der Familie gerissen hat. Mit einem Rollstuhl zurechtzukommen, weil ein Unfall folgenschwere Konsequenzen nach sich zieht und die Beine nicht mehr fähig sind, alleine zu tragen. Die Haushaltsausgaben drastisch zu senken, da ein Verdienstausfall nicht ausgeglichen werden kann. Den Kampf gegen eine lebensbedrohende Krankheit aufzunehmen und sich einer langwierigen und schmerzhaften Therapie zu unterziehen. Einen Schwerstkranken zu pflegen, weil man ihm das Zuhause und die gewohnte Umgebung nicht nehmen will.

Je stärker uns die Aufgaben in einer Krise binden, desto weniger Gedanken verschwenden wir an eine Änderung der Situation. Wir geraten in eine Strömung, die mitreißt, ob wir wollen oder nicht. Es gibt keine Zeit zu überlegen, aber viel zu tun. Der Einzelne agiert nur noch. Es gibt keine Pausen und keine Gelegenheit zum Nachdenken. Ein regelrechter Sog entsteht. Es ist, als hätte uns jemand Scheuklappen verpasst. Man nimmt nicht mehr wahr, was in der Umwelt um einen herum passiert. Man sieht nicht mehr nach rechts oder nach links, nicht mehr weit in die Zukunft, vielleicht noch bis zur nächsten Stunde oder bis zum nächsten Tag. Was sich in einem Monat oder in einem Jahr ereignen könnte, ist gedanklich Lichtjahre entfernt. Das Ganze gleicht einem Tunnelblick, der letztendlich dazu führt, dass man ungeahnte Kräfte mobilisiert; der fokussiert und zur Höchstleistung antreibt.

Durch eine Trauergruppe lernte ich eine Frau kennen, die ihren Mann durch einen Herzinfarkt verloren hatte. Von heute auf morgen war sie Witwe und Alleinerziehende von zwei Kindern. Zusätzlich gab es eine Baustelle mit ausgehobener Baugrube, auf der in den nächsten Monaten der Neubau ihres lang geplanten Eigenheimes entstehen sollte. Doch sie ließ sich nicht davon abhalten, diesen Traum zu verwirklichen. Sie mobilisierte sämtliche Kräfte, die sie neben Trauer und Kindern aufbringen konnte, und zog nach einigen Monaten tatsächlich in diesen Neubau ein.

Sie hatte sich in dieser Phase fast ausschließlich auf dieses Haus fokussiert. Das trieb sie an und ließ ungeahnte Kräfte frei, denn im Vorfeld hatte sie die Planung und Umsetzung hauptsächlich ihrem Mann überlassen.

Menschen in Krisen wachsen über sich hinaus. Da gilt es oft, den Hut zu ziehen. Aber wie immer gibt es zwei Seiten einer Medaille, denn jede Kraft ist nun mal begrenzt.

Nicht mehr Herr der Lage

20. Juni 2008:
Fantastisches Sommerwetter – wie bereits die ganze letzte Woche. Das haben wir ausgenutzt. Mit Blick auf den Wald saßen Andi und ich heute über eine Stunde gemeinsam auf dem Balkon in der Nachmittagssonne. Das Reden tat gut – mir und ich glaube auch ihm ...

Diesen beginnenden Tagebucheintrag von mir hat es leider nie gegeben. Ich hätte diese Sätze so gerne geschrieben, doch die Realität sah völlig anders aus.

Es waren Andis letzte Wochen zu Hause. Vorausgegangen war ein Krampfanfall, von dem er sich nicht mehr erholte. Der körperliche Verfall kam völlig überraschend. Lähmungserscheinungen wirkten sich auf alle Bewegungen aus. Er konnte nicht mehr selbstständig sitzen, sich aufrichten, geschweige denn laufen. Erneut stand unser Leben Kopf.

Die Tage flogen an mir vorbei. Wie eine Krankenschwester maß ich dreimal täglich Blutdruck, Puls und

Fieber, verabreichte zahlreiche Medikamente. Ich musste meinen Mann waschen, anziehen, aus dem Bett in den Rollstuhl setzen, Frühstück bereiten und ihm wieder zurück ins Bett helfen. Täglich Betten abziehen, Waschmaschine füllen, Betten neu beziehen – es ging ständig etwas daneben. Mehrfach am Tag massierte ich seinen lädierten Körper, was ihm guttat und entspannte. Das Mittagessen und Abendessen verlagerten wir ins Schlafzimmer, da seine Kraft für weitere Runden im Rollstuhl nicht mehr reichte. Ihn aufzurichten hieß jedes Mal, hinter ihm auf dem Bett zu stehen, zu ziehen so gut es eben ging und ihn mit Kissen abzustützen, damit er nicht umkippte. Tagsüber kam der Physiotherapeut, manchmal die Sprechstundenhilfe des Hausarztes zum Blutabnehmen. Mittendrin turnte Svenja, die sich ja ebenfalls nicht selber waschen und anziehen konnte, die Windeln brauchte und gefüttert wurde. Ihr Einschlafen klappte nur noch mit langem Händchenhalten. Abends saß ich allein vor der Medikamentenschachtel, um die Tablettenrationen für den nächsten Tag zu richten. Diese Plastikschachtel, die in morgens, mittags, abends unterteilt war, stopfte ich nach Arztbericht jeden Tag so voll, dass sie beinahe platzte. Ich erfüllte Wünsche wie Musik an, Musik aus, Fernseher an, Fernseher aus, vorlesen, dies bringen, das bringen, rasieren, Tee zubereiten, umdrehen, zurückdrehen, hochziehen, lagern…

Doch auch Essen kocht sich nicht von alleine, kein Kühlschrank füllt sich selbstständig, keine Wäsche hängt sich auf, keine Spülmaschine räumt sich ein. Zudem setzt sich ein Kleinkind nicht still in eine Ecke und schaut mal, was da alles so passiert. Nur mithilfe meiner Schwiegermutter, die mich regelmäßig unterstützte, konnte ich uns über Wasser halten.

Soziale Netze? Wenn es welche gab, fielen wir durch. Bei einem 35-Jährigen kommt einem leider nicht gleich ein Pflegedienst in den Sinn. Seine Schwäche stufte der letzte behandelnde Arzt als vorübergehend ein. Sein Hausarzt kam nie vorbei. Der Wechsel in eine weitere Klinik stand bevor. Doch dort kannte ihn noch niemand persönlich.

Den Kontakt zu den Brückenschwestern hatte ich hergestellt. Eine der Schwestern besuchte uns gleich in den ersten Tagen, um sich ein Bild zu verschaffen. Im Anschluss ging sie leider für mehrere Wochen in den Urlaub und ließ mir nur eine Telefonnummer für den Notfall da. War sein Zustand nun ein Notfall? Ich zögerte. Also kam auch von dieser Seite keine weitere Unterstützung.

Ich war abgemagert, meine Reserven schwanden. In den Nächten fand ich kaum mehr Schlaf. Meine Ohren lauschten auf jedes Geräusch. Ist sein Zustand stabil? Ist er warm? Hat er Fieber? Schläft Svenja? Wer hustet? Ich kam einfach nicht mehr zur Ruhe, vor allem ab der Nacht, als Andi aus dem Bett kippte. Die Verantwortung begann mich zu erdrücken. Weder Svenja noch Andi konnte ich auch nur für fünf Minuten sich selbst überlassen. Ich war reduziert auf Pflegekraft und Mutter. Dazwischen lag kein Spielraum. Mich gab es einfach nicht mehr. Doch immer noch nahm ich nicht richtig wahr, was mit einem Mal alles auf mich eingestürzt war.

In solch einer Situation sind Sie nur noch darauf fokussiert, die täglichen Vorgaben so gut es geht zu erfüllen. Ob Sie das können, ob Sie das schaffen, diese Fragen stellen Sie sich nicht mehr. Sie wissen nicht mehr, was sich rechts und links von Ihnen abspielt, weil Sie an so etwas keinen freien Gedanken verschwenden. Jede Ablenkung von der eigentlichen Krise kostet Kraft, die Sie aber nicht mehr übrig haben.

Dabei ist es unerheblich, ob der Kräfteverlust physischer oder psychischer Natur ist. Denn auch bei einer emotionalen Erschöpfung kann die Situation ähnlich gelagert sein. Zum Beispiel wenn ein Mensch mit Burnout-Syndrom sich monatelang gerade noch so durch den Alltag schleppt und der Zustand des Ausgebranntseins dafür sorgt, dass keine weiteren Aktivitäten mehr aufkommen können. Er nimmt die Situation einfach als gegeben an. Und kämpft sich durch. Ohne einen Gedanken daran zu verschwenden, wie sich seine Lage ändern könnte.

Können Sie sich vorstellen, was passiert, wenn zu viele Dinge gleichzeitig auf einen einprasseln? Wieso setzt man sich dieser Überforderung aus, ohne sich dabei die Frage zu stellen, ob man der Situation eigentlich gewachsen ist oder ob man sie vielleicht irgendwie verbessern könnte?

Es gibt dafür eine aufschlussreiche Erklärung: Solch eine Krisensituation entreißt Menschen nämlich das Gefühl für die eigenen Kräfte. Sie haben vollständig die Wahrnehmung verloren, ob sie Herr der Lage sind oder nicht. Ihnen ist überhaupt nicht bewusst, in welch einer prekären Situation sie sich eigentlich befinden. Es ist ihnen nicht klar, dass sie komplett überfordert sind, dass sie sich überschätzen und die eigenen Grenzen nicht mehr erkennen. Oder dass sie von der Verantwortung erdrückt werden.

Bei meinem Mann kam die Zustandsverschlechterung sehr plötzlich. Gerade aber, wenn Angehörige ihre nächsten Verwandten im Alter zu Hause pflegen, kann sich die Überbelastung auch schleichend ergeben. Anfangs unterstützen sie vielleicht nur mit ein paar Handgriffen, verteilt über den Tag. Sie kochen, kaufen ein, waschen und bügeln Kleidung. Im Lauf der Zeit wird die Pflege immer aufwendiger, anstrengender und belastender für denjenigen, der pflegt. Für einen alten Menschen können die einfachsten Handgriffe schwierig werden, vor allem, wenn Demenz hinzukommt. Da geht es dann nicht mehr um die Hilfe für eine Stunde am Tag, sondern um einen Ganztagsjob.

Letztendlich hält auf Dauer keiner diese Überbelastung durch. Irgendwann ist die letzte Energiereserve aufgebraucht. Der Zusammenbruch kommt. Früher oder später. Und verschärft zudem auch nochmals die eigentliche Krise. Eigentlich liegt das alles auf der Hand. Scheint völlig logisch. Zumindest für denjenigen, der objektiv von außen auf die Situation schaut. Betrachten Sie es einmal aus der Perspektive des Menschen, der agiert. Dann ist dieses Urteil überhaupt nicht mehr so einfach zu fällen.

Ich war in diesen Wochen, in denen ich meinen Mann zu Hause pflegte, dazu übergegangen, wie ein Hamster im Laufrad zu rennen. Immer schneller. Und sah keinen Weg auszuscheren. Ich dachte auch nicht darüber nach. Heute weiß ich, dass ich mit der damaligen Situation völlig überfordert war. In dem Moment aber war es nur ein brodelndes Gefühl, kein klarer Gedanke. „Ich muss das einfach irgendwie schaffen!", diese Worte steckten in mir drin. Und denen folgte ich. Jeden Tag aufs Neue. Heute ist mir klar, dass ich damit völlig falschlag.

„Sei stark!", „Halte durch!", „Kämpfe!", diese Parolen können tatsächlich fatale Folgen haben. Sie ticken in vielen Köpfen. Unsere Leistungsgesellschaft hinterlässt Spuren und prägt – den einen mehr, den anderen weniger. In vielen Bereichen motivieren Eltern, Lehrer, Arbeitgeber und Trainer auf diese Art, setzen den ein oder anderen damit unter Druck. Es mag sicher Situationen geben, die mit diesen Parolen positiv für den Einzelnen enden. Manchmal aber auch nicht.

Ich halte nichts mehr davon, jede Leistungsgrenze zu überschreiten. Es gibt Begrenzungen, die man anerkennen sollte. Es ist demnach nichts Negatives, eben keine Schwäche, wenn jemand seine eigenen Grenzen in einer Krise erkennen und vor allem auch anerkennen kann. Ganz und gar nicht. Es ist sogar eine persönliche Stärke, denn es hilft keinem, wenn er sich und womöglich auch sein Umfeld überfordert.

Es ist extrem wichtig, in einer Krise eine Überforderung wahrzunehmen und auch zu stoppen. Zumindest in dem Maße, dass wir wieder in der Lage sind, neue Kräfte zu tanken oder mit Unterstützung von außen weiterzumachen. Und wenn wir weitermachen, sollten wir auch genau wissen, wie weit wir zukünftig gehen können, ohne wieder in den gleichen Sog zu geraten – den Sog der Überbelastung.

In dem Moment, in dem wir zugeben, dass wir schwach sind, erhalten wir die Möglichkeit, wieder Stärke zu gewinnen.

Wie genau soll das nun funktionieren?

Ich schaff das nicht allein!

„Wie geht es Andi?" Der Motor des Autos, das ich gerade aus dem Augenwinkel aus der Nachbargarage habe fahren sehen, wird abgestellt und Patrick, ein Bekannter, lehnt sich aus dem Fahrerfenster. Schwungvoll werfe ich den Müllbeutel in die Tonne und trete an sein Auto. Die Abendsonne an diesem Sommertag steht schon tief und verbreitet ein warmes Licht. „Nicht besonders gut", beginne ich und schildere ihm anschließend in kurzen Sätzen Andis Zustand, seine Kraftlosigkeit und unseren momentanen Tagesablauf. Als ich ihm von den Schwierigkeiten beim letzten Duschvorgang berichte, als ich Andi fast ohne seine Mithilfe auf einen Klappstuhl in die Dusche gesetzt habe, sieht er mich ernst an und erwidert: „Du weißt aber schon, dass die Pflege von Patienten mein Beruf ist. Ruf mich das nächste Mal einfach an!"

Seine Worte brachten mich damals ziemlich aus dem Konzept. Ich war in den vorangegangenen Wochen nicht zum Nachdenken gekommen, hatte nur einfach versucht, alles Nötige irgendwie zu bewältigen. Doch der Hinweis auf professionelle Pflege ließ mich aufhorchen.

Ich merkte auf einmal, dass mir gar nicht richtig klar war, was ich da eigentlich tat: Ich pflegte meinen bettlägerigen, fast gelähmten Mann 24 Stunden am Tag. Und das – mit Ausnahme der Unterstützung seiner Mutter – vollständig ohne fremde, ohne professionelle Hilfe. Alleine!

An diesem Punkt, in diesen Tagen zu Hause hätte ich die Reißleine ziehen müssen. Genau da hätte ich mir selber eingestehen müssen, dass die Situation mich komplett überfordert. „ICH SCHAFF DAS NICHT ALLEIN! Ohne professionelle Unterstützung geht es hier nicht weiter! ICH BRAUCHE HILFE. Die Lage muss sich ändern. Irgendwie." Zu diesen Worten war ich nicht fähig. Denn es ist nicht einfach, ein Stoppschild hochzuheben und so etwas zuzugeben. Obwohl es allen Beteiligten – allen voran meinem Mann – gutgetan hätte. Mein Hamsterrad wäre langsamer gelaufen, vielleicht sogar zum Stehen gekommen. Es lief schon lange nicht mehr rund. Denn ich war nicht mehr in der Lage, geradeaus zu rennen, sondern purzelte nur noch wild durch die Gegend. Ich hatte den Überblick verloren.

Menschen in Krisen müssen die Überforderung wahrnehmen. Sie müssen sie sehen. Das ist der allererste Schritt. Was sagt einem das eigene Spiegelbild, wenn man sich in einem Spiegel betrachtet? Was sagen einem die Augen? Bei diesem Innehalten sollte man sich die gravierenden Veränderungen bewusst machen: körperliche Beschwerden, neue Alltagssituationen. Was fehlt? Wie beantwortet die Seele folgende Fragen, wenn man für ein paar Minuten die Hände auf den Bauch legt und in sich hineinhört: „Kann ich das wirklich noch leisten?", „Wächst mir die Verantwortung über den Kopf?". Ich habe mich leider nicht vor einen Spiegel gestellt, doch es kam ein Wink von außen. Auch dieser kann wichtig sein, als Denkanstoß verstanden, nicht als Vorwurf. In solchen Situationen muss sich jeder Einzelne bewusst machen, dass sich die Schwierigkeiten kaum von alleine lösen werden. Sie gehen nicht einfach weg. Diese Chance gibt es nur, wenn man sie überhaupt erst zur Kenntnis nimmt.

„Ich bin Alkoholiker!" – genau dieser Satz eines Menschen mit einem Alkoholproblem ist der wichtigste. Es ist das persönliche Eingeständnis, dass er wirklich ein Problem hat, überfordert ist und sich dieses Problem nicht von selber lösen wird. Es ist die Wahrnehmung einer Krankheit. Es ist der erste Schritt, der gemacht werden muss, damit sich die Lage ändert.

Eine Überforderung muss man ernst nehmen und auf Gefühle wie Unsicherheit, Kraftlosigkeit und leise Zweifel hören. Es sind manchmal nur kleine beklemmende Nuancen, die in einer Krisensituation in uns ticken. Und genau diese sind wichtig und ein Signal.

Sich einzugestehen, dass man Hilfe braucht, wie auch immer diese aussehen mag, zeugt von unheimlicher Stärke. In diesem Moment akzeptieren wir die Situation so, wie sie ist, und glauben nicht mehr, alleine klarkommen zu müssen, sondern lassen andere helfen. Letztendlich geben wir ein Scheitern zu. Ob mit oder ohne persönliches Zutun ist bei diesem Schritt egal. Niemand scheitert gerne, egal aus welchem Grund. Auch ich nicht. Im Nachhinein kann ich nicht sagen, ob und wann ich zu diesen erlösenden Worten gefunden hätte. Patrick brachte bei mir gedanklich einen Stein ins Rollen, denn vor allem die Situation in der Dusche spitzte sich gefährlich zu.

Doch Andi bekam kurz nach diesem Gespräch Fieber und ich musste den Krankenwagen rufen. Als ich dem Wagen vom Roten Kreuz folgte, fühlte ich mich schrecklich. Ausgebrannt. Leer. Gescheitert. Gleichzeitig fiel eine zentnerschwere Last von mir ab, denn ich durfte die Verantwortung abgeben.

Wie schafft man das nun aber freiwillig? Nicht erst, wenn einem die Verantwortung aus der Hand genommen wird?

Spezialist oder Seelentröster

„Oje, so niedrig waren die Thrombozyten ja noch nie." Ich lasse den ausgedruckten Zettel mit den Blutwerten von Andi sinken und schaue die Sprechstundenhilfe über den Tresen der Hausarztpraxis entsetzt an. „Echt?", entgegnet sie mir und wirft ebenfalls einen Blick auf die Zahlen. „Hat der Doktor nichts gesagt?", frage ich weiter. „Der Doktor? Der hat die Werte gar nicht gesehen!", antwortet sie mir. „Wie bitte?", entfährt es mir nun deutlich lauter, „Wieso denn nicht?" Ich kann es nicht fassen. „Die schaut er nie an. Ihr Mann wird doch immer wieder im Krankenhaus behandelt", folgt als Erklärung. Ich bin kurz davor, vom

Glauben abzufallen, frage aber trotzdem weiter nach dem Arzt, den ich nun unbedingt selber sprechen möchte. Leider ist er heute nicht mehr im Haus und auch sonst nicht erreichbar.

Nachvollziehbar, dass ich das Ganze nicht auf sich beruhen ließ. Ich bin weder Arzt noch Krankenschwester und konnte die Blutwerte nicht beurteilen oder einen Handlungsbedarf abschätzen. Wahrscheinlich hätten Sie bei dieser medizinischen Angelegenheit auch entschieden, sich professionelle Hilfe zu holen. Gleiches gilt für den Steuerberater bei der Steuererklärung, den Versicherungsvertreter vor Abschluss wichtiger Vorsorgeprodukte oder den Bankberater bei der Eigenheimfinanzierung. Schwieriger wird es, wenn die Grenze, einen Spezialisten um Rat und Hilfe zu bitten, nicht so einfach zu ziehen ist. Denn schließlich ist es nicht selbstverständlich, dass man Hilfe annimmt. „Da müssen wir doch alleine durch", tönt es in vielen Köpfen.

Ebenfalls stellt sich die Frage nach der Notwendigkeit, die jeder Einzelne subjektiv und anders beantwortet: Brauche ich wirklich psychologischen Beistand? Vielleicht komme ich ja auch allein zurecht. Kann ich mich selbst durch die Antragsformulare kämpfen oder muss ich einen Berater mit der Abwicklung beauftragen, damit keine Fehler passieren? Trete ich der Selbsthilfegruppe bei oder ziehen mich Probleme anderer erst recht in die Tiefe? Gelingt mir die häusliche Pflege noch eine Zeit lang oder muss ich meinen Angehörigen in ein Pflegeheim geben? Schaffe ich es, das Sterben zu Hause zu begleiten, oder bringe ich meinen Angehörigen in ein Hospiz?

Allein schon die Fragen selbst sind keine Bagatelle. Sie sind verbunden mit Versagensängsten, Schuldgefühlen, Verantwortung und Gewissensbissen. „Ich kann mich doch nicht von meinen Gefühlen steuern lassen", wird der eine oder andere bei seiner Entscheidung mit sich hadern. Ganz davon abgesehen bedeutet die Inanspruchnahme einer Hilfe zusätzliche Wege, eventuell Kosten, ein gewisses Maß an Zeit und erneute Änderungen im Alltag. Keine Banalitäten, denn Sie befinden sich ja immer noch mitten in der Krise.

Doch Hilfe annehmen heißt nicht, schwach zu sein. Halten wir uns vor Augen, dass wir mit unseren Kräften haushalten müssen, denn eine Krise ist nicht in ein paar Tagen ausgestanden. Sie dauert: lange Wochen, viele Monate, mitunter auch Jahre. Ich habe die Pflege eines Angehörigen nur für wenige Wochen geleistet. Den Kraftakt, den ein Angehöriger über Jahre hinweg in der Pflege absolviert, kann ich nur ansatzweise erfassen. Leider weiß ich auch, dass eines der großen Probleme gerade in der Pflege die Anerkennung der entsprechenden Pflegestufe ist. Angehörige fordern mit der Beantragung zusätzliche Hilfe, die ihnen aber nicht immer zuteilwird. Umso bedeutungsvoller werden die kleinen Kraftquellen, die Auszeiten jedes Einzelnen.

In Therapiestunden, Beratungsgesprächen, Selbsthilfegruppen oder bei seelsorgerischen Diensten besteht die Möglichkeit, Kräfte zu sparen oder sogar neue Kräfte zu sammeln, die man später in der eigentlichen Krisensituation einbringen kann.

Wendet sich zum Beispiel ein Alkoholiker an eine Gruppe der Anonymen Alkoholiker, steht er mit seinem Schicksal nicht mehr alleine da. Ein Erfahrungsaustausch macht Mut in Krisen, eine Gemeinschaft kann stärken und Verzweiflung in Kraft zum Weitermachen umwandeln.

Ein ganz wichtiger Aspekt ist auch, dass nicht nur der Erkrankte Hilfe einfordern kann, sondern auch seine Angehörigen, je nach Krankheit und Situation z. B. in Familiengruppen der Anonymen Alkoholiker, bei der Deutschen Krebshilfe, in diakonischen Einrichtungen oder auch allgemein bei Selbsthilfegruppen und Hospizen. Das letzte Kapitel hat es schon gezeigt – eine Krise macht nicht nur bei der direkt betroffenen Person halt. Die Überforderung auch nicht.

Es muss trotzdem nicht immer professionelle Hilfe sein. Auch im persönlichen Umfeld, bei Freunden und Familie finden sich hilfsbereite Menschen, die oft nur darauf warten, dass man sich an sie wendet. Es bringt aber nichts, wenn uns nahestehende Menschen in Krisen mit allgemeinen Tipps oder Ratschlägen überhäufen. Der Grundsatz sollte lauten: Klasse statt Masse. Nämlich gezielte, ganz konkrete Hilfe. Dann hat sie eine Wirkung.

Was nützen einem Arbeitslosen zig ausgeschnittene Stellenanzeigen aus den unterschiedlichsten Branchen, für die er weder geeignet noch ausgebildet ist? Gar nichts. Hilfreicher sind eine Handvoll ausgewählter Jobs, die auch tatsächlich infrage kommen und mit denen er eventuell eine neue Perspektive auf dem Arbeitsmarkt hat.

Doch Hilfe kann auch eingefordert werden! Die Betreuung eines schwer kranken Kindes beispielsweise ist ein 24-Stunden-Job. Für Eltern gibt es kaum Auszeiten. Zieht sich die Krankheit über mehrere Jahre, ist ein sporadisches Unterstützungsangebot wie ein Tropfen auf den heißen Stein. Besteht aber die Möglichkeit, die Hilfe aus dem Freundes- oder Familienkreis regelmäßig für ein paar Stunden zu erhalten, entsteht eine kleine, aber unheimlich wichtige Auszeit für die Eltern. Und hierfür sind konkrete Absprachen notwendig, die die Eltern deutlich formulieren müssen. Erst dann können solch kleine Stellschrauben große Wirkung erzeugen, durch die die Eltern Kraft schöpfen.

Je klarer Hilfesuchende eine Bitte formulieren, desto besser und unterstützender können Freunde auch aktiv werden. Viele Nahestehende warten auf ein konkretes Signal, wenn sie anfangs ihre Unterstützung angeboten haben. Wahrscheinlich sind sie in einer Krise sogar froh, etwas tun zu können, und je genauer sie wissen, was zu tun ist, umso besser ist letztendlich das Ergebnis.

Geteiltes Leid ist halbes Leid. Wieso sagt man das eigentlich? Das Schicksal kann einem doch niemand abnehmen.

Das Schicksal sicher nicht. Doch mit dem Annehmen von Hilfe können wir neue Kraft für unsere Situation gewinnen. Wir rücken ab vom Zustand der Überforderung. Schöpfen neue Energie. Teilen Verantwortung. Wir können uns austauschen, absprechen, anlehnen. Die Belastung verlagert sich so ein wenig oder verteilt sich auf weitere Schultern. Man fühlt sich nicht mehr so unsagbar alleine mit dem ganzen schrecklichen Schicksalsschlag. Durch Hilfe wird der Weg nicht leicht, aber leichter. Ein Gespräch mit Gleichgesinnten zeigt, dass es auch andere Menschen gibt, die mit den gleichen Schwierigkeiten zu kämpfen haben, die entmutigt und kraftlos sind und vielleicht gerade deshalb eine moralische Stütze werden. Manchmal sind es auch einfach die kleinen Gesten von Nahestehenden, die Menschen in Krisen beflügeln, ihnen Hoffnung und Zuversicht schenken und das Weitermachen ermöglichen.

Hilfe anzunehmen ist also ein ganz wichtiger Aspekt. Beinahe noch bedeutsamer ist jedoch der Punkt, an dem ich selbst erkenne, dass Hilfe notwendig ist.

Auf der einen Seite durch Sehen: Quasi in das eigene Spiegelbild schauen und fragen: „Wie geht es eigentlich mir?" Durch einen Spiegel wird man sichtbar – für sich selbst. Auf der anderen Seite durch Hören: Die wichtigsten Signale kommen vom eigenen Körper und der Psyche. Doch man muss sie beachten. In sich reinhören. Sie sind nicht immer eindeutig, oft unterschwellig.

Wenn ich mich selber wahrnehme und nichts verdränge, schaffe ich es, eine Überforderung zu erkennen. Und was ich sehe und höre, kann ich auch bekämpfen. Ich kann die Situation nicht komplett ändern, aber ich kann sie verbessern, um vorwärtszukommen. Denn niemand möchte an einen Punkt angelangen, an dem es nicht mehr weitergeht. Jeder möchte weiterkommen. Vor allem raus aus der akuten Krise.

Die einzige Chance, eine Verbesserung der prekären Situation einzuleiten, besteht also darin, seine eigene Schwäche zu erkennen und zuzugeben. Dazu gehört Mut. Aufmerksamkeit. Ehrlichkeit. Und Entschlossenheit.

Schwäche zuzugeben – das ist ganz klar Stärke!

KAPITEL 5

Das Leben ist jetzt

Warum die Normalität erst einkehrt,
wenn Sie das Nichtnormale akzeptieren

„Hier ist es perfekt!" Ich stehe auf einem Wall des Grand Canal d'Alsace, dem Rheinseitenkanal, und halte mir die Hand zum Schutz gegen die Sonne vor die Augen. Das Wasser des Rheins glitzert in der Nachmittagssonne und ein paar Vögel kreisen über dem klaren Wasser. Ansonsten ist es ruhig. Kein Mensch und auch kein Schiff sind weit und breit zu sehen.

Auf der Höhe von Breisach haben wir vor knapp einer Stunde Deutschland verlassen und sind mit dem Auto auf der französischen Seite unterwegs. In einer kleinen Bäckerei habe ich uns kurz zuvor Croissants und Kaffee besorgt und nun suchen wir nach einem gemütlichen kleinen Fleckchen Erde für ein Picknick.

Ich hüpfe den Abhang zu unserem Auto hinunter und bringe dabei jede Menge kleiner Steine in Bewegung. Unten angekommen helfe ich Svenja und Andi aus dem Wagen. Anschließend hebe ich die Tasche samt Picknickdecke aus dem Kofferraum. Während Andi etwas skeptisch den steilen Hang betrachtet, versucht sich unsere Tochter bereits am Aufstieg. Das Geröll lässt sie immer wieder nach unten gleiten. Ich setze die Tasche ab. „Okay, am besten erst du, denn

Svenja kann ich da oben nicht alleine stehen lassen." Ich greife Andi am Arm. Noch vor wenigen Monaten hätte mein Mann mit drei Sätzen auf diesem Wall gestanden. Nun liegen diverse Chemotherapien sowie eine Strahlentherapie hinter ihm. Seine Beine gleichen zwei Streichhölzern, während sein Oberkörper aufgrund des Kortisons kräftig an Umfang dazugewonnen hat. Sein Wille, diesen Hang zu erklimmen, ist da. Und meiner sowieso. Ich ziehe, ich schiebe, wir rutschen. Es dauert. Irgendwann stehen wir beide keuchend oben. Von unten ertönt eine Sirene. Svenja hat sich das Schauspiel bisher in aller Seelenruhe angeschaut. Nun kommt bei ihr Panik auf, wir könnten sie da unten vergessen. Erneut mache ich mich an den Abstieg. Mit ihr auf dem Arm komme ich kurze Zeit später ein drittes Mal oben an. Aber nicht genug. Auch Tasche, Picknick und Decke sollen ja ebenfalls auf den Damm. Einmal noch Luft holen und dann ist endlich alles geschafft.

Auf der ausgebreiteten Decke genießen wir unseren Kaffee und die leckeren Croissants. „Da, ein Schiff", Svenja reißt aufgeregt den Arm zur Seite. Endlich sehen wir ein Wasserfahrzeug, das langsam auf dem Kanal an uns vorbeigleitet. Die Besatzung winkt uns freundlich zu und wir winken zurück. Die Wellen spülen leise gegen das Ufer. Ich lasse mich wieder auf die Decke sinken und schließe die Augen. Sonnenstrahlen wärmen mein Gesicht. Ich spüre Svenjas nackte Beinchen an meinem Arm und lehne den Kopf an die Schulter meines Mannes. Es ist unser erster kleiner Ausflug seit Monaten. Was früher eigentlich selbstverständlich war, ist heute etwas ganz Besonderes. Mittlerweile haben wir Mai. Acht Monate Kampf, Schmerzen und wochenlange Krankenhausaufenthalte liegen hinter Andi. Nun soll es gut sein. Die Ärzte sind optimistisch. Von Restlymphomen ist noch die Rede. Eine Strahlentherapie wirkt angeblich mehrere Wochen nach. Diese Nachwirkung soll den Tumor vollständig beseitigen. Wird das funktionieren? Werden wir es schaffen, zu einem normalen Alltag zurückzukehren? Ich versuche meine Gedanken beiseitezuschieben. Ganz gelingt es mir nicht. Trotzdem ist es momentan nicht wichtig. Wichtig sind das Hier und das Jetzt. Dieser schöne Tag, diese familiären Stunden, diese wertvollen Minuten.

Die Krisenrechnung

Der Nachmittag am Rhein ist mir in guter Erinnerung geblieben. Für diese wertvolle gemeinsame Zeit bin ich unheimlich dankbar. Sie ist eingebrannt in mein Gedächtnis und hinterlässt heute noch, genauso wie am damaligen Tag, positive Gefühle. Eigentlich könnte man meinen, dass es solche Tage in Krisen gar nicht gibt, dass alles grau in grau ist. Trostlos. Sorgenvoll. Angsterfüllt. Und alle Beteiligten mit niedergeschlagener Miene durch die Gegend schleichen. Es gibt sie aber! Die schönen, kostbaren Momente. Vielleicht nicht viele davon. Und auch nur, wenn man sie zulässt. Denn in Krisen empfinden Menschen das Leben als einen Zustand, vor dem sie am liebsten fliehen möchten. Diese schreckliche Zeit empfinden sie als Bürde, die sie auf sich nehmen müssen. In der Zeit an sich, in den

Tagen, Wochen, Monaten oder Jahren, sehen sie keinen Sinn.

„Früher war alles besser!" Wenn dieser Satz in Krisen ständig im Fokus steht, ist der Blick rückwärtsgerichtet. Wer diese Worte immer wieder ausspricht, gibt der Gegenwart keine Chance und möchte auch nicht sehen, was aktuell passiert. Beispielsweise wenn ein Partner die vollzogene Trennung nicht akzeptiert und immer wieder versucht, an Altes anzuknüpfen, statt für sich nach vorne zu sehen. In seinem Kopf schwirren unaufhörlich Vergleiche zwischen gestern und heute und der frühere Zustand wird herbeigesehnt. Das Heute, also seine Situation als Single ohne festen Partner, möchte er schnellstmöglich wieder verlassen. Oder wenn ein Unfallopfer durch einen Verkehrsunfall bleibende Schäden erlitten hat, er deshalb die geliebte Sportart aufgeben musste und das nicht wahrhaben will. Beide Personen versuchen ihre Lage auszusitzen und warten regelrecht, bis diese schreckliche Zeit endlich vorbei ist: „Sie kommt schon wieder zu mir zurück!" oder „Irgendwann werde ich doch wieder Handball spielen". Das Hier und Heute erkennen sie nicht an. Das Wertvolle können sie nicht sehen.

Andere legen in einer Krise einen immensen Aktionismus an den Tag und wollen ganz schnell „da durch". Sie visieren die Zukunft an. In der soll alles besser sein. Nur raus aus diesem Wahnsinn hier. Raus aus der furchtbaren Krise. Und die Normalität wiederherstellen. Diese schreckliche, kräftezehrende Phase binnen kürzester Zeit hinter sich lassen und möglichst vergessen. Abhaken.

Allenfalls als bittere Erfahrung verbuchen. Als herbes Kapitel im Leben, das abgeschlossen ist und sich hoffentlich niemals mehr wiederholt.

Auch ich war vor Jahren so gepolt. Meine Messlatte hieß Chemotherapie, es war noch ganz zu Beginn der Krebserkrankung meines Mannes. Sechs Zyklen sollte er erhalten. Danach eventuell noch zur Rehabilitation. Für mich ein klares Rechenexempel: Jeder Zyklus im Abstand von drei Wochen ergab 18 Wochen Chemotherapie. Zuzüglich drei weiteren Wochen für die Kur. Das machte 21 Wochen bis zum Ende dieser schrecklichen Zeit. Diese Distanz mussten wir überwinden. Das war nach Erhalt der Diagnose klar. Danach ist das Tal durchschritten. Es geht wieder aufwärts und wir können anknüpfen an den Zeitpunkt vor der Diagnose. Doch ich hatte mich total verrechnet.

Wieso? Laut Einmaleins stimmt die Rechnung. Aber so funktioniert das Leben nicht. Es unterliegt keinen mathematischen Gesetzen. Es ist weder errechenbar, planbar noch logisch. Schon gar nicht während einer Krise. Das Gegenteil ist der Fall. Es gibt den Zufall, Glück und Leid oder den Widerspruch. Das merkte auch ich ganz schnell. Schon der zweite Zyklus der Chemotherapie startete aufgrund schlechter Nieren- und Leberwerte verzögert. Mein Ergebnis stimmte nicht mehr. Und das war erst der Anfang. Das Wort Krise beinhaltet nun mal eine nicht absehbare Entwicklung, einen unbekannten Verlauf und ebenfalls ein nicht vorhersehbares Maß an Zeit. Meist gibt es einen charakteristischen Wendepunkt, ab dem sich der Zustand verbessert oder dramatisch verschlechtert. Diese

Spannung auszuhalten ist sehr schwer. Geduld ist gefragt.

Geduld! Im Lexikon definiert als Ausdauer im ruhigen, beherrschten, nachsichtigen Ertragen oder Abwarten von etwas. Wahnsinns Worte, vor allem in einer Krise.

Mach schon!

Während wir die langen Krankenhausflure entlanggehen, merke ich zum ersten Mal, wie unsicher Andis Gang geworden ist. Er hat den Arm um mich gelegt. Immer wieder spüre ich, wie er beim Gehen plötzlich das Gewicht auf mich verlagert, obwohl wir nur geradeaus laufen. Wir müssen das Gebäude wechseln. Im Untergeschoß der Strahlenklinik befinden sich die medizinischen Geräte, mit denen die Patienten durch hochenergetische Strahlung therapiert werden. Mein Mann erhält zurzeit täglich eine Ganzhirnbestrahlung.

Wir setzen uns in den kleinen Wartebereich. Zuvor nimmt sich Andi aus dem Wasserspender noch etwas zu trinken. Er setzt sich hin, um kurz darauf wieder aufzustehen und auf dem kleinen Beistelltischchen die Zeitschriften durchzusehen. Eine Motorradzeitschrift hat es ihm angetan und er fängt aufmerksam an, darin zu lesen. Ich sehe mich um. Die gleichen Gesichter wie fast jeden Tag.

Nur wenige Minuten später öffnet sich die Tür zum Behandlungsraum. Mein Mann wird aufgerufen. Keine Reaktion. Ich bin mir nicht sicher, ob er es gehört hat: „Andi, du bist dran." „Ja gleich", kommt als Antwort, ohne dass er den

Kopf auch nur anhebt. Ich rutsche leicht auf meinem Stuhl hin und her. „Andi, die warten auf dich." „Ja, ich komme." Trotzdem bewegt er sich nicht einen Millimeter. Die medizinisch-technische Assistentin lächelt mir zu und steht geduldig in der Tür. Mir wird die ganze Situation langsam unangenehm. „Andi, bitte." „Ich komme ja schon." Endlich steht er auf, legt langsam die Zeitschrift zurück auf den Tisch, erklärt mir dabei noch ausführlich irgendetwas Technisches über ein Motorrad und fängt an, seine Jacke anzuziehen. „Lass die doch hier. Du musst sie sonst gleich wieder ausziehen", fange ich an. Er aber nestelt bereits am Reißverschluss herum. Schließlich läuft er umständlich in Richtung Tür. „Guten Morgen, Herr Riedinger." Er erwidert freundlich die Begrüßung, um dann nochmals abzudrehen, den Mülleimer anzusteuern und den Becher zu entsorgen. Nach langen Minuten schließt sich hinter ihm die Tür.

Ich hatte unheimliche Probleme damit, das Tempo in meinem Leben zu drosseln. Meine innere Geschwindigkeit jagte mich zeitweise auch in Freiburg im Turbomodus durch die Gegend. Einer meiner Charakterzüge hatte mich fest im Griff: alles gleich, alles schnell, möglichst sofort. Seltsamerweise genau die Eigenschaft, die sich von meinem Mann schon immer stark unterschied. Ich war davon überzeugt, je schneller wir diese schreckliche Zeit hinter uns brachten, desto besser standen die Chancen, aus dieser Kurve heil rauszukommen. Dass mein Tempo wenig ausrichten konnte und sogar zusätzlichen Stress erzeugte, ließ ich einfach außer Acht.

Diese Ignoranz zeigt sich im Kleinen auch in den Wintermonaten, wenn grippale Infekte um sich greifen und es überall schnieft und hustet. Wer legt sich heute schon tagelang ins Bett, um eine Erkältung auszukurieren? Wer schont sich, trinkt Tee und hört auf seinen Körper? Kaum jemand. Schnell stehen wir in den örtlichen Apotheken und kaufen diverse Medizin, um möglichst schon am gleichen Tag wieder auf die Beine zu kommen. Tabletten, Pillen und Co, damit der rasante Arbeitsalltag weitergehen kann. Die Erholungsphase wäre vertane Zeit. Völlig unnötig: Der Stapel an Arbeit im Beruf würde weiter wachsen, die Kollegen müssten aushelfen, Termine müsste man absagen. Dass das Auskurieren durchaus Sinn macht, nimmt man nicht wahr. Dass zwei Tage Auszeit sogar etwas Positives bergen können, wollen viele nicht sehen. Unserem Körper nutzt das Ignorieren nichts. Wir wünschen trotzdem keine Unterbrechungen. Alles soll möglichst wie immer weitergehen. Denn der Zeit, in der man krank ist und eine Erkältung auskuriert, gibt man keinen Wert.

Wenn man diese Schilderung auf eine Krise überträgt, bedeutet das, dass man diesen Lebensabschnitt entwertet. In dieser Zeit lautet die Parole „Durchstehen!", nichts anderes. Der getrennte Partner im obigen Beispiel schaute dabei ständig zurück, der Handballspieler sieht unrealistisch in die Zukunft. Beide sind bei diesen Vorgehensweisen der Gefahr ausgesetzt, dass sie ihr momentanes Leben verschenken, weil sie es nicht wahrnehmen. Beide Beispiele bergen keine Lösung. Denn die Betroffenen passen sich der Gegenwart nicht an. Auf diese Art ist eine Krise noch schwieriger zu bewältigen, als sie sowieso schon ist. Sie prägen die Zeit der Krise als Phase, in der nichts gut sein kann.

Das ging mir anfangs ganz genauso. Ich empfand alles, was nicht so lief, wie ich es mir im Vorfeld vorgestellt hatte, als persönlichen Angriff: „Nicht das auch noch! Es ist doch alles schon schlimm genug." Ich war ungeduldig und wollte beispielsweise nicht akzeptieren, dass in einem Krankenhaus die Uhren völlig anders ticken: keine planbare Visite – Ärzte sind irgendwann da. Untersuchungen werden aus heiterem Himmel angesetzt, verschoben oder abgesagt. Sich diesen Abläufen als Angehöriger anzupassen dauerte und forderte immer wieder meine Geduld. Innerlich bestätigte jede Kleinigkeit, die nicht auf Anhieb funktionierte, meine Grundhaltung: Momentan klappt einfach gar nichts. Alles ist furchtbar!

Was kann man dagegen tun? Der Blick nach hinten oder vorne bringt ja nichts. Es gibt aber eine andere Möglichkeit: Einer Krise gegenüber muss man sich öffnen und auch dem Leben während dieser Zeit einen Wert geben.

Unterwegs mit Buggy und Rollstuhl

Heute ist Feiertag, Christi Himmelfahrt und gleichzeitig der volkstümliche Vatertag. Bestrahlungen finden nicht statt. Weder ambulant noch für Patienten der Klinik. Die Station Marie Curie wirkt wie ausgestorben, als sich die Tür des Aufzugs vor mir öffnet. Ich laufe bis zum Schwesternzimmer und winke einer der Mitarbeiterinnen grüßend zu.

„Hallo, Frau Riedinger. Der Rollstuhl steht schon bereit. Ich wünsche Ihnen allen einen schönen Tag."

Andi hat sich trotz Bestrahlung so weit erholt, dass wir es kaum erwarten können, den Radius des Krankenhausparks endlich einmal wieder zu erweitern. Er ist momentan schlecht zu Fuß. Ich habe deshalb gestern eine der Schwestern überredet, uns einen Rollstuhl der Station ausnahmsweise für einen Tag außerhalb der Klinik zu überlassen. Unser Ziel ist nicht weit. Es ist der Flückigersee, der nur wenige Hundert Meter von der Uniklinik entfernt ist. Ein paar Stunden ohne Krankenhaus. Für uns sind das keine Meter, es sind Welten!

Zum Glück ist Ingrid, Andis Mutter, dabei. Sonst hätte ich schon wieder ein Problem. Denn wie soll ich gleichzeitig den Rollstuhl und Svenjas Buggy schieben? Für kurze Distanzen im Krankenhaus setze ich unsere Tochter einfach auf Andis Schoß und kurve mit den beiden durch die Flure. Für einen Tagesausflug geht das nicht, vor allem, da sie noch einen Mittagsschlaf benötigt.

Ingrid und ich schieben die beiden Gefährte auf den knirschenden Kieswegen nebeneinanderher durch die hügelige Parkanlage: sie den Buggy, ich den Rollstuhl. Es ist sonnig, Kinderlachen ertönt vom Spielplatz und Gläserklirren aus dem nahe gelegenen Café, wo sich die ersten Tagesausflügler zum Mittagessen niedergelassen haben. Ich atme tief durch. Jede einzelne Sekunde halte ich fest. Vor allem, als ich sehe, dass unsere beiden Mitfahrer vor uns Händchen halten.

In den langen Monaten in Freiburg lernte ich, den Augenblick zu schätzen. Hatte ich zu Beginn von Andis Chemotherapie noch in Wochen gezählt, stellte ich nach und nach solche Überlegungen ein. Wir waren zu oft überrascht und mit neuen Situationen konfrontiert worden, sodass das Planen unmöglich wurde. Seltsamerweise spürte ich dadurch sogar eine gewisse Entlastung. Ich schaute nicht mehr ständig in die Zukunft, auf das erhoffte Ende der Krise. Ich fokussierte mich zusehends auf den aktuellen Tag, den momentanen Augenblick, und mir war mit einem Mal mehr bewusst, dass auch jeder einzelne Tag dieser furchtbaren Phase gewisse positive Stunden barg: Ich genoss die Zeit, wenn mein Mann und ich nach absolvierter Bestrahlung jeden Tag alleine in der Sonne saßen. Wir taten nicht viel. Zweisamkeit war mittlerweile eine Seltenheit geworden. Auch die Wochenenden in Freiburg meisterten wir immer besser. Andi durfte häufig nur raus aus der Klinik, wenn wir in der Nähe, sprich in der Ferienwohnung blieben. Anfangs rebellierte ich innerlich dagegen. Ich wollte nach Hause, heim, wenn auch nur für zwei Tage. Ich wollte unbedingt nach Stuttgart. Aber wieso? Ich bildete mir ein, dass wir dort in ein bisschen Normalität tauchen könnten – wenn auch nur kurz. War das möglich? War es wesentlich? Wichtig war doch nur, dass wir drei als Familie Zeit miteinander verbringen konnten. Doch diese Ansicht kam erst im Laufe von Wochen.

Das Kriterium für die Bewertung der eigenen Situation sollte weder die abgeschlossene Vergangenheit noch die ungewisse Zukunft sein. Menschen, die eine Krise erleben, müssen ihren Fokus auf die Gegenwart richten. Und nicht automatisch dem Gefühl nachgeben, dass ab dem Zeitpunkt, wenn der Arzt eine ernste Diagnose ausgesprochen hat, alles entsetzlich ist und man die momentane Zeit als wertlos deklariert. Es gibt nämlich auch in dieser Phase Dinge, die wir gerne übersehen. Besonders in Krisen. Es ist das Kleine. Das Detail. Das Pünktchen. Denn selbst rabenschwarze Tage sind durchzogen mit weißen Punkten. Manchmal nur kleine, ab und zu aber auch ein paar größere: ein schöner Spaziergang, ein Zusammenhalt von Freunden, ein Kinderlachen, ein Händchenhalten, tröstende Worte, eine Umarmung, eine positiv absolvierte Therapie, eine unerwartete Geste. Genau diesen Lichtblicken sollten wir in Krisen mehr Beachtung schenken, denn dass die Situation insgesamt schwierig ist, wissen wir sowieso. Diese Punkte bergen die kleinen Momente, die Kraftquellen, die wie ein Tropfen Öl den Motor wieder zum Laufen bringen. Und letztendlich sind es diese Winzigkeiten, die darüber entscheiden, ob wir die Krise besser oder schlechter stemmen. Ob auch die schlimme Zeit der Krise für uns wichtig ist oder nicht.

Doch solche Momente fallen einem auch nicht immer in den Schoß. Es ist Aktivität, manchmal sogar Überwindung gefragt. Es liegt an einem selbst, ob eine schlimme Situation besser oder schlechter ertragen wird. An einem Feiertag im Mai wären wir unter normalen Umständen sicher für ein paar Tage weggefahren – wie schon so oft an einen See, vielleicht nach Bayern oder sogar nach Italien. Das stand nun aber einfach nicht mehr zur Debatte.

Diesen Vorstellungen immer wieder hinterherzulaufen brachte nichts. Das Leben ist jetzt. Genau hier. Auch unter schwierigen Umständen. Wir hatten einen wunderschönen Tag trotz miserabler Rahmenbedingungen. Aus der damaligen Situation hatten wir das Beste rausgeholt. Heute bin ich darüber genauso froh wie damals. Denn die Erinnerung bleibt. In Freiburg hatte ich keine Ahnung, dass der Tag noch an Bedeutung gewinnen würde. Unsere gemeinsamen Tage waren gezählt.

Und wer sagt einem überhaupt, dass es besser wird? Gravierend besser? Zumindest mittelfristig? Niemand. Und auch ein Wendepunkt kann sowohl eine Aufwärts- als auch eine Abwärtsbewegung bedeuten. Wir wissen es nicht, vor allem weil vieles unsere Vorstellungskraft überfordert. Ich habe die Abwärtsbewegung erlebt. Eine erfolglose Therapie nach der anderen. Dem Wendepunkt, Andis Krampfanfall, folgte der freie Fall. Ins Bodenlose. Es kam letztendlich schlimmer, als ich es jemals in Gedanken zugelassen hatte: Andis Tod. Doch noch heute zehre ich von den kleinen besonderen Momenten aus der Phase seiner Krankheit. Diese Zeit war kostbar, auch wenn mir das erst nach seinem Tod so richtig bewusst wurde. Es war eine Zeit, in der er Papa sein durfte, die ersten Schritte seiner Tochter begleitete, ihren Wortschatz mit erweiterte und mit ihr im Pamperskarton durch das Wohnzimmer sauste. Es war eine Zeit, in der er durch seine vier engsten Freunde erfahren durfte, was echte Freundschaft bedeutet. Ich bin froh über jede glückliche Erinnerung. Die zehn Monate waren nicht nur rabenschwarz. Und zur

Entstehung manch eines weißen Punktes hatten wir selber beigetragen.

Mitten in einer Krise das Gute sehen? Klingt erst mal nach Utopie!

Tempowechsel

Begeben wir uns kurz gedanklich auf ein abgeerntetes Stoppelfeld irgendwo in Deutschland. Das Wetter ist trüb, der Wind pfeift und bunte Blätter segeln durch die Luft. Am Rande des Feldes stehen zwei muntere Konkurrenten: ein Hase und ein Igel. Sie haben sich an diesem Herbsttag jeder an einer Ackerfurche postiert, um für einen Golddukaten und eine Flasche Wein um die Wette zu laufen. Der Hase zählt das Startsignal: „Eins, zwei, drei", und schon flitzen beide Tiere über die feuchte Erde. Aber schon nach wenigen Schritten hält der Igel inne, duckt sich, und verharrt auf der Stelle. Seine Frau auf der anderen Seite des Ackers übernimmt den nächsten Part.

Haben Sie die Fabel erkannt? Bestimmt! Und wie die Geschichte endet, wissen Sie auch. Ich möchte an dieser Stelle kurz beim Igel verbleiben. Denn was hat dieser denn gemacht? Oder eben nicht? Dem Igel war klar, dass es ihm nichts bringt, loszurennen. Es wäre sinnlos. Er könnte sich noch so verausgaben, sein Ziel, die Wette zu gewinnen, hätte er so nicht erreicht. Genau diese Einsicht nahm er ernst. Gelöst hat er sein Problem zwar mit einem Trick, aber das Wichtigste war, dass er seine Geschwindigkeit im

Vorfeld absolut richtig eingeschätzt hat. Und dieses Wissen beeinflusste sein Handeln. Vielleicht ist es dem Igel deshalb so gut gelungen, weil er ja immer schon zu den langsameren Tieren gezählt hat. Menschen in Krisen geraten sicher überraschender in Situationen, die auf einmal ein ganz anderes Tempo fordern. Und das birgt Schwierigkeiten.

Schon der Tagesbeginn in einer Familie mit Kindern unterscheidet sich massiv von einem Morgen in einem Singlehaushalt. War ich in der Vergangenheit ohne Kind innerhalb kürzester Zeit aus dem Haus und auf dem Weg zur Arbeit, funktioniert das Ganze heute nur noch mit jeder Menge Vorlauf. Ich weiß eigentlich selbst nicht genau, wo die Zeitfresser stecken. Ich gehe ihnen auch gar nicht mehr auf den Grund. Es dauert eben länger. Das habe ich akzeptiert. Und den wenigsten Stress bereitet es, wenn der Wecker heute einfach früher klingelt. Den Blick in die Vergangenheit habe ich abgeschafft. Er bringt nichts.

In vielen Situationen im Leben muss die Geschwindigkeit wieder neu eingeschätzt werden. Besonders in Krisen. Auch wenn sie plötzlich kommen. Sätze wie: „Früher ging das immer schneller" oder „Bald geht das wieder besser" bringen nichts. Wir kommen nur weiter, wenn wir einen gegebenen Umstand akzeptieren, so wie er ist. Das heißt ja nicht, dass es nicht besser werden kann.

Andi ist genau das ziemlich gut gelungen. Vielleicht kam ihm zugute, dass er grundsätzlich ein sehr gelassener Mensch war. Zu Beginn der Strahlentherapie hatte er körperlich und emotional, abgesehen von den letzten

Wochen seines Lebens, erstmals einen absoluten Tiefpunkt. Im Verlauf der nächsten zwei Monate erholte er sich zusehends. Sein verändertes Verhalten blieb, ebenfalls sein langsamer Gang. Er hatte, auch im übertragenen Sinn, sein persönliches Tempo gedrosselt. Er war wieder ausgeglichen und lebte im Jetzt. Er kümmerte sich nicht mehr um anstehende Termine am nächsten Tag. Wenn sie da waren, waren sie da. Die Uhr war für ihn kein Zeitmesser mehr.

Anfangs war ich von dieser Haltung meilenweit entfernt. Aber ich begann mich in kleinen Schritten anzupassen. Im Wartebereich der Strahlenklinik war ich sicher die Einzige gewesen, die die Situation als unangenehm empfand. Alle um mich herum lebten bereits ein deutlich langsameres Tempo. Irgendwann saß auch ich mit mitgebrachter Zeitschrift und Kaffeebecher bewaffnet auf einem der Stühle und hatte akzeptiert, dass es heute mal wieder länger dauert. Das Warten war nun an der Reihe. Darauf lag der Fokus. Und nicht schon auf dem nächsten Programmpunkt.

Aber man muss sich auch nicht immer nur zurücklehnen und warten. Wir können auch bewusst und aktiv neue Wege einschlagen, die uns helfen, die neue Situation mit mehr Gelassenheit zu meistern.

Doch wie kann das gelingen?

Umwege zur Gelassenheit

Es ist dunkel draußen und vor den Fenstern sind die Rollläden heruntergelassen. Wahrscheinlich ist das besser so, denn manch ein Spaziergänger wäre bei einem Blick in unser Wohnzimmer sicher erstaunt stehen geblieben.

Andi und ich haben den Couchtisch an die Wand geschoben, sodass wir genügend freie Fläche vor dem Fernseher haben. Im Rekorder befindet sich eine DVD. Kein Spielfilm, kein Musikvideo, keine Comedy. Nein, geboten wird Tai-Chi.

Asiatische Klänge erfüllen das Zimmer. Ungewohnt. Mit Blick zum Bildschirm stehen wir nebeneinander und führen langsam die gezeigten Bewegungen aus. Noch ungewohnter. Ansehen dürfen wir uns nicht, denn schon etliche Male mussten wir die Übung unterbrechen, weil uns ein Lachanfall überkommen hat, wenn wir den anderen beobachteten, wie er mühsam und um Gleichgewicht ringend auf einem Bein Halt suchte. Es ist nicht der erste Abend mit dieser DVD, es wird auch nicht der letzte sein. Vielleicht bringen wir noch nicht die erforderliche Konzentration auf, um diese Sportart konsequent auszuüben. Darum geht es uns auch nicht. Wichtig ist, dass wir etwas zusammen machen. Und zwar etwas, was uns von den schwierigen Tagen ablenkt und einfach mal wieder zum Lachen bringt. Wir sind es beide leid, ständig Probleme und die Krankengeschichte zu wälzen. Und das tägliche Fernsehprogramm ist uns fremd geworden. Es ist von unserem eigenen Leben auf einmal viel zu weit entfernt.

Es ist seltsam. Manche Dinge vermisst man, wenn sie von heute auf morgen nicht mehr vorhanden sind. Manchmal ist es auch andersherum. Gewisse Dinge, die bisher als alltäglich und normal galten, funktionieren nicht mehr. Und das bringt einen ganz schön durcheinander. Ich sagte zum Beispiel in den ersten Wochen nach der Diagnose einen Frisörtermin ab, da ich dachte: „Ich kann doch jetzt nicht einfach zum Frisör gehen!" Diese Dinge hatten bisher eine Regelmäßigkeit und einen Platz im Alltag, man dachte nicht über sie nach und stellte sie erst recht nicht infrage. Doch urplötzlich ist das anders.

Ebenfalls hatte ich Schwierigkeiten, mich abends vor den Fernseher zu setzen. Ich hatte das Gefühl, die Welt stürze ein, und da läuft ein belangloser Spielfilm, eine Talkshow oder der Wetterbericht weiter. All das war für mich mit einem Mal völlig bedeutungslos. Unnötig. Das passte nicht mehr mit meinem Leben zusammen.

Wahrscheinlich hat jeder so seine ganz persönlichen Angewohnheiten, die mit einem Mal nicht mehr passen, überhaupt nicht mehr sinnvoll erscheinen. Genau benennen kann man diese nicht, denn schließlich empfindet das jeder Mensch in einer Krisensituation anders. Aber genau an dem können wir es merken – an unserem haarsträubenden Gefühl, dass eine Routine nun einfach keinen Platz mehr hat. Beispielsweise das Lesen vor dem Einschlafen, das ich immer so geliebt habe. Momentan kann ich mich kaum mehr darauf konzentrieren. Oder der Lauftreff am Mittwochabend. Jetzt wäre ich froh über eine halbe Stunde, in der ich alleine im Wald eine Runde drehe.

Wenn es Dinge gibt, die im Wege stehen, dann schaffen Sie sie ab. Sie sind Ballast, auch wenn sie einmal alltäglich waren. Zwanghaft daran festzuhalten, nützt nichts und macht das Leben nicht leichter.

Doch so entstehen Lücken, die neu gefüllt werden müssen. Andi und ich fanden das Tai-Chi. Wir konnten nicht ständig am PC neue Fakten sammeln, schwierige Themen durchkauen oder schweigend auf dem Sofa liegen und uns bemitleiden. Wir taten etwas anderes. Wir schufen Gemeinsamkeit, ein Fünkchen Gelassenheit und zeitweise heitere Stimmung, obwohl uns eigentlich gar nicht zum Lachen zumute war. Was entstand, war ein kleiner kraftgebender Moment, der guttat.

Schwieriger war es für meinen Mann, mit den Nebenwirkungen des Kortisons umzugehen. Dieses Medikament raubt in höherer Dosierung schlicht und einfach den Schlaf. Und das war etwas, was er überhaupt nicht kannte. Nun bestand die Möglichkeit, sich nächtelang im Bett zu wälzen, sich unheimlich zu ärgern, dass nichts mehr so ist, wie es war, im schlimmsten Fall sogar zu Schlafmitteln zu greifen. Aber nichts dergleichen geschah: Andi war in den ersten Monaten fast jede Nacht auf unserem Hometrainer anzutreffen, um seine „Knochen in Schwung zu bringen", und selbst in Freiburg, als er körperlich dazu nicht mehr in der Lage war, hatte er so seine eigene Methode. Er fing an, Meditations-CDs zu hören und berichtete mir tagsüber grinsend: „Heute Nacht habe ich wieder in Gedanken meine drei Tumore beschossen." Kortison war für ihn lebenswichtig. Sich dagegen aufzulehnen, hatte wenig

Sinn. Die prekäre Situation musste er anders lösen, auch wenn das viel leichter gesagt als getan war. Er probierte etwas Neues. Seiner Art, mit der Situation umzugehen, zolle ich heute noch meinen größten Respekt.

Es gibt immer wieder Dinge, kleine Stellschrauben, die wir beeinflussen, mit denen wir etwas bewegen können. Genau auf diese Dinge müssen wir uns in einer Krise fokussieren, denn sie verändern zwar nur Kleinigkeiten, doch manchmal mit enormer Wirkung.

Zum Beispiel ein Kosmetikseminar der Organisation DKMS LIFE für Krebspatientinnen. Es zielt darauf ab, ein Gesicht, in dem Wimpern und Augenbrauen fehlen, zu schminken. Jetzt könnten Sie einwenden, was kann schon Schminke ausrichten! Natürlich verschwindet kein Krebs durch Lidschatten. Und eine Perücke ist keine Therapie. Doch ich kann mich noch genau an den Tag erinnern, als meiner Freundin büschelweise die Haare ausgingen. An ihren Schmerz in den Augen, obwohl sie den Haarausfall ja erwartet hatte, und an die Frage in ihrem Blick: Wie soll ich nur damit umgehen, mich jemals wieder wohlfühlen? Genau an diesem Punkt setzen das Schminken und auch eine Perücke an. Diese Dinge verhelfen vielen Frauen zu einem neuen Selbstwertgefühl und mehr Lebensqualität. Diese kleinen Stellschrauben erleichtern das Leben während der Krankheit. Und das ist der Punkt, an dem man ansetzen kann.

Es gilt in Krisen zu unterscheiden: Dinge, die man ändern kann, und Dinge, die man nicht ändern kann. Wir müssen uns dem neuen Takt, dem neuen Rhythmus unterwerfen.

Alternativen gibt es kaum. Ein Auflehnen kostet nur Kraft. Wie wir den neuen Takt nutzen, welche Erleichterungen, ja vielleicht sogar schönen Momente wir dabei erleben, das liegt an jedem selbst. Der eine schätzt Stunden für sich alleine, in denen er Kraft tanken kann, der andere benötigt eher das Gefühl eines Zusammenhaltens und sucht nach Nähe in der Familie oder bei Freunden. Das Nichtnormale in der Gegenwart zu akzeptieren, heißt ja nicht, aufzugeben. Bestimmt nicht. Es bedeutet ebenso wenig, den Glauben an eine bessere Zukunft zu verlieren. Das Nichtnormale anzuerkennen bedeutet, einen gelasseneren Umgang mit Dingen zu pflegen, die man als Betroffener einfach nicht ändern kann. Und andersherum auch einmal Dingen offen zu begegnen, an die man bisher keinen Gedanken verschwendet hat.

Ein Rezept ohne Ziel

Samstagmorgen. B31. Ausfahrt Kirchzarten. Ich setze den Blinker und fahre auf die rechte Spur. Kurz nach der Ausfahrt deutet Andi nach rechts. „Da ist ja ein Intersport-Geschäft. Komm, lass uns mal reinschauen." Erstaunt bremse ich ab, lenke den Wagen dann aber in Richtung des großen Gebäudes. Direkt vor dem Eingang können wir parken. Ich helfe ihm aus dem Auto. Die Krankenhaustasche liegt unbeachtet auf dem Rücksitz. Der kurze Weg bis zum Laden ist machbar. Ich öffne die große Glastür und wir tauchen ein in die Sportwelt, stehen zwischen Wanderbekleidung, Tennisschuhen und Golfschlägern. Hören leise Musik. Atmen den schwachen Gummigeruch ein, der in der Luft liegt. Mit uns hat das augenblicklich wenig zu tun. Wir schlendern durch die Gänge und lassen das alles auf uns wirken. Wann standen wir das letzte Mal zusammen in einem Laden? Es ist alles unecht, irreal, aber einfach ein tolles Gefühl.

In einer Krise haben wir einen neuen Weg betreten, einen Weg, den wir nicht kennen, der uns aber klar vorgegeben scheint: Bei Krankheit ist das die Therapie, bei Arbeitslosigkeit die Jobsuche, bei einer Zerstörung ist es der Wiederaufbau. Alles, was in dieser Phase passiert, ordnen wir diesem bestimmten Zweck unter. Wir bewegen uns auf dem Weg vorwärts, damit es der Gesundheit dient, der Jobfindung oder dem Wiederaufbau. Und hoffen, damit schnell das Ende der Krise zu erreichen.

Was aber, wenn es auf diesem Weg eine Abzweigung gibt? Eine Möglichkeit für einen Abstecher? Oder für eine kurze Pause? Ein kleiner Umweg, der zwar nicht direkt der Krise nutzt, aber trotzdem guttut und eine Ablenkung in Aussicht stellt? Wir sollten den kleinen Umweg nehmen, denn manchmal machen Dinge Sinn, die völlig sinnlos erscheinen. Keiner von uns benötigte etwas aus dem Intersport-Geschäft. Im Gegenteil. Gerade für Andi waren sportliche Aktivitäten in weite Ferne gerückt. Wir hatten uns nicht gefragt, ob dieser Umweg etwas bringt oder zum Gesundwerden beiträgt. Wir waren einfach einer Eingebung gefolgt und ließen uns auf eine völlig absurde Situation ein. Das Ergebnis war ein schönes Gefühl, das uns das ganze Wochenende begleitete. Selbst die Konfrontation mit diesem vielfältigen Sport- und Freizeitvergnügen, das für uns weit entfernt lag, konnte daran nichts ändern. Wir waren für eine Viertelstunde abgetaucht in eine unwirkliche Welt, fernab von Krankenhaus und Therapie. Und es tat gut. Nicht mehr und nicht weniger.

Sind Sie im Urlaub auch schon einmal mit dem Auto durch die Gegend gekurvt? Ohne Ziel? Einfach so? Neue Gegenden erkunden, ohne den Reiseführer vorher zu lesen, sich treiben lassen und den Blick aus dem Fenster genießen. Anhalten, wann immer man dazu Lust hat. Weil gerade ein Aussichtspunkt günstig liegt, ein Restaurant einladend ausschaut oder das klare Wasser eines Flusses als Abkühlung lockt. Denkt man an Ferien, hört sich das unkompliziert an. Sicher. Doch eigentlich lassen wir uns in diesen Augenblicken einfach nur auf die Situation ein. Wir erleben den Moment, folgen unseren Gefühlen und hören auf den Bauch, der uns führt. Wir verfolgen kein klares Ziel, handeln nicht aus Vernunft und ignorieren die Frage nach dem Wozu. Dieses Rezept kann auch in einer Krise funktionieren.

Wann reißt der Himmel auf?

„Wann reißt der Himmel auf? Sag mir wann…" Die Zeilen von Silbermond klingen noch lange in mir nach, als das Radio schon wieder ausgeschaltet ist. Nach allem, was ich erlebt habe, haben die Zeilen eine völlig neue Bedeutung für mich. Nicht immer ist es sinnvoll, darauf zu warten, dass der Himmel aufreißt, um aktiv zu werden. Leben ist jetzt.

Als wir nach fünf Monaten Aufenthalt aus Freiburg zurückgekehrt waren, hielt Andi mir eines Nachmittags auf dem Balkon eine Liste mit ca. 20 Namen unter die Nase. „Bis auf Silvie und Andrew haben alle zugesagt", bemerkte er. Er hatte in den letzten Tagen immer wieder angesprochen, dass er für das kommende Wochenende ein paar Freunde einladen wollte. Ein paar! Bei der Anzahl auf dem Blatt Papier blieb ich vor Schreck stumm.

Es war nicht so, dass ich etwas gegen Besuch hatte. Ich hatte nur das Gefühl, dass Andi dafür noch zu schwach war und sich mit so vielen Leuten auf einmal übernahm. Der Besuch hätte ja auch etappenweise, also nacheinander, kommen können. Die Therapie war schließlich vorbei. Es ging aufwärts. Doch die Einladung war ausgesprochen und deshalb ließ ich den Dingen ihren Lauf. Zum Glück.

Es kamen tatsächlich alle, die zugesagt hatten, auf einen Kaffee vorbei. Es waren für Andi die wichtigsten Menschen, nämlich die, die ihn in den vergangenen Monaten stetig begleitet hatten. Es herrschte eine heitere, gelöste Stimmung. Keiner vermutete, dass er sich auf einer Abschiedsparty befand. Aber genau die war es – im Nachhinein. Ich glaube, Andi folgte bei der Einladung seinem Bauchgefühl. Er wartete nicht auf den Tag, an dem – wie im Lied – der Himmel aufreißt. Er handelte! Kurz nach dem Treffen folgte der Krampfanfall. Acht Wochen später war er tot.

Der ständige Blick zurück lähmt und auch die Zukunft ist ungewiss und kann sich von heute auf morgen ändern. Das Leben ist nicht planbar. Ganz und gar nicht. Durch all die schlimmen Dinge, die in der Vergangenheit passiert sind, habe ich gelernt, meine Konzentration auf die Gegenwart zu richten. Denn das Leben kann vorbei sein, von einem Tag auf den anderen, oder eine Zukunft bieten, mit der man nicht gerechnet hat.

Noch heute bin ich froh, dass ich diesen Tag erleben durfte und ihn nicht aus lauter Sorge verhindert habe. Es wäre kein „Morgen" für diese Gelegenheit gekommen. Es hätte nichts gebracht, darauf zu setzen, dass irgendwann der Himmel aufreißt!

KAPITEL 6

Scherben und Unordnung
Warum die Schuldfrage irrelevant ist

Trotz Juli ist es grau in grau und regnet in Strömen. Das Wetter gleicht meinem Innersten, denn seit einer Woche ist sämtliche Farbe aus meinem Leben verschwunden. Wir folgen langsam der Pfarrerin vor uns über den knirschenden Kiesweg. Die Glocken dröhnen und haben etwas Bedrohliches. Beim Laufen habe ich ständig das Gefühl, meine Schuhe zu verlieren. Seit Monaten habe ich sie nicht mehr getragen, denn für Krankenhaus, Pflege und Kleinkind sind sie absolut unpraktisch. Ich kann es nicht fassen, dass mir auf diesem Weg meine Schuhe in den Sinn kommen, denn vor uns wird Andi, als Asche in einer Urne, zu Grabe getragen. Genauso grotesk wie dieser Gedanke ist für mich die ganze Situation. Es ist, als würde ich einen Film sehen. Dass ich darin eine der Hauptrollen besetze, ist völlig unwirklich. Meine Bewegung, mein Handeln, mein Tun, alles ist rein mechanisch wie bei einer Marionette. Ich bin taub, gefühllos und völlig leer.

Wir stehen vor dem Grab. Der Regen prasselt unaufhörlich. Immer mehr Menschen kommen paarweise den Hügel herunter und reihen sich gegenüber von uns langsam ein. Ich nehme die einzelnen Personen nur schemenhaft wahr. Es sind viele, sehr viele. Die meisten habe ich seit Monaten nicht gesehen, einige sind mir ganz unbekannt. Die Pfarrerin beginnt ihre Grabrede. Ihre Worte höre ich nicht. Ich versuche, mich an den beiden Rosensträußchen in meinen Händen festzuhalten, und suche Schutz unter dem großen Schirm. Mit einem Kopfnicken in meine Richtung tritt sie zurück. Doch ich bleibe wie angewurzelt stehen. Nein, ich will nicht, ich kann nicht, nicht ans Grab. Aber ich muss! Sanft, aber bestimmt schieben mich Martina und Marko nach vorne. Sie bleiben zurück. Aus Respekt – ich weiß. Jetzt stehe ich da – ganz allein! Und alle starren mich an. Noch nie in meinem Leben habe ich mich so einsam gefühlt.

Die Kraft in meinen Beinen verlässt mich und ich sinke in die Hocke. Nacheinander werfe ich die Rosensträußchen ins Grab. Symbolisch eins für Svenja und eins für mich. Meine Tochter ist bei dieser Beerdigung nicht anwesend. Die letzten Monate haben sie völlig verunsichert und sie wäre mir nicht von der Seite gewichen. Ein toter Mann und ein weinendes Kind – zusammen hätte ich das nicht ertragen. Wie konnte das alles nur passieren? Wer ist verantwortlich für diese Katastrophe in unserem Leben?

Schuldig

Wenn ich heute an die Minuten vor dem offenen Grab denke, sind mir viele Gefühle, die ich damals empfand, schnell wieder sehr präsent: die Einsamkeit, die Trauer, die Verzweiflung, die Angst. Die Fragen allerdings, die ich mir damals stellte, sind heute nicht mehr vorhanden, obwohl mich das Suchen nach der Schuld eine ganze Weile sehr beschäftigte.

Wenn wir die Schuldfrage klären wollen, läuft in unserem Gehirn ein ähnliches Programm ab wie in einer Suchmaschine: Suche, Recherche, Tausende von Details und Unmengen von Daten. Nutzen wir Google und Co im Internet, erhalten wir nicht nur ein Ergebnis, sondern gleich eine Unmenge von Vorschlägen. Den richtigen Treffer muss man dann schon selber für sich rausfiltern. Da gibt es auch im Kopf viel zu sortieren.

Was mich in Bezug auf die Krebserkrankung und das Warum immer unheimlich wütend gemacht hat, ist, dass es Personen gibt, die ohne konkretes Wissen und ohne diese Datenflut meinen, den Auslöser für die Krebserkrankung meines Mannes zu kennen. Sie haben für sich einen „Treffer" erlangt und beantworten eine Frage, die nicht einmal Ärzte gelöst haben: Der Andi hat in seiner Kindheit ja schon einen schweren Schicksalsschlag erlebt. Den hat er sicher nicht verarbeitet. Klar, dass der sich irgendwann auswirkt und er Krebs bekommt!

Treffer! Nach außen hin hat man eine Erklärung gefunden. Schuldig, mitschuldig. Wie auch immer. Zumindest glauben solche Personen, sich mit derartigen Auslegungen das gleiche Schicksal vom Hals halten zu können. Es ist ein Schutzschild, was gleichbedeutend ist mit: „Mir kann das nicht passieren." Denn sie haben ja keine psychischen Altlasten aus der Vergangenheit.

Man sieht, die Schuldfrage kann man anscheinend manchmal ganz schnell beantworten. Helfen tut das aber gar nichts. Leider ist die Konfrontation mit solchen Unterstellungen sehr unangenehm und es ist sicher eine schlechte Methode, um die Frage nach der Verantwortung zu lösen, denn das wirkliche Hinsehen, die Auseinandersetzung, findet nicht statt.

Doch auch ohne falsche Beschuldigung ist die Suche nach der Schuld bei Menschen in Krisen allgegenwärtig, denn unbestritten ist sie ein zentrales Thema. Gerade am Anfang einer Krise fokussiert man sich auf die offenen Fragen. Sie kreisen und kreisen, lassen einen nicht los. Wir glauben, mit der Beantwortung dieser Fragen eine Erleichterung zu verspüren, denn dann ist der „Fall" gelöst. Und erst wenn er gelöst ist, können wir uns auf die anderen Probleme der Krise konzentrieren. Und auf die Zukunft.

Zu Beginn einer Krise halte ich die Suche nach Schuld für einen völlig normalen Reflex, der mitunter hilft, die Situation besser zu verstehen, und anfangs auch für eine gewisse Erleichterung sorgt. Immerhin schauen wir mit dieser Frage nicht einfach weg, halten uns die Ohren zu und wollen von all dem Schrecklichen nichts mehr wissen. Nein, wir möchten Fragen klären, Vorgänge lösen, Details wissen wie bei einer Verbrecherjagd: Wie ist der Täter bei diesem Verbrechen vorgegangen? Was hat er im Vorfeld ausspioniert? Hat er uns beobachtet? Wir möchten verstehen! Auch wenn wir erst mal nichts begreifen.

Die Schuldfrage sucht überall – bei einer bestimmten Person, bei einem selbst, bei Gott oder einer anderen höheren Macht. Wer genau ist verantwortlich? Die Fragen zielen nicht immer nur nach außen, auf eine andere Person ab: Wer hat den Brand ausgelöst? Wer hat den Verkehrsunfall verursacht? Wer hat vor dem Erdbeben nicht rechtzeitig gewarnt? Sie können durchaus auch nach innen gerichtet sein und bei der eigenen Person Schuldgefühle auslösen: Ich habe nicht genug aufgepasst! Hätte ich das getan, wäre mein Kind nicht entführt worden. Ich bin nicht zu den Vorsorgeuntersuchungen gegangen. Hätte ich das gemacht, wäre ich jetzt nicht ernsthaft krank. Aber egal ob Schuldzuweisungen oder eigene Schuldgefühle, es herrscht das Gefühl, dass es für die momentane schreckliche Situation einen Verantwortlichen benötigt, einen Sündenbock. Erst wenn der Verantwortliche definitiv für einen fest steht, kann man sich auch den Konsequenzen widmen.

Andis Diagnose stellten die Ärzte mit Verzögerung. Sie hatten im ersten Moment auf das falsche Pferd gesetzt. Statt von bösartigem Gewebe im Gehirn waren sie von Entzündungsherden ausgegangen. Letztendlich verzögerte das die Therapie um mehrere Wochen. Das Fatale war, dass sich die Tumore innerhalb dieser kurzen Zeit deutlich vergrößerten. Mit diesem Wissen hatte ich für unsere Katastrophe schnell meine Verantwortlichen gefunden – die Ärzte! Sie hatten eine Fehldiagnose gestellt! Und dieses Handeln führte nun dazu, dass die Therapie nicht mehr richtig anzuschlagen schien. Bei jeder Wendung, bei jedem Rückschlag nagten die Vorwürfe innerlich an mir. Ich schaute zurück, immer wieder. Auf die ersten Wochen der Krankheit. Und konnte mich nicht davon lösen.

Trotz allem sind Nachforschungen und das Suchen nach der Schuld nachvollziehbar. Es gibt jedoch einen Punkt, an dem die Suche zum Problem werden kann. Nämlich dann, wenn das Leben von der Schuldfrage bestimmt wird.

Gezeichnet

„Gewonnen, gewonnen! Du bist der Schwarze Peter!" Prustend vor Lachen legt Svenja mit Schwung das letzte Kartenpaar auf dem Tisch ab. Zurückgeblieben ist nur noch eine Spielkarte in meiner Hand – der Schwarze Peter. Der Strich auf meiner Nase ist mir sicher.

Spielt man das Kartenspiel zu Ende, gibt es immer eine Person, der man den Schwarzen Peter zuschieben kann. In diesem Spiel gibt es nur Schwarz oder Weiß. Im Leben ist das nicht so. Es gibt Verbrechen, die die Polizei niemals aufklären konnte. Bei denen es weder Täter, Tatort noch Leiche gibt. Bei einer Kindesentführung ist das das Schlimmste, was den Eltern neben dem Verlust des Kindes passieren kann. Sie können nicht abschließen, nicht beerdigen und nicht nachvollziehen, welchen Qualen ihr Kind in den letzten Stunden seines Lebens ausgesetzt war. Das ist zermürbend und kann extrem belasten, denn der Weg nach vorne scheint versperrt. Es gibt aber natürlich auch viele Delikte, die die Ermittler aufklären konnten. Der Schuldige steht fest, genauso sein Strafmaß. Das Gerichtsverfahren ist abgeschlossen. Zumindest offiziell. Was aber, wenn der Betroffene nicht zur Ruhe kommt? Er das Urteil infrage stellt und immer wieder neue Antworten sucht, warum ihn dieses schwere Schicksal getroffen hat. Dann bleibt er ebenfalls an der Schuldfrage hängen.

Nicht immer gibt es Schicksalsschläge, die man auf ein Fehlverhalten einer anderen Person zurückführen kann. Es gibt auch Krisen, die kommen, ohne dass irgendwer hier auf dieser Erde dagegen einschreiten kann: eine gewaltige Naturkatastrophe wie zum Beispiel ein Tsunami, ein Erdbeben, ein Vulkanausbruch. Ja selbst bei einem schweren Sturm, bei dem ein Mensch durch einen herabstürzenden Ast tödlich verletzt wurde, gibt es keinen Verantwortlichen. Oder etwa doch? Machen wir nicht häufig bei diesen scheinbar willkürlichen und schrecklichen Ereignissen Gott verantwortlich, wenn wir keinen konkreten Menschen finden? Wie kann er so ein Unglück zulassen? So ein Leid? Gibt es ihn wirklich? Auch ich stellte mir nach Andis Tod diese Fragen. Rang mit meinem Glauben und stellte ihn absolut infrage. Ich wollte nicht begreifen, wie ein Gott, der es gut mit uns meint, ein kleines Mädchen mit zwei Jahren zur Halbwaisen macht, eine Krebserkrankung zulässt, in der es so viele Schmerzen und Qualen gibt, oder eine kleine Familie auseinanderreißt, die noch so viel vorhatte.

Alle genannten Beispiele zielen auf eines ab: Man möchte sein Schicksal auf das Fehlverhalten einer Person oder auf die Entscheidung einer höheren Macht projizieren. Irgendwer ist verantwortlich! Die Antworten sucht man verbissen und tut so, als könnte die Schuldfrage auch die Krise lösen.

Das aber ist gefährlich! Warum gefährlich? Wenn man in diesem Modus hängen bleibt, verhindert das jede weitere Entwicklung. Menschen in Krisen kommen nicht mehr vorwärts, wenn sie den Blick ständig auf die Geschehnisse der Vergangenheit richten und die Vorkommnisse ihnen eine neue, ausschließliche Identität verpassen, z. B. als „Unfallopfer", „Eltern des entführten Mädchens" oder „Verunglückten". Denn das Suchen nach einem Schuldigen wird zur Lebensaufgabe, wenn Menschen in einer Krise nur noch verbissen Gerichtsakten, Gutachten oder Befunde lesen, sich zurückziehen, hadern und das Familienleben, die Therapie oder der Beruf völlig zur Nebensache werden. Dieses Handeln nimmt geradezu fundamentale Züge an, denn die Frage nach der Schuld steuert das Leben. Alles dreht sich um die Kernfrage: „Wer ist verantwortlich für mein Schicksal?", und solange diese nicht geklärt ist, ist das aktuelle Leben quasi eingefroren. Erst muss ich diese Frage für mich klären, dann kann ich weiterleben.

Dieses Verhalten verspricht keine Zukunft. Es ist ausschließlich vergangenheitsorientiert. Um im Leben aber vorwärtszukommen, muss ich mich unabhängig machen von der ständigen Schuldsuche, von den nicht beantworteten Fragen. Denn eine Zukunft habe ich nur, wenn ich mich aus dieser Opferrolle befreie.

Anklage zurückgezogen!

Was mir geholfen hat, auch nach Andis Tod nicht in Schuldzuweisungen zu verharren, war ein Erlebnis kurz nach Andis Krampfanfall:

Wie ein Tiger im Käfig wandere ich vor dem Untersuchungsraum der Kernspintomografie auf und ab. Normalerweise müssen Angehörige im angrenzenden Wartebereich Platz nehmen. Da aber auf der Hämatologie Personalmangel herrscht, erklärte ich mich bereit, Andis Bett zusammen mit einer Schwester durch die Krankenhausgänge zu schieben. Die Schilder – nur für Personal – gelten deshalb heute nicht für mich.

Mit einem Mal bin ich wie elektrisiert und starre auf die Bildschirme der Radiologen, die hinter einer Glasscheibe die Aufnahmen des MRTs zeigen. Die Bilder haben gerade gewechselt. Das ist Andis Kopf! Selbst als Laie erkenne ich seine Schädelaufnahmen sofort. Seit Monaten begutachten wir sie immer wieder, haben etliche CDs mit Aufnahmen zu Hause. Die bekannten Lymphome sind immer noch sichtbar. Auch die Ödeme. Aber das ist nicht das Schlimmste. An einer weiteren Stelle im Gehirn ist ein heller Fleck, der bisher nicht vorhanden war. An dieser Stelle nahm das Gewebe Kontrastmittel auf – Tumorgewebe! Der Arzt deutet mit einem Finger genau auf diese Stelle. Ein Kollege kommt herbei und versperrt mir nun die Sicht. Ihre Stimmen sind dumpf. Den Dialog kann ich nicht verstehen. Ich gleite auf einen Stuhl und denke an die Worte des Neurologen, der vor wenigen Tagen ein neues Lymphom für den schlimmen

Krampfanfall vor einer Woche in Erwägung zog. Neun Monate verschiedenste Chemotherapien, eine wochenlange Ganzhirnbestrahlung – und trotzdem erkämpft sich dieser verdammte Krebs einen weiteren Platz im Gehirn.

Obwohl das Betrachten dieser MRT-Aufnahmen damals ein Schock war, hat es mir nach Andis Tod sehr geholfen. Ich hatte mit eigenen Augen gesehen, dass ein neues Lymphom entstanden war – trotz diverser Therapien. Der verzögerte Beginn der ersten Therapie war für mich mit einem Mal völlig bedeutungslos. Der Krebs war stark, zu stark für Andi. Meine innere Anklage gegenüber den Ärzten habe ich zurückgezogen. Der Lauf der Dinge war nicht von bestimmten Personen abhängig.

Gerade bei der Behandlung in einem Krankenhaus gerät man schnell in den Modus, Ärzte verantwortlich zu machen. Selbst in der letzten Woche, in der Andi im Krankenhaus lag, geriet ich erneut in dieses Fahrwasser. Immer wieder lief etwas schief: Sein Ordner mit den Befunden war verschwunden, die Röntgenaufnahme verlief im Liegen, sodass die Ergebnisse verfälscht vorlagen, das Legen eines Venenzugangs klappte erst nach dem dritten Anlauf, es herrschte großer Personalengpass bei den Schwestern, sodass wir als Angehörige aufpassen mussten, wann die einzelnen Infusionen durchgelaufen waren, um für den Wechsel der Flaschen erneut nach der Schwester zu klingeln, und noch einiges mehr. Das alles war nervenaufreibend und ich wünschte mir sehr, seine letzten Tage wären anders verlaufen. Trotz allem war mir später sehr bewusst, dass nicht diese einzelnen Patzer sein Sterben ausgelöst hatten, nicht einmal die Summe aller Zwischenfälle. Nein. Es war die Krebserkrankung! Einfach das Leben, das wir nicht immer verstehen können.

Bei der Suche nach dem Verantwortlichen, dem Schuldigen, bin ich quasi gescheitert. Es gibt niemanden, dem ich ein Fehlverhalten unterstellen könnte. Ich muss nicht mehr suchen. Genau diese Tatsache entlastet ungemein. Mein Leben geht weiter, auch ohne Klärung der Schuldfrage.

Was aber nun, wenn tatsächlich ein Fehlverhalten einer anderen Person zu einem Unglück geführt hat? Ein übermüdeter Autofahrer, der nachts viel zu schnell auf der Autobahn unterwegs war und durch Sekundenschlaf einen katastrophalen Unfall auslöste. Muss ich in diesem Fall den Schuldigen freisprechen, um wieder vorwärtszukommen?

So weit möchte ich nicht ausholen. Es geht nicht darum, dass wir einen anderen freisprechen. Es geht darum, dass wir uns selber freisprechen. Und zwar von der Last, die Frage zu lösen. Wir müssen uns unabhängig machen von der Schuldfrage und ein Leben führen, in dem sich nicht alles um diese Frage dreht. Sie kann vorhanden, doch sie darf nicht wichtig sein und das Leben bestimmen. Diese Freiheit kann man sich nur selber geben. Dafür braucht es kein Gericht.

Für einen Angeklagten dagegen sind in unserem Land Gerichte zuständig, die abwägen, welches Strafmaß er verdient. Sicher kommt es immer wieder vor, dass die Strafe einem Betroffenen, verglichen mit den schweren Verletzungen, lächerlich erscheint. Trotzdem darf man genau an diesem Punkt nicht stehen bleiben. Nicht verbittern. Uhren kann man nicht zurückdrehen. Geschehenes können wir nicht ändern, auch wenn die Schuldfrage beantwortet ist.

Egal wie ungerecht oder gerecht ein Urteil in den Augen des Betroffenen ausfällt – die Unordnung im Leben bleibt! Und sie bleibt ebenfalls, egal ob sich ein Schuldiger findet oder nicht: der Tod eines Angehörigen, die schweren Verletzungen, die Aussicht auf ein Leben im Rollstuhl. Und diese Situationen kann man nur meistern, wenn man sich von der Schuldfrage löst und auf die Gegenwart konzentriert, statt rückwärtsgewandt den Blick ständig auf Geschehenes zu richten. Wenn man sein persönliches Schicksal durch Behandlungen, Therapien und andere Unterstützungen in Angriff nimmt und aufhört, in der Vergangenheit nach Antworten zu suchen, genau dann beschäftigt man sich mit Lösungsmöglichkeiten, die die Zukunft gestalten.

Wie schafft man es aber, sich selbst freizusprechen und von der Schuldfrage zu lösen?

Der Richter ist befangen

„… Wer ist schuld? Wer hat diese grauenvolle Tat begangen? Wer ist dieser schreckliche Mensch ohne jede Art von Mitleid, ohne Reue, ohne Gefühle? Ich kann nicht mehr schlafen, nicht mehr essen, mich nicht auf meine Arbeit

konzentrieren, nicht mehr klar denken – ich will es wissen!!
Wer war es? Ich will, dass er für seine Taten genauso leiden
muss wie ich…"

Internetforen sind voll von derartigen Beiträgen, in denen Betroffene Fragen nach der Verantwortung stellen. Die Last, die diese offenen Fragen aufwerfen, ist deutlich spürbar und erdrückend. Wie ein Rucksack, der zu schwer ist. Das Tragen ist nicht mehr zu bewältigen. Ein Vorwärtskommen unmöglich. Warum? Was genau ist der Grund für diesen fatalen Zustand? Es ist die Tatsache, dass hier ein Schuldsuchender zwei Rollen auf einmal ausfüllt – die Rolle des Klägers und gleichzeitig die Rolle des Richters. Er klagt an und er urteilt über einen unbekannten Menschen. Als Kläger und Richter in einer Person ist er völlig überfordert und am Ende seiner Kräfte. Geht diese gleichzeitige Rollenübernahme überhaupt? Nach deutschem Recht jedenfalls nicht. Schließlich muss die Unvoreingenommenheit eines Richters vorhanden sein. Er darf weder Partei ergreifen noch befangen sein, denn befangen darf kein Richter hierzulande sein Amt ausüben.

Die Meinung des Klägers dagegen ist natürlich immer subjektiv. Schließlich würde er sonst gar nicht klagen. Er möchte ein Anliegen durchsetzen, seinen Standpunkt kundtun. Das ist sein gutes Recht. Zum Beispiel als Arbeitnehmer beim Arbeitsgericht. Die Kündigung ist laut des Klägers ungerechtfertigt. Vor ihm hätte es andere mit einer Entlassung treffen müssen. Diese Meinung kann er durch eine Klage nun objektiv klären lassen.

Die Positionen sind vor Gericht klar verteilt. Der Betroffene als Kläger und ein unvoreingenommener Richter, der die Sache verhandelt. Wie komme ich trotzdem darauf, dass diese zwei Rollen in einer Person vereint sein können? Eigentlich schließt sich das doch aus.

Ich beziehe mich auf den inneren Gerichtsprozess, der in einem tobt und bei dem man denkt und handelt, als wäre man Kläger und Richter zugleich. Man stellt sich Fragen nach dem Hergang und bewertet diesen mit „richtig" oder „falsch": Der Autofahrer ist schuld. Er hat nicht aufgepasst, hat übermüdet hinter dem Steuer gesessen, war mit zu hohem Tempo unterwegs. Er ist verantwortlich für die schweren Verletzungen, für gebrochene Knochen, bleibende Schäden und seelische Qualen. Ich klage und ich urteile gegen und über einen Schuldigen. Manchmal habe ich dafür eine konkrete Person vor Augen, teilweise aber zielen die Vorwürfe auf einen imaginären Angeklagten ab, denn der Täter steht ja nicht immer fest.

Doch beide Rollen, Kläger und Richter, sind eindeutig zu viel, sie überfordern und stellen ein unmögliches Vorhaben dar. Es hat schon seinen Sinn, warum diese Funktionen im juristischen Bereich klar verteilt sind. Ich kann nicht klagen und gleichzeitig bewerten. Damit erledige ich zwei Aufgaben auf einmal. Ich wirbele Dinge durcheinander, die getrennt gehören, und verliere dadurch den Überblick. Ich bin Kläger! Mich hat ein Schicksal getroffen. Es ist völlig legitim, dass ich diesbezüglich meine Interessen verteidige. Ich kann aber nicht gleichzeitig objektiv urteilen. Dafür bin ich viel zu befangen. Immerhin habe ich Verluste, Schmerzen und einschneidende Änderungen im Alltag zu bewältigen, die ständig daran erinnern, dass das Leben nun anders verläuft als früher. Die Aufgaben des Richters muss man deshalb anderen überlassen. Ich muss mich von der doppelten Aufgabe befreien – ich muss mich aus der Richterrolle lösen und aufhören zu urteilen, egal ob über Fremde oder mich selbst.

Das ist schwer. Keine Frage. Doch sich beide Rollen überhaupt bewusst zu machen, ist schon ein Anfang. Es gibt aber auch etwas, was ich aktiv tun kann, um mich freizusprechen.

Eine Kiste für den Dachboden

Ich laufe in Schlangenlinien durch unseren Flur. Die Hindernisse sind braune Umzugskartons, die sich mittlerweile in Massen in der Wohnung stapeln. Vor dem Schlüsselbrett bleibe ich stehen. Es klimpert leise, als ich Andis Schlüsselbund vom Haken nehme und den Wohnungsschlüssel löse. An der runden Öse hängen jetzt nur noch sein kleiner Football, sein Schwimmer vom Segeln und ein Fahrradschlüssel. Den Autoschlüssel habe ich schon vor Monaten entfernt. Ich schließe die Hand um den Bund. Wie oft hatte er diesen in Gebrauch. Seit Monaten fällt mein Blick immer wieder auf das Schlüsselbrett. Bisher habe ich es nicht geschafft, den Schlüssel abzuhängen. Er hing ja schon immer dort. Aber der Umzug zwingt mich zu manchem Abschied, der notwendig ist. Langsam drehe ich mich um und steuere eine offene Kiste an. Es ist Andis Kiste. Die Kiste mit seinen ganz persönlichen Sachen. Ich lege den Schlüsselbund in eine umgedrehte Baseballkappe und schließe den Deckel, auf dem das Wort „Dachboden" geschrieben steht.

Wieso ist es für Angehörige so wichtig, dass sie einen Verstorbenen noch einmal sehen können? Ein letztes Mal Abschied nehmen? Wieso ist das Sehen viel bedeutungsvoller als eine Schilderung des Todesfalles? Es ist die Konfrontation mit dem Schicksal. Es ist der Blick auf die Tatsache. Was wir mit unseren eigenen Augen sehen, können wir glauben, können wir wahrnehmen. Das Hinsehen verhindert, dass wir in einer Traumwelt hängen bleiben. Erzählungen haben einen deutlich geringeren Effekt.

Um sich von der Schuldfrage unabhängig zu machen, ist es im Vorfeld deshalb zwingend notwendig hinzusehen, was genau passiert ist. Was hat zu unserer Krise geführt? Wer war beteiligt und was ist letztendlich schiefgelaufen? Das Recherchieren und Hinsehen macht Sinn, denn bei einem Unglück, das geschehen ist, ist es durchaus nachvollziehbar, dass man wissen möchte, was genau vorgefallen ist und was die Katastrophe ausgelöst hat.

Aber irgendwann muss es gut sein mit der Recherche, so schwer es fällt. Es ist eine Utopie zu glauben, dass man nur lange genug suchen muss, damit sich auch die Probleme lösen. Es ist eine falsche Hoffnung, die einem die Realität versperrt. Denn das permanente Suchen nach einem Schuldigen wird zur Belastung, wenn das Leben nur noch darauf ausgerichtet ist: Der Ordner im Bücherregal, der alle Hinweise, Befunde und Ergebnisse unserer Suche enthält, wird dicker und dicker. Die Zeit, die diese Dokumente in Anspruch nehmen, ist abendfüllend. Spätestens jetzt ist der Zeitpunkt gekommen, an dem das Weitersuchen ausartet und sich das Leben hauptsächlich auf das Unglück in der Vergangenheit konzentriert. Was können wir tun?

Wir müssen die Suche beenden. Wir müssen uns befreien von den quälenden offenen Fragen, die das Leben mittlerweile bestimmen, die zu einer unheimlichen Belastung geworden sind, einen erdrücken und die Sicht auf die Gegenwart versperren. Wir müssen einen Schlussstrich ziehen. Und zwar mit einem letzten Blick. Den Ordner noch einmal aufschlagen und von vorne bis hinten durchblättern. Anschauen. Hinsehen. Nicht weitersuchen. Und verabschieden. Wenn wir auf der letzten Seite angelangt sind, müssen wir den Ordner schließen und aus unserem Sichtfeld räumen. Genauso wie ich das mit dem Schlüsselbund und der Kiste für den Dachboden gemacht habe.

Das Kapitel schließen – zumindest was die Schuldfrage angeht. Lücken akzeptieren. Es gibt manchmal Fragen, die keiner beantworten kann. Die weitere Suche stoppt sonst das eigentliche Leben.

Nun habe ich mich von einem Ordner, einem Schlüsselbund oder etwas Ähnlichem befreit. Sicher ist das schon einmal entlastend. Letztendlich habe ich damit trotzdem nur Dinge aus dem Weg geräumt. Äußerlichkeiten. Wie aber sieht es in mir drin aus? Welche Gefühle herrschen dort?

Der Trauersee

Meine Hände zerknüllen ein Taschentuch. Neben mir ist ein leises Schluchzen zu hören. Auch ich ringe um Fassung – wie jeder Teilnehmer dieser Trauergruppe hier in der Kurklinik auf Rügen. Die Tempopackungen, die beim Hereinkommen auf den einzelnen Stühlen lagen, sind alle in Gebrauch. Als ich vor einer Stunde diesen Raum zum ersten Mal betreten habe, wäre ich am liebsten wieder umgedreht. Das kann nichts für mich sein. Nein, das bringt mir nichts. Diese Gedanken hatte ich. Seltsamerweise spüre ich jetzt so etwas wie Erleichterung. Ich habe es geschafft, über Unaussprechliches zu sprechen und kann anderen beim Erzählen folgen. „Ihr Trauersee muss leer werden." Die Worte der Therapeutin haben mich zum Nachdenken gebracht.

Das ständige Kreisen um die Schuldfrage lenkt zum einen von der Gegenwart ab, zum anderen auch von den Gefühlen, die in uns stecken. Ein Schicksalsschlag hat viel verändert. Und es gibt dabei Gefühle, die man ernst nehmen sollte. Gefühle wie Wut, Trauer, Angst oder Einsamkeit. Es sind unbekannte Gefühle, zumindest in dieser Intensität. Deshalb sind sie nicht willkommen, sie erschrecken oder überfordern. Wenn wir aber versuchen, diese Gefühle wegzudrücken und uns mit der Klärung der Schuldfrage von ihnen ablenken, können sie das Innerste verstopfen und uns ein Leben lang negativ begleiten. Diese Empfindungen kann man nur ernst nehmen, wenn man sie zulässt, wenn man sie bemerkt und nicht unterdrückt. Durch das Suchen nach Schuld rücken sie jedoch in den Hintergrund, werden verdeckt von den vielen unbeantworteten Fragen wie: Was ist das bloß für ein Mensch, der Fahrerflucht begangen hat und mich reglos am Boden hat liegen lassen? Wieso hat er mich auf dem Motorrad nicht gesehen und mir die Vorfahrt genommen? Er muss den Aufprall bemerkt haben. Da hält man doch an! Stellt man sich diese Fragen immer und immer wieder, hemmen sie das Leben und verhindern, dass man sich auf sich selbst konzentriert.

Nach Andis Tod fühlte ich mich völlig leer. So leer, dass ich anfangs gar nichts spürte. Auch kaum Trauer. Ich weiß noch, dass viele um mich herum weinten, doch in mir war alles blockiert. Ich war so geschockt und entsetzt über das, was passiert war, dass ich immer wieder begann, Antworten für mich zu suchen, die ich aber niemals fand. Es war ein gutes Ablenkungsmanöver. Ich war kein Häufchen Elend, das in der Ecke saß, sondern funktionierte nach außen hin sogar relativ gut. Was sich in diesen Wochen bis zur Mutter-Kind-Kur auf Rügen alles in mir aufgestaut hatte, merkte ich erst dort, als sich meine Schleusen öffneten. Vielleicht war es die Konfrontation mit anderen Trauernden, vielleicht war es aber auch einfach die Konzentration auf mich selber. Ich kann es im Nachhinein nicht genau sagen. Doch ich spürte auf einmal, die Trauer muss raus! Klar wurde mir das erst danach. Mein innerer Trauersee musste leer werden. Da gebe ich der Therapeutin nachträglich recht.

Manchmal ist es Trauer, manchmal Angst, vielleicht ist es aber auch Wut, die tief in einem festsitzt. Diese Gefühle müssen wir freilassen. Wir müssen sie auch gar nicht bewerten, ob sie nun gut oder schlecht sind. Wichtig ist nur, diese zuzulassen. Sie sind einfach da und gehen nicht wieder von alleine. Und wenn wir immer wieder versuchen, sie zu unterdrücken, wenn wir uns nicht mit ihnen auseinandersetzen, dann können sie langfristig zu Charaktermerkmalen werden, denn unterschwellig vorhanden sind sie immer noch. Zum Beispiel der umgangssprachliche Griesgram. Damit diese Gefühle aber nicht zu einem lebenslangen Begleiter werden, muss man sie leben. Eine Wut kann man herausschreien oder durch Sport abreagieren. Ängsten kann man sich stellen. Mit schönen Gefühlen wie Freude, Glück, Sorglosigkeit oder Liebe zu leben ist immer einfacher als mit Gefühlen wie Angst, Trauer oder Mutlosigkeit.

Das Bild des Trauersees hat es mir damals gut verdeutlicht: ein See, der sich seit Andis Tod in mir aufgestaut hat. Dieser See ist groß und nimmt in mir einen bedeutenden Raum ein. Nimmt mir den Platz für viele andere Gefühle, auch schöne. Würde ich ihn ignorieren, müsste ich ihn weiter mit mir herumschleppen. Tag für Tag. Das geht sicherlich für eine Weile. Doch mit der Zeit belastet er. Es gibt niemanden, der mir in dieser Situation helfen kann, die Tränen muss ich schon selber weinen. Doch mit den Tränen lasse ich den Stausee ab. Immer mehr. Bis er irgendwann leer ist. Und wenn er versiegt ist, gibt es neuen Raum, auch für das Schöne.

Dieses Bild hat mich überzeugt, dass ich selber ranmuss an mein eigenes Leben, an die Gegenwart und an meine

Gefühle, auch wenn sie noch so schrecklich sind. Ich wollte mich nicht weiter ablenken lassen von ungeklärten Fragen, von der Suche nach Schuld, die Andi trotzdem nie wieder lebendig machen könnten, während sie jedoch meine Kräfte zehren und mir die Lebensfreude rauben.

KAPITEL 7

Verwitwet? Ich? Das kann doch gar nicht ...
Warum Sie das alte Leben nicht festhalten können

Es ist ein kühler Herbsttag, als ich zum ersten Mal in meinem Leben auf einer Polizeidienststelle sitze und Anzeige gegen unbekannt erstatte. In den letzten Tagen erhielt ich mehrfach Post von einem Inkassounternehmen, das mich sehr deutlich zur Zahlung einer höheren Geldsumme für eine telefonisch getätigte Bestellung aufforderte. Da ich an dem im Schreiben genannten Datum ohne Telefonanschluss und Handyempfang in einer Ferienwohnung im Schwarzwald saß und zudem solche Geschäfte grundsätzlich nicht am Telefon abwickle, bin ich dem Rat eines befreundeten pensionierten Polizisten gefolgt und zur Polizei gegangen.

Und hier sitze ich nun in einem kleinen Dienstzimmer, an einem übersichtlichen Schreibtisch mit PC, gegenüber einem freundlichen jungen Polizisten, der mir von Anfang an das Gefühl gibt, meine Sache ernst zu nehmen. Und trotzdem wissen wir beide, dass es hier hauptsächlich um eine Absicherung für mich geht und nicht darum, tatsächlich gegen solche Machenschaften vorzugehen.

„Familienname? Vorname? Adresse? Geburtsdatum?" Automatisch beantworte ich die gefragten Angaben, während dazwischen leise die Tastatur klappert. „Familienstand?" „Verh...", ich breche mitten im Wort ab. Mein

Familienstand?? Ich stutze und starre den Polizisten entsetzt an. Urplötzlich fängt es in meinem Kopf an zu dröhnen. Eine weitere Antwort bringe ich nicht mehr über die Lippen. Ich merke, wie sich meine Augen mit Tränen füllen und meine Hände zu zittern beginnen.

Mein Mann lebt nicht mehr. Ich bin seit wenigen Wochen verwitwet. Verwitwet! Dieses Wort habe ich noch nie zuvor offiziell gebraucht. Erst in diesem Moment wird mir mit einem Schlag klar, dass ich nicht mehr verheiratet bin, auch wenn der Ehering nach wie vor an meinem Finger steckt. Natürlich ist mir Andis Tod bewusst, aber dieses schreckliche Wort habe ich mit mir nicht in Verbindung gebracht. Ich bin 34 Jahre alt. Dieser Begriff aber klingt uralt und hört sich an, als käme er aus dem letzten Jahrhundert. Doch es trifft zu, so sehr ich mich innerlich auch dagegen wehre: Ich bin verwitwet. Trotzdem bleibe ich stumm.

„Sie wurden angekündigt. Ich weiß über Ihre Situation Bescheid. Sie müssen nichts erklären…" Seine Stimme ist leise und sein Blick senkt sich schnell, um weiter auf der Tastatur zu tippen. Ich bin ihm dankbar für diese Worte. Momentan bin ich zu sehr um meine Fassung bemüht, als dass ich groß erklären könnte. Sehr schnell ist mein neuer Familienstand in einer Polizeiakte amtlich festgehalten. Neun Buchstaben, neun Anschläge. Das war es. Bei mir selbst funktioniert das nicht. Die Frage nach dem Familienstand werde ich wohl nie wieder automatisch beantworten.

Rollentausch

Als Schauspieler ist man immer wieder auf der Suche nach einer guten Rolle. Gemeint ist hier natürlich die Aufgabe, eine Figur darzustellen, diese zu spielen und zu verkörpern. Heute impulsiver, launischer Privatdetektiv, nächsten Monat treu sorgender Familienvater, beim darauffolgenden Dreh undurchsichtiger, verschlossener Geheimagent. Akteure müssen diese Figuren ausfüllen, sich hineinversetzen und gestalten. Zumindest für die Zeit der Darstellung. Es ist ihr Beruf, von einer Minute auf die andere ein verändertes Äußeres und einen anderen Charakter anzunehmen und dem Publikum zu zeigen, wer genau sie in diesem Moment sind. Genauso schnell, wie sie sich eine Maske überstülpen, können sie diese am Ende eines Drehtages oder nach Verlassen der Bühne auch wieder ablegen. Schließlich sind sie Profis. Und genau das sind Menschen in Krisen nicht.

Trotzdem haben sie von heute auf morgen ebenfalls eine neue Rolle erhalten – als Witwe, Halbwaise, Behinderter, Unfallopfer oder Schwerkranker. Und zwar eine, nach der sie nie gesucht haben, die fremd ist, die sie weder gestalten noch ausfüllen, geschweige denn annehmen möchten. Doch in einer Krise geht es nicht um ein Angebot, es geht um eine Tatsache.

Es ist ja nicht so, dass wir im Alltag nur eine einzige Rolle ausfüllen. Nein, wir treten in ganz unterschiedlichen Positionen auf und verkörpern diese. Denken Sie nur an Ausbildung und Beruf. Es gibt Schüler und Lehrer,

Firmenchefs oder Arbeitnehmer. Im Privaten sind wir Eltern, Kind, Partner oder Pate, im sozialen Bereich begegnen wir uns als Freund, Nachbar, Sportkamerad oder Arbeitskollege. Um diese Felder herum gibt es weitere zahlreiche Situationen, in denen wir ganz unterschiedlich auftreten: sei es im Supermarkt an der Kasse als Käufer oder Verkäufer, bei Hobbys beispielsweise auf dem Tennisplatz als Trainer oder Trainingspartner oder einfach als Tröster, als Unterstützer, als Fan, als Vermittler oder Berater.

Eine Persönlichkeit ist durch sehr viele unterschiedliche Rollen geprägt. Ausschlaggebend sind zum einen gewisse Rahmenbedingungen wie die Herkunft, die Erziehung oder die Gesellschaft: meine Nationalität, meine Religion, mein soziales Umfeld. Stark beeinflusst ist mein Ich vor allem aber von den eigenen Erwartungen und Zielen: Wer will ich sein? Für was möchte ich stehen? Was will ich im Leben erreichen? Diese Fragen sind ausschlaggebend für die Berufswahl, für soziales Engagement oder im Privaten zum Beispiel für eine Partnerschaft und Familienplanung.

Passiert nun so etwas Schreckliches wie ein Schicksalsschlag, wird mein langfristig entwickeltes Rollenprofil, das sich eben aus den unterschiedlichsten Merkmalen zusammensetzt, mit einem Schlag erschüttert. Mir werden Rollen entzogen, die mich geprägt und meine Persönlichkeit ausgemacht haben: Nach dem Tod meines Mannes war ich plötzlich nicht mehr Ehefrau, obwohl ich diese Stellung jahrelang innehatte. Das traf am stärksten das private Feld. Ich hatte meinen Partner, meinen engsten Vertrauten, meinen besten Freund verloren. Aber auch anderweitig hatten sich Änderungen ergeben. Mein offizieller Familienstand lautete nun anders: Ich war verwitwet, nicht mehr verheiratet. Ich musste meine Steuererklärung verändert abgeben, erhielt eine neue Steuerklasse. Und auch im sozialen Bereich blieb nichts, wie es war: Wir galten nicht mehr als Familie, der Papa fehlte. Ich gehörte keinem Paar mehr an, sondern war wieder alleine. Meine Tochter hatte für ihre Kindergartenfreunde keine Eltern mehr, sondern nur noch eine Mama. Ich war plötzlich Alleinerziehende unter lauter Familien, meine Tochter Halbwaise. Das Familieneinkommen war weggebrochen, der soziale Status in Gefahr. Meine Elternzeit infrage gestellt. Können wir uns ein weiteres Jahr Auszeit von mir überhaupt leisten? Muss meine kleine Tochter auf einmal in Betreuung, damit ich arbeiten kann?

Der Schicksalsschlag und die nachfolgenden Änderungen treffen so hart und sind teilweise so einschneidend, dass man das ganze Ausmaß des Verlustes in dieser immensen Geschwindigkeit der Änderungen nicht erfassen kann. Ich sah die verschwundenen bzw. auch neuen Rollen, die ich erhalten hatte, anfangs einfach nicht in dieser Klarheit. Genau deshalb kam es zu der beschriebenen Situation bei der Polizei. Menschen in Krisen sind so auf das Ereignis wie den Unfall oder den Todesfall fokussiert, dass sie erst mal in ihrem alten Rollendenken verankert bleiben und den abrupten Übergang nicht vollziehen können. Ein Patient fühlt sich im Krankenhaus statt als Schwerkranker als pausierender Arbeitnehmer. Ein Unfallopfer sieht sich anfangs vielleicht als vorübergehend aussetzender Hobbyfußballer. Das Umschalten, das Begreifen des Rollenwechsels vollzieht sich bei den betroffenen Menschen mit deutlicher Verzögerung. Natürlich war auch mir der Tod meines Mannes ab dem letzten Atemzug sehr bewusst. Doch welche Folgen und langfristigen Veränderungen dieser Tod nach sich zog, das drang erst sehr langsam in mir vor.

Vierte Tür links

Auch mein Mann versuchte damals im Krankenhaus bestimmte feste Rollen beizubehalten. Ich erinnere mich an eine Situation, über die ich heute noch lächeln muss.

„Wie viele Türen sind es bis zur Teeküche?" Erstaunt drehe ich mich zu meinem Mann um, der sich im Krankenhausbett aufrichtet. „Keine Ahnung", antworte ich. „Kannst du sie bitte abzählen." Nach dieser Bitte bin ich wirklich perplex. „Andi, was soll das? Wieso soll ich Türen abzählen gehen?"

„Na, weil ich Alfred genau sagen möchte, wo er die Kaffeemaschine findet, wenn ich ihm schon selber keine Tasse Kaffee anbieten kann." Andis Chef hat sich für heute Nachmittag für einen Besuch im Krankenhaus angekündigt.

„Der wird die Kaffeemaschine schon finden. Außerdem ist die Tür zum Flur offen. Die sieht man gleich."

„Trotzdem. Gehst du bitte." Sein Blick macht mich weich. Kopfschüttelnd verlasse ich das Zimmer und trete auf den Flur. So kenne ich ihn gar nicht. Normalerweise ist er Improvisation und Spontanität in Person. An so etwas hätte er

früher keinen Gedanken verschwendet. Doch generell ist er ein aufmerksamer Gastgeber. Anscheinend will er den auch hier, zwischen Klinikbett und Krankenhausflur, spielen.

Da ich nun sowieso schon in der Teeküche stehe, ergreife ich ein Tablett und stelle zwei Tassen, Untertassen, Löffel, Zucker und Milch darauf. Als ich wieder im Zimmer auftauche, strahlt mein Mann mich dankbar an. „Vierte Tür links! Darf es sonst noch etwas sein? Vielleicht ein paar Kekse?" Mit einem ironischen Unterton stelle ich das Tablett auf den Nachttisch und grinse meinen Mann an. Seine spontane Antwort: „Gute Idee!"

Was sein Vorgesetzter von ihm als Patient in einem Krankenhaus erwartete, nämlich nichts, interessierte ihn nicht. Er wollte so sein, wie sein Chef ihn kannte: aufmerksam, aufgeschlossen, engagiert und vorbereitet. Und nicht so, wie er eben jetzt war: ein schwer kranker Krebspatient, der ohne Handlauf als Stütze nicht mehr vorwärtskam. Die Vorbereitungen auf diesen Besuch arteten, vor allem emotional, in unheimlichen Stress aus, denn natürlich merkte Andi auf einmal, dass er seine frühere Position nicht mehr ausfüllte. Was ihm immer mit Leichtigkeit von der Hand ging, was er für selbstverständlich und höflich erklärt hatte, funktionierte nicht mehr. Das verunsicherte ihn und seine Charaktereigenschaften wie Spontanität und Gelassenheit gerieten stark ins Wanken.

Ein anderes Beispiel: Ein leidenschaftlicher Hobbyfußballtrainer liegt mit schweren Verletzungen für unbestimmte Zeit im Krankenhaus. Seine „Jungs" werden nun von seinem Stellvertreter trainiert. Das Training klappt. Seine Rolle hingegen nicht mehr. Denn er fungierte gerne für die Halbwüchsigen als Vorbild, als Mentor, als Berater oder als Seelentröster. Diese Funktion füllte ihn aus. Mit dieser erhielt er Bestätigung und positive Rückmeldung. Seit dem Unfall ist das nicht mehr so. Sie ist weggebrochen. Und genau das nagt an seinem Selbstwertgefühl.

Rollen geben Sicherheit und sind ebenfalls Quellen, aus denen wir unser Selbstwertgefühl erhalten. Eine Krise aber entzieht uns Rollen und verändert einschneidend unser Profil. Sie ändert somit ganz konkret uns als Person. Was folgt, sind die Fragen: Wer bin ich eigentlich? Noch? Jetzt? Krisen werfen diese Fragen ganz neu auf. Andi wollte wie immer den zuvorkommenden Gastgeber spielen. Durch seine Schwäche konnte er das aber nicht bewältigen. Das traf ihn unheimlich tief. Verletzungen und Therapieauswirkungen sind bei Krankheit oder Unfall auf den ersten Blick erkennbar. Die inneren Wunden und Verluste liegen tiefer. Sie zeigen sich manchmal an einem veränderten Verhalten. Zu sehen sind Angst, Wut, Ungeduld, Langsamkeit, Aktionismus, Verletzlichkeit, Unsicherheit und vieles mehr. Sie sind für Menschen in einer Krise neu und ungewohnt. Und auch für die Personen im Umfeld. Man erkennt sich selbst nicht mehr. Und gefällt sich auch nicht. Und deshalb möchte man diese neue Identität nicht annehmen. Andi ignorierte und verweigerte sie einfach. Das Resultat war eine große Portion emotionaler Stress.

Das Selbstwertgefühl wird durch die abrupte Veränderung erschüttert. Und zwar vor allem durch den Verlust der vertrauten und geschätzten Rollen, die durch den Schicksalsschlag von heute auf morgen weggebrochen sind. Das sind diejenigen, die ich gerne ausfülle, die ich mir persönlich zu eigen gemacht habe und die ich besonders an mir schätze. Fallen diese weg, hat das unheimliche Auswirkungen auf das Selbstbewusstsein.

Nach Andis Tod fühlte ich mich schrecklich. Natürlich ist das im Hinblick auf den Verlust nachvollziehbar. Doch neben der Trauer gab es noch etwas anderes, was ich überhaupt nicht einordnen konnte. Ich hatte von einem Moment auf den anderen das Gefühl für mich selbst verloren. Ich fühlte mich nichtig, völlig unattraktiv und nahm mich nicht mehr wahr. Ich putzte mir im Bad die Zähne, ohne mich im Spiegel anzusehen. Beim Verlassen der Wohnung machte mich meine kleine Tochter auf von Tränen verschmierte Schminke aufmerksam, da der letzte prüfende Blick in den Spiegel vor dem Weggehen nicht mehr stattfand. Für diese Gefühle hatte ich anfangs überhaupt keine Erklärung. Ich pflegte und kleidete mich wie bisher auch. Objektiv betrachtet gab es überhaupt keinen Grund für meine Gefühle. Heute weiß ich, dass der Verlust der vielen Rollen ausschlaggebend dafür war. Ich hatte meinen Partner verloren. Ab dem Moment entglitt mir ebenfalls die Bestätigung, als Frau geschätzt und geliebt zu werden. Meine Hilfe, die ich die letzten Monate geleistet hatte, war von heute auf morgen nicht mehr nötig – und damit verschwand auch das Gefühl, gebraucht zu werden. Der stressige Alltag der letzten Monate war weg, ein Familienleben gab es als Ausgleich trotzdem nicht. Ich vermisste tatsächlich das Krankenhaus, die Routine und fühlte mich beim Kaffeetrinken bei Freundinnen auf einmal völlig fehl am Platz und nicht mehr dazugehörig.

Wie bekomme ich in dieser Situation mein Selbstwertgefühl zurück?

Das neue Ich

Ich halte die Schachtel schon eine ganze Weile in meinen Händen. Die Eheringe stecken darin, genau wie am Tag vor der Hochzeit, als wir sie mit gefertigter Gravur vom Juwelier entgegengenommen haben. Es fühlt sich richtig an, dass die beiden Ringe wieder nebeneinanderliegen. Sie sind ein Paar und gehören einfach zusammen.

Seit Andis Tod sind nun eineinhalb Jahre vergangen. In dieser Zeit habe ich meinen Ehering getragen. Immer. Jeden Tag. Doch es ist mir sehr schwergefallen. Der Ring erinnert mich sehr daran, was es nicht mehr gibt: eine Ehe! Denn zu dieser gehören immer zwei. Ich aber bin allein. Vor der Beerdigung hielt mich eine Freundin davon ab, beide Ringe mit in den Sarg zu legen. Darüber bin ich im Nachhinein sehr froh. Ich steckte Andis Ring immer mal wieder an. Es tat gut, etwas zu spüren, was ihm mal ganz nah gewesen war. Trotzdem gehört sein Ring nicht zu mir und ich legte ihn jedes Mal schnell wieder ab.

Heute will ich das auch endgültig mit meinem Ring tun. Ich habe das Gefühl, dass es richtig ist. Ich möchte nicht mehr bei jeder Handbewegung an mein Schicksal erinnert werden. Ich habe meinen Mann verloren. Der Ring alleine hilft mir nun nicht mehr weiter. Dieser Ring gehört zu seinem Gegenstück. Und entweder werden beide getragen oder sie stecken zukünftig in dieser Schachtel.

„*Ich schenke sie dir. Es ist etwas ganz Besonderes von Mama und Papa.*" *Meine dreijährige Tochter hält die Ringe ehrfürchtig in ihren kleinen Händen. Ich erkläre ihr die Gravur und zeige ihr Fotos von uns, auf denen sie beide Ringe erkennen kann. Wir müssen lachen, denn beim Anprobieren an ihren Minifingern purzeln natürlich beide sofort herunter. Selbst an ihrem Daumen kann der Ring Hula-Hoop tanzen. Die Schachtel mit dem Samtausschlag weckt ihr Interesse. Svenja steckt die Ringe hin und her, bis sie letztendlich entscheidet, welcher rechts und welcher links liegen soll. Ich muss innerlich grinsen, als sie die Variante wählt, wie wir die Ringe auch jahrelang abends im Badezimmer abgelegt haben.*

An diesem Tag habe ich das Ende unserer Ehe symbolisch vollzogen. Dieser Schritt brauchte Zeit, aber für mich war er irgendwann absolut notwendig. Ich habe meine Situation als Witwe und Alleinerziehende mit dieser Geste anerkannt, mehr noch, ich habe sie quasi öffentlich gemacht. Ich habe ein Rollengewirr aufgelöst und einen Widerspruch beseitigt, indem ich das Symbol der Ehe, die es nicht mehr gab, abgelegt habe. Hinter einem Ehering konnte ich mich nun nicht mehr verstecken. Und das wollte ich auch nicht mehr. In gewisser Weise war ich frei, auch wenn ich mir diese Freiheit nie herbeigesehnt hatte. Tatsächlich fühlte ich mich besser, denn ich zeigte mich so, wie ich war.

Es ist nicht einfach, Konflikte aufzulösen, aber wichtig. Wie sich gezeigt hat, ist es extrem belastend, an alten Rollen hängen zu bleiben, die man nicht mehr ausfüllt, und es kratzt am Selbstwertgefühl. Wir müssen nach einem Schicksalsschlag ein neues Ich entwickeln. Und zwar ein Ich mit veränderter Zusammensetzung, in das die neuen Rollen integriert sind. Ich legte sozusagen meinen Part als Ehefrau endgültig ab. Ausgefüllt hatte ich ihn schon länger nicht mehr. Ich sorgte für Klarheit und akzeptierte den Status als Witwe. Das war nicht leicht, denn allein das Wort lässt einen gruseln. Ich kam aber auch nicht drum herum. Es war eine Tatsache. Auflehnen zwecklos!

Was sollte ein Rollstuhlfahrer eigentlich Ihrer Meinung nach für ein Auto nutzen? Vielleicht einen Caddy, in den man den Rollstuhl bequem ein- und ausladen kann? Sicher eine vernünftige Idee. Was aber, wenn ein roter Porsche angebraust kommt, sich die Türen automatisch öffnen und aus diesem Sportwagen die Räder eines Rollstuhls herausschauen? Ist es etwa sinnvoll, dass dieser Autofahrer seinem Herzenswunsch, seinem Temperament und seinem Geldbeutel gefolgt ist und sich speziell für seine Behinderung einen Porsche hat umbauen lassen?

Ja, das ist es. Denn wenn wir unseren Wünschen und Bedürfnissen folgen, schafft das Zufriedenheit und eine neue Sicherheit. Das kann völlig unterschiedlich aussehen. Für den einen Menschen mit Gehbehinderung passt ein Caddy, für den anderen ein Porsche. Aber diese Fahrzeuge allein machen noch nicht unsere neue Rolle aus. Sie sind die Gestaltungsmöglichkeit, die jeder Einzelne innerhalb einer Rolle besitzt, wenn sich die Persönlichkeit durch den Schicksalsschlag verändert hat. Entwirre und gestalte ich nicht, fühlt sich eine Rolle für lange Zeit übergestülpt an und hindert mich permanent am Leben. Nehme ich sie hingegen an und beeinflusse sie, verschafft sie neue Sicherheit, weil ich selber mitgestaltet habe.

Jetzt könnten Sie einwerfen: „Warte doch einfach mal ab. Vielleicht lösen sich die Dinge ja mit der Zeit ganz von allein." Dieser Meinung bin ich nicht. Diese Entwicklung vollzieht sich nicht von allein, sondern stagniert. Ich muss das Durcheinander schon selber auflösen und meinen neuen Part gestalten. Dabei muss man sich ja nicht in ein vorgeschriebenes Modell pressen lassen. Ich war sicher keine klischeehafte Witwe, die dunkel gekleidet mit hängenden Schultern und traurigem Blick genau ein Jahr durch die Gegend schlich. Mich fand man in quietschbunten T-Shirts auf Spielplätzen, unterwegs mit dem Fahrrad und planschend im Schwimmbad. Immerhin hatte ich eine Tochter, die nur eines wollte: leben! Mit allen Sinnen. Die kicherte, herumalberte, lachte und mich immer wieder mitzog. Und genau so wollte ich für sie sein, egal was andere darüber dachten. Meine Trauer tangierte das trotzdem nicht.

Ich akzeptierte einerseits meine neue Rolle als Alleinerziehende und Witwe, aber ermöglichte damit auch den Weg zu meinem neuen Ich. Wie aber schafft man das, die nötige Kraft aufzubringen und sich auf die Veränderung einzulassen?

Das Wirrwarr beenden

Kennen Sie das „Doppelte Lottchen" von Erich Kästner? Die Geschichte der getrennten Zwillinge, die sich mit neun Jahren in einem Ferienheim zufällig wiederbegegnen und merken, dass sie Geschwister sind? Ich habe das Buch erst letzte Woche meiner Tochter vorgelesen, die die Erzählung jeden Abend vor dem Schlafengehen ganz in ihren Bann zog.

Diese zwei Mädchen haben am Ende der Ferien ihre Rollen getauscht. Luise fuhr anstelle ihrer Schwester Lotte zur Mutter nach München und Lotte begab sich auf die Reise zum Vater nach Wien. Beide tauchten heimlich ein in das jeweilige Leben der anderen, ohne die geschiedenen Eltern aufzuklären. Aufgrund der Ähnlichkeit hatten sie zunächst kaum Schwierigkeiten, das Leben der anderen zu führen. Doch durch völlig unterschiedliche Interessen, mangelnde Erfahrung, gegensätzliche Charakterzüge und die Sehnsucht nach dem fehlenden Elternteil entstand ein ziemliches Wirrwarr, ein klassischer Rollenkonflikt, den Mutter und Vater nur langsam entwirren konnten.

Sicher erinnern Sie sich noch an das am Anfang des Kapitels beschriebene „Ich", das nämlich aus vielen verschiedenen Komponenten besteht, nicht nur aus einer einzelnen. Wenn man sich das vor Augen hält, merkt man, dass selbst in einer Krise, die massivste Veränderungen nach sich zieht, nicht alles, was gestern noch Bestand hatte, anders ist. Es gibt Dinge, die fortbestehen, und genau die sollte man sich bewusst machen.

Bei mir war das meine Mutterrolle. Sie war in dem ganzen Chaos unverändert geblieben. Und intuitiv stürzte ich mich deshalb nach dem Todesfall genau darauf. Sie war etwas, was ich kannte, was mir vertraut war. Ich kann nicht behaupten, dass ich zur Glucke mutierte, trotzdem fokussierte sich mein Leben fast ausschließlich auf meine Tochter und in den ersten Monaten war diese Konzentration tatsächlich hilfreich. Genauso geht es Menschen, die nach einem Schicksalsschlag sehr schnell wieder an ihren Arbeitsplatz zurückkehren und sich damit das ein oder andere Kopfschütteln oder Unverständnis von Kollegen einhandeln. Ich kann das aber gut nachvollziehen. Denn schließlich geht es auch hier um eine Position, die Bestand hat, bei der man Bestätigung erfährt und etwas macht, was vertraut ist. Schließlich gibt es in Krisen schon genug unbekannte Faktoren. Und letztendlich ist die Arbeit auch ein Mittel, um sich von schwierigeren Dingen abzulenken. Allein das Registrieren, dass es noch Dinge gibt, die funktionieren, die ich kann, in denen ich gut bin und die fortbestehen, ist in der ersten Zeit von großer Bedeutung. Ob das im Privaten das Kind, die Arbeit, ein Hobby oder soziales Engagement ist, ist völlig unerheblich. Es stärkt das Selbstbewusstsein und das Gefühl, gebraucht zu werden.

Trotzdem ist es nicht gut, wenn man es bei diesen Dingen belässt. Weder für meine Tochter noch für mich wäre es von Vorteil gewesen, wenn ich diese starke Konzentration fortgeführt hätte und meine neuen Rollen ignoriert hätte. Schließlich war ich nicht nur Mutter. Ich war als Witwe plötzlich auch diejenige, die verantwortlich für das Familieneinkommen war. Das sollte man nicht ausblenden. Umgekehrt nutzt es genauso wenig, wenn sich jemand nur noch auf die Arbeit stürzt und das Privatleben außen vor lässt.

Neue Gegebenheiten darf man nicht einfach ignorieren. Wir müssen entwirren, genauso wie das die Eltern des Doppelten Lottchens getan haben, denn die Mädchen konnten nicht einfach den Platz der anderen einnehmen und sich selbst ignorieren. In Krisen ist es wichtig, sich bewusst zu machen, welche Bereiche man nicht mehr ausfüllt und welche Bereiche dagegen neu hinzugekommen sind. Dabei kann man beispielsweise verschiedene Lebensbereiche wie soziale Beziehungen, Arbeit, Gesundheit, materielle Sicherheit und Werte in sein Blickfeld nehmen, um die genauen Auswirkungen zu erkennen.

Krisen verlangen, dass man seinen Fokus neu ausrichtet. Die wichtigste Rolle kann beispielsweise neuerdings die des Patienten sein, nicht mehr die des Arbeitnehmers. Als schwer kranker Krebspatient sollte man sich von seinem Arbeitsplatz lösen, denn eine Rückkehr gibt es frühestens in einem halben Jahr. In der heutigen Zeit ist in der Arbeitswelt die Erreichbarkeit großgeschrieben. Um diese zu gewährleisten, schleppen viele Patienten den Laptop auch ins Krankenzimmer. Aber wie sollen diese Patienten beiden Rollen gleichzeitig gerecht werden? Und das auch noch bei schwindenden Kräften und fehlender Konzentration. Wichtig sind in diesem Moment die Therapie, das Krankenhaus. Wichtig ist der Mensch als Patient. Diese Identität zu verweigern, schwächt gewaltig. Deshalb müssen wir entwirren und für Klarheit sorgen, welche Position wir aktuell innehaben, denn nur so haben wir die Möglichkeit, eine Krise zu bewerkstelligen. Dabei können wir uns vor Augen halten, dass dieser Positionswechsel ein dynamischer Prozess ist. Es ist kein Endstadium erreicht, sondern eine momentane Stufe. Doch nur, wenn wir unsere Positionen klar erkennen und beziehen, können wir den Prozess weiterentwickeln und letztendlich auch eine schwierige Rolle gestalten.

Dem Entwirren folgt also das Gestalten. Und wenn wir mitgestalten, können wir etwas tun, was uns voranbringt.

Erste Schritte

Wenige Tage, nachdem wir von Andis Erkrankung erfuhren, erlebte ich einen Rückschlag:

Seit zwei Tagen liege ich fast ununterbrochen auf dem Sofa, während Andi im Krankenhaus darauf wartet, nach der ersten Chemo endlich entlassen zu werden. Ich bin schwanger, noch in den ersten Wochen. Vor wenigen Tagen fand das Arztgespräch statt, in dem uns die Ärztin über Andis Erkrankung aufklärte. Sie riet zur Eile und behielt ihn gleich vor Ort. Wir waren beide geschockt. Bereits am Abend begannen bei mir leichte Blutungen. Heute weiß ich nicht mehr, wo mir der Kopf steht: Andi im Krankenhaus, Svenja zu Hause in der Obhut der Oma und dieses kleine Wesen in mir drin kämpft ums Überleben. Das Liegen ist für mich die reinste Folter.

Nachdem ich meiner Tochter das dritte Buch vorgelesen habe, wird ihr langweilig. Andis Mutter telefoniert im Flur. „Oma", ruft Svenja und klammert sich dabei noch an die Sofalehne. Doch mit einem Mal dreht sie sich um und marschiert mit wackeligen Schrittchen los, quer durch das Wohnzimmer, bis in den Flur, wo sie von einer aufgeregten Oma lachend aufgefangen wird. Chaos hin oder her. Svenja ist das egal. Sie macht weiter und geht an diesem Tag ihre ersten selbstständigen Schritte.

Bei Kindern nennt man das den nächsten Entwicklungsschritt. Gestern noch ein krabbelndes Kleinkind und heute ein kleines Mädchen, das uns nun aufrecht entgegenkommt. Von einem Rollenkonflikt keine Spur. Ganz so einfach gestaltet sich das für uns Erwachsene nicht. Vor allem in einer Krise können wir nicht einfach umschalten und sagen: „Okay, dann bin ich ab heute eben krank", auch wenn wir im Vorfeld für Klarheit gesorgt haben. Es ist ganz offensichtlich ein schlechter Tausch der Positionen – von gesund zu krank; von Ehefrau zu Witwe –, und genau deshalb fällt uns das Anerkennen der neuen Position so schwer. Sie ist aber verordnet, ob wir wollen oder nicht. Und wir haben nur eine Möglichkeit, diese schreckliche Position etwas zu verbessern. Wir müssen aktiv werden und anfangen, die Situation mitzugestalten.

Vor dem Ablegen des Eherings hatte ich mir einen neuen Ring gekauft – einen für meinen Mittelfinger. Es war ein großer, nicht unscheinbarer Silberring. Er gefiel mir sofort, als ich ihn in einer Auslage in Stuttgart sah.

Als ich den Ring in der Auslage betrachtete, wusste ich, was ich demnächst tun würde – meinen Ehering ablegen. Und dieser neue Ring half mir dabei weiter. Natürlich gab es etliche Momente, in denen ich schlucken musste, wenn ich den leeren Ringfinger wahrnahm. Dann aber fiel mein Blick auf den Mittelfinger mit dem funkelnden neuen Stück, das mir ein kleines bisschen Kraft gab und mich zum Lächeln brachte. Ein neuer Ring ist kein Allheilmittel. Aber mit ihm konnte ich die neue Situation besser ertragen. Genauso wie wahrscheinlich der Rollstuhlfahrer seine Behinderung mit einem Porsche leichter erträgt. Was im Einzelfall hilft, muss jeder für sich alleine herausfinden. Es gibt keinen Standard, nur Individuallösungen. Wichtig dabei ist, dass man aktiv gestaltet, in sich hineinhört, was einem guttun könnte und sich manchmal auch von Konventionen löst, die einengen. In eine neue Rolle muss man hineinwachsen. Das kann man aber nur, wenn man diese selber beeinflusst und sich vielleicht auch von traditionellen Gepflogenheiten oder Erwartungen löst.

Wahrscheinlich hätte ich die Zeremonie mit den Ringen schon früher abhalten können. Aber auch ich ließ mich von den allgemeingültigen Gedanken leiten: *Den Ehering trägt man nach einem Todesfall weiter!* Es war so ein ungeschriebenes Gesetz und manche Bemerkung, man könnte ja auch den Ring von Andi für mich enger machen, verunsicherte mich zusätzlich. Zumindest das Verändern des Rings lehnte ich sofort ab. Ich wollte diesen Ring nicht tragen. Es war nicht meiner. Und verändern wollte ich ihn schon gar nicht.

Es gibt in unserer Gesellschaft viele solcher ungeschriebenen Gesetze. Sie sind aber kein Muss. Manchmal braucht es nur ein bisschen Initiative und Mut, um etwas anderes zu versuchen, was einen deutlich weiterbringt, den Selbstwert stärkt und hilft, sich in einer neuen Rolle zurechtzufinden. Ich habe Witwen und Witwer kennengelernt, die sehr kurz nach dem Todesfall eine neue Beziehung eingegangen sind und somit das „offizielle" Trauerjahr nicht eingehalten haben. Für mich gibt es hier kein Richtig oder Falsch, es gibt nur jede Menge Gefühle. Und es existieren auch keine Vorgaben, nur individuelle Situationen, die man von außen einfach nicht beurteilen kann.

Auch ich habe mit dem Brechen von gewissen Konventionen schon direkt nach Andis Tod begonnen – bei seiner Beerdigung. Andi hatte uns verlassen, diese Erde. Doch für mich gibt es ein Leben nach dem Tod. Und genau das wollte ich auch bei der Gedenkfeier umsetzen. Mein Glück war, dass ich eine Bestatterin gewählt hatte, die mich und meine Ideen dabei unterstützte, die mich fragte, was ich gerne machen würde, und die mir stets antwortete: „Dann tun Sie das!" Marko und ich hatten uns zur Aufgabe gemacht, diese Gedenkfeier persönlich und lebendig zu gestalten. So weit das eben unter diesen Umständen möglich war. Wir wehrten uns gegen das starre Bild der Urne, die vorne aufgebaut stand, daneben vielleicht noch ein Foto in einem Bilderrahmen. Das passte nicht zu Andi. Wir wollten mehr.

Wir hatten uns gegen das übliche Schwarz bei einer Beerdigung durchgesetzt und Farbe zugelassen. Eine Gärtnerei ließ die kalte Betonhalle mit vielen Grünpflanzen freundlicher erscheinen. Statt Kränzen ließen wir Blumenherzen binden. Ich wollte keine typischen Karten und Umschläge mit schwarzem Rand, sondern entschied mich nach langer Suche für weiße mit einem kleinen Grauschimmer. Wir schrieben ein persönliches Gedicht über Andi und legten dieses in Form von „Trauerkärtchen" als persönliche Erinnerung zum Mitnehmen aus. Ich wehrte mich gegen ein Holzkreuz am Grab und gab stattdessen eine weiße Holzstehle mit einer kleinen Marmorplatte in Auftrag, in die ein Lebensfluss geschnitzt war. Als Musik wählten wir moderne Lieder, die er gerne hörte, runtergeladen von seinem eigenen PC. Und wir zeigten zu dem Lied „Somewhere over the Rainbow" eine Fotopräsentation. Dabei haben wir Ausschnitte aus Bildern herangezoomt, „Kamerafahrten" simuliert und Perspektiven gewechselt. So kam Andi in den Bildern scheinbar auf den Betrachter zu und entfernte sich in der letzten Einstellung. Das alles erzeugte Lebendigkeit und eine ungeheure Resonanz.

Die Rolle als Organisator einer Beerdigung war für mich völlig neu. Sie war emotional und schwierig, und ich hoffe, ich muss sie in dieser Form nie wieder annehmen. Aber ich habe es getan und die Aufgabe nicht einfach weitergereicht. Ich habe gestaltet und das durchgesetzt, was mir persönlich wichtig war. Wenige Tage nach der Gedenkfeier fielen von einer Bekannten die Worte: „Ich traue mich kaum, es auszusprechen, aber diese Trauerfeier war wirklich schön." Meine neue Rolle wahrzunehmen, hatte sich gelohnt.

KAPITEL 8

Luftballons zum Geburtstag
Wie das Leben weitergeht

"Alles Gute zum Geburtstag, Andi! 1, 2 und los..." Eine Traube bunter Luftballons schwebt über unseren Köpfen in den Himmel. Wie jedes Jahr schicken wir unsere Geburtstagsgrüße per Luftpost. Heute ist ein ganz besonderer Geburtstag. Andi wäre nun 40 Jahre alt, hätte das Schwabenalter erreicht. Kann man überhaupt jemandem zum 40. Geburtstag gratulieren, der nur 35 Jahre alt geworden ist? Egal! Wir haben trotzdem ein paar Luftballons mit der Zahl 40 ausgesucht. Für Svenja ist der Moment immer toll, wenn sie vor dem Ballonstart in diesem Luftballonladen steht, die runden Gefäße mit den einzelnen Sorten abschreitet und aus über hundert verschiedenen Ballonarten ihre Geschenke für den Papa auswählen darf. Sie ist mit Feuereifer dabei und es dauert jedes Mal gefühlte Stunden, bis wir das Geschäft wieder verlassen.

Die Ballons sind schnell nur noch bunte Punkte am Himmel. Svenja aber hält ihre drei Schnüre noch fest in der Hand. Jetzt fliegt der erste Nachzügler hinterher. Das gelbe Smiley-Gesicht auf dem Ballon lacht uns zu und sie jubelt: „Gute Reise." Auch ihren zweiten Ballon lässt sie ziehen. Der Wind weht ihn heute schnell nach oben, ohne dass er die Baumgruppe etwas abseits der Wiese streift. Das war nicht immer so. Was allerdings wie jedes Jahr ist, ist das Wetter. Es ist dicht bewölkt und nieselt. Der Sturm zerrt dabei eifrig an unseren Haaren. Dieser Tag soll wohl nicht anders sein. Seit fünf Jahren kommen wir nun schon an Andis Geburtstag im März hier hoch auf den Berg der Schlossanlage Solitude, südwestlich von Stuttgart. Kein einziges Mal wollte uns bisher der Frühling begleiten. Die Witterung gleicht wie immer einem Tag im Herbst. Der Blick von hier oben in das weitläufige Umland ist trotzdem gigantisch. Die Lage ist einfach perfekt für einen Luftballonstart. Andi und ich waren hier oft abends im Sommer, bepackt mit Decke und Picknickkorb. Manchmal war das Schloss auch Ziel einer Fahrradtour und an unserer Hochzeit diente es als Kulisse für Fotos.

„Los, Svenja, nun lass den letzten Luftballon auch noch fliegen." Meine Tochter zögert. An diesem Ballon hängt ihr selbst gemaltes Bild: ein leuchtender Regenbogen. Mit einem Mal fängt sie an zu laufen, als wolle sie dem Luftballon extra viel Schwung verleihen. Immer schneller fegt sie die Wiese entlang. „Lass los!", „Lass ihn fliegen!", „Nicht so weit!", wir anderen rufen aufgeregt hinter ihr her, denn Svenja steuert geradewegs auf die Baumgruppe zu, von der wir uns anfangs extra ein Stück entfernt haben. Doch daran denkt sie nicht. Sie vertraut dem Wind und lässt erst im letzten Moment das rote Band los. Das Bild flattert geräuschvoll durch die Luft. Dieser Ballon tut sich sichtlich schwer mit dem Aufstieg. Wir halten die Luft an und starren dem Fleck hinterher. Der Luftballon schwebt geradewegs auf die kahlen Bäume zu. „Oh nein, bitte nicht." Ich presse beide Daumen in meine Fäuste. „Das schafft der." Marko versucht mich zu

beruhigen. Trotzdem folgen acht Augenpaare wie gebannt diesem Schauspiel. Selbst ein paar Spaziergänger sind stehen geblieben. Und tatsächlich. Es sieht zwar so aus, als würde das Bild noch die Baumwipfel streifen, doch alles geht gut. Auch der letzte Luftballon begibt sich auf seine lange Reise in den Himmel.

Peng!

Es war ein langer Weg, bis wir diese Luftballons steigen lassen konnten und uns dabei überwiegend die schönen Erinnerungen begleiteten. Anfangs sah das ganz anders aus. Es überwog der Schmerz des Verlustes. Denn im Zuge eines Schicksalsschlages geht sehr viel verloren. Mehr, als man im ersten Moment erfassen kann. Es ist nicht nur ein Mensch oder ein Bein oder ein Haus verloren gegangen, es ist viel, viel mehr. Dieser Schicksalsschlag steht nicht für sich allein. Mit ihm verschwinden ebenfalls jede Menge alltäglicher Dinge, Träume und Pläne, ja vielleicht ein ganzes Zukunftskonzept. Menschen, die einen schweren Schicksalsschlag erleben, verlieren ihre Perspektive, denn sie haben keine Vorstellung mehr davon, wie das Leben weitergehen soll. Der Begriff Zukunft ist von einem Moment auf den anderen zum Fremdwort geworden. Durch eine Behinderung verliert man nicht nur die Mobilität, sondern vielleicht auch gleichzeitig seinen Traumberuf. Und das Hobby. Vielleicht sogar das Haus, wenn aus finanziellen Gründen der Verkauf des Eigenheims im Raum steht. Man verliert die gewohnte Art zu reisen, denn Wanderstiefel oder Ski werden in Zukunft nicht mehr zum Gepäck gehören. Je intensiver man überlegt, desto mehr Dinge fallen einem ein, die in Zukunft nicht mehr möglich sein werden. Der reinste Dominoeffekt. Ein Steinchen purzelt nach dem anderen um. Sie können sicher nachvollziehen, dass das alles in Summe das ganze Leben ins Wanken bringt. Das kann man nicht von einem Moment auf den anderen überblicken. Das dauert.

In einer Trauergruppe stellte uns die Leiterin eines Abends die Aufgabe, das aufzumalen, was wir mit dem Tod unseres Partners verloren haben. Je kürzer der Todesfall her war, umso weniger waren die Gruppenmitglieder in der Lage, etwas auf das Papier zu bringen. Der Tod allein trifft schon mit voller Wucht. Die weiteren Konsequenzen will man nicht auch noch in den Blick nehmen. Eine junge Frau, Anfang 30, nahm zum ersten Mal an diesem Abend teil. Mit starrem Blick schaute sie ununterbrochen auf ihr Blatt Papier. Das Einzige, was sie nach einer halben Stunde gemalt hatte, war ein kleiner Punkt in der Mitte des Blattes. Mit gebrochener Stimme erklärte sie damals, sie könne nicht mehr malen, sie wisse eigentlich gar nichts mehr. Und dieser kleine Punkt ist sie selber – um sie herum ist alles leer, alles andere verschwunden. Die junge Frau hatte noch keine konkreten Vorstellungen, welche weiteren Auswirkungen der Tod ihres Mannes für sie und ihren Sohn barg. Sie hatte nur das Gefühl von Leere. Doch die Momente kommen, in denen man mit der Realität konfrontiert wird. Das trifft unheimlich hart. Gefährlich wird es, wenn man in dieser Situation an den falschen Dingen im Leben festhält.

Ladenhüter im Küchenschrank

Die Tür des Supermarktes öffnet sich automatisch und ich schiebe den großen Einkaufswagen langsam durch die breiten Gänge. Einen Einkaufszettel zu schreiben, habe ich mal wieder vergessen. Im Geiste scanne ich unseren Kühlschrank und versuche mich zu erinnern, was wir benötigen: Obst und Gemüse, Nudeln, Milch, Butter… Nacheinander wandern die Lebensmittel in den Wagen, während ich die offenen Regale passiere, Päckchen, Flaschen und Tüten mustere und das Gewohnte ergreife.

Kurze Zeit später stehe ich vor dem offenen Kühlschrank und versuche, alles Mitgebrachte unterzubringen. Schon beim Einräumen wird mir bewusst, dass es wieder einmal viel zu viel ist. Als ich die Schmelzkäseecken in die Finger bekomme, erschrecke ich. Auch die Mettwurst lege ich nur widerwillig in den Kühlschrank. Das Nutella-Glas, das Sonderangebot, gesellt sich zu zwei bereits im Küchenschrank wartenden verschlossenen Gläsern dazu. Genervt klatsche ich die Schranktür zu. Aus dieser Schokocreme mache ich mir rein gar nichts. Und Svenja kennt sie aufgrund ihres Alters noch nicht einmal. Gleiches gilt für Mettwurst und Schmelzkäse. Andi war es, der diese Sachen gerne aß. Jetzt aber mutieren sie zu Ladenhütern im Küchenschrank. Trotzdem passiert es mir immer wieder: Ich überschätze maßlos die Menge, die Svenja und ich essen, und kaufe immer wieder Dinge, die in unserer Küche heute einfach nichts mehr zu suchen haben.

Ob da nun zwei oder drei unangetastete Nutella-Gläser im Schrank stehen, ist ja noch harmlos. Schlimmer ist es bei Dingen, die weniger offensichtlich sind und Größeres betreffen. Doch das Beispiel zeigt, wie schnell man sich bei einem Verlust vergangenheitsorientiert verhalten kann. Eigentlich sind schon die alltäglichsten Dinge neu zu ordnen. Denn das Festhalten an der Vergangenheit wird zum Problem, wenn man Gewesenes nicht aussortiert und so die Gegenwart ignoriert. Das Leben stockt. Das Vorwärtskommen ist blockiert.

Verlieren Eltern ein Kind, passiert es häufig, dass das Kinderzimmer praktisch konserviert wird. Alles wird belassen, wie es ist. So, als könnte das Kind jederzeit wieder zur Türe hereinspazieren und wie früher anfangen, mit seinen Sachen zu spielen. Dieser Raum ist für das Leben tabu, ein Mausoleum, das im Alltag keine Rolle mehr spielt, denn für andere Kinder ist das Zimmer zum Spielen versperrt. Dass man nicht immer alles gleich verändert und Veränderungen Zeit brauchen, kann ich nachvollziehen. Ich kenne solche Momente selber, aber ich habe gemerkt, dass man genau bei diesen aufpassen muss. Denn wer sich an unveränderliche Dinge klammert, wird selber unveränderlich. Die Pläne der Vergangenheit gelten nicht mehr. Man kann sie nicht mehr umsetzen. Wer sich aber immer weiter an Verlorenem festhält, das es nicht mehr gibt, dessen Leben findet in der Vergangenheit statt. Für die Gegenwart, für Neues hat man quasi keine Hände frei. Das Leben ist plötzlich eingefroren wie ein lebenslanger Winter, denn man schaut nicht mehr nach vorne, sondern nur noch zurück.

Auch ich habe mir oft die Vergangenheit zurückgewünscht. Meine Zukunft lag nur noch in Scherben vor mir. Der Traum einer glücklichen Familie war zum Albtraum geworden. Meine Vorstellung von Familienglück, von sorglosen Eltern mit mehreren fröhlichen Kindern, einem Haus, einem kleinen Garten und vielleicht einem Hund konnte ich nur schwer ebenfalls begraben. Ein Einzelkind war für uns beide früher undenkbar. Wir hatten den Traum, unseren Kindern die schöne Natur von Kanada zu zeigen, eine Entdeckungsreise mit dem Camper quer durch das Land. Wir wollten für einige Jahre ins Ausland, beruflich waren bei Andi die Weichen bereits gestellt. Und dann? Verpuffte alles einfach so und löste sich in nichts auf.

Auch heute noch sehe ich manchmal in den Rückspiegel, verstehe kaum, wie das alles geschehen, wie mein Leben mir einfach aus den Händen gleiten konnte. Es schmerzt, auch noch nach fünf Jahren. Rückwärtsgewandt sieht alles so schön aus. Natürlich sieht man dabei immer nur das Gute aus einem völlig verklärten Blickwinkel. Wie unser Leben tatsächlich verlaufen wäre, steht in den Sternen. Es spielt auch keine Rolle mehr. Denn es ist etwas, was es nicht mehr gibt. Wenn ich immer wieder diese Gedanken aufkommen lasse, wenn ich immer nur zurückschaue, wie schön es doch gewesen ist, bewege ich mich in meinem Leben keinen Schritt weiter. Man verharrt, tritt immer weiter auf der Stelle. Genau das nahm ich nach dem Todesfall intuitiv sehr schnell wahr. Für mich und meine Tochter gab es nur ein Vorwärtskommen, weil ich den richtigen Weg zwischen Festhalten und Loslassen von vergangenen Erlebnissen, Plänen und Zielen gefunden habe.

Ich habe mich von so manch einem Ladenhüter meines Kühlschranks, aber vor allem meines Lebens getrennt und habe dadurch neuen Freiraum und neue Gestaltungsmöglichkeiten gewonnen.

Wie kann es gelingen, Vergangenes loszulassen und den Erinnerungen den richtigen Stellenwert im Leben zu geben?

Von gestern oder heute?

Die Erinnerung an unsere großen Pläne, wenige Wochen vor Ausbruch von Andis Krebserkrankung, versetzt mir heute immer noch einen Stich:

Der steile Hang des neuen Baugebietes ermöglicht einen tollen Blick in das Aichtal. Andi, Svenja und ich stehen an diesem Sommerabend zusammen mit einem Architekten auf einer Wiese. Die beiden Männer laufen die Grenzpunkte ab. Tja, in der Nähe von Stuttgart ist das auf den meisten Bauplätzen schnell erledigt. Die Grundstückspreise sind in den letzten Jahren geradezu explodiert. Es ist schön hier. Kinderfreundlich. Ziemlich ländlich und trotzdem ganz gut an unsere Arbeitsplätze angebunden. Meine Gedanken schweifen ab. Ich sehe bereits eine Terrasse und eine Kinderschaukel vor mir. Schon lange wünsche ich mir eigene vier Wände. Ich freue mich auf die Planungsphase, die anderen manchmal ein Gräuel ist. Aufgrund meines Berufs sind schon viele Objektpläne auf meinem Schreibtisch gelandet.

Nun kann ich es gar nicht abwarten, endlich unser eigenes Haus zu planen.

Wenige Wochen nach dieser Bauplatzbegehung folgte die Krebsdiagnose und wir stellten das Bauprojekt zurück. Die Krebserkrankung forderte die volle Aufmerksamkeit. Doch einen Plan zurückzustellen heißt ja nicht, ihn aufzugeben. Genau das musste ich eines Tages aber tun: „Unser Haus wird dort nie stehen", diesen Satz musste ich mir nach Andis Tod eingestehen. Warum? Unsere Dreizimmerwohnung platzte mit der Aussicht auf weiteren Familienzuwachs vor Andis Krankheit aus allen Nähten. Diese Notwendigkeit war plötzlich entfallen. Das Einkommen war weggebrochen, das „Zuhause" für Svenja – nach den vielen Ferienwohnungen – immens wichtig und meine Kraft am Ende. Ich musste loslassen, so schwer es mir fiel. Und das tat ich, obwohl ich in Gedanken eigentlich schon in dieses neue Haus eingezogen war und mit unserer Wohnung abgeschlossen hatte. Bei genauem Hinsehen war mit diesem Loslassen trotzdem mehr verbunden als „nur" ein Eigenheim. Es hat für mich viel mehr bedeutet, als nur einen Plan aufzugeben, bei dem ich wirklich sehr zu schlucken hatte, denn in den ersten Wochen wusste ich nicht einmal, ob ich es in der Wohnung ohne Andi überhaupt aushalten kann. Ich gestaltete die Gegenwart. Und die Zukunft. Denn bei meiner Entscheidung hatte ich Svenja und mich im Blick, unsere aktuelle Situation. Und nicht weiter ein Familienhaus aus der Vergangenheit, das überhaupt nicht mehr erforderlich war.

Zukunftsgedanken, Zukunftspläne aufzugeben, ist unheimlich schwer. Vor allem, wenn sie einen schon sehr lange begleiten. Genauso schwer ist es, neue Pläne zu schmieden, wenn eine Situation völlig aussichtslos und verfahren erscheint. Ich habe sicher aufgehört, langfristig zu planen. Mir ist viel zu sehr bewusst, wie schnell sich ein Leben ändern kann. Allerdings sowohl in die eine als auch in die andere Richtung. Trotzdem ist ein Vorwärtskommen nur möglich, wenn man die Veränderungen akzeptiert und somit einer veränderten Zukunft überhaupt eine Chance gibt.

Egal ob Haus, ein zweites Kind mit meinem Mann, die gemeinsame Erziehung, ein Familieneinkommen oder auch nur die Einkäufe: Ich musste die Vergangenheit loslassen, sonst hätte ich jegliche Entwicklung verhindert. Dieses Loslassen hat mir gleichzeitig wieder Kraft gegeben, andere Entscheidungen zu treffen und die Weichen für mein Leben neu zu stellen. Und diese Kraft ist es, die ich als alleinerziehende Mutter brauche, um den Alltag zu bewältigen und mich privat oder beruflich weiterzuentwickeln.

Das Aufgeben von Vergangenem ist wichtig. Ein Verlust zieht allerdings nicht immer nur nach sich, die Vergangenheit loszulassen. Nein. Ich kann die Vergangenheit auch pflegen. Das Entscheidende dabei ist, dass dieses Pflegen nur positiv wirkt, wenn es das Heute gestaltet. Das Erinnern muss der Gegenwart einen Wert geben und helfen, das Leben zu bewältigen. In dieser Form kann Erinnern enorm stärken. So wie das unser Luftballonstart am Geburtstag tut. Es ist kein Ritual aus der Vergangenheit. Andis Geburtstage sahen wesentlich anders aus. Diese Form des Erinnerns war ein Einfall von mir, da ich an seinem Geburtstag nicht vor seinem Grab stehen, den Tag aber auch nicht einfach übergehen wollte und mich gleichzeitig nicht damit abfinden konnte, dass Svenja ihrem Papa kein Geburtstagsgeschenk überreichen kann. Das Schönste an Geburtstagen der Eltern ist doch für Kinder immer die Vorbereitung und Heimlichkeit, das Malen und Basteln und letztendlich das freudestrahlende Überreichen. In abgewandelter Form ist es das nun auch für meine Tochter. Und selbst wir Erwachsene können diesen Tag deutlich gelassener angehen, als wenn wir ihn bewusst übergehen oder gemeinsam auf dem Friedhof stehen würden.

Es ist nicht so, dass man das Alte vergessen muss. Entscheidend ist aber, für das Vergangene den richtigen Platz im Leben zu finden.

Den Fluss hinunter

„Mama, wir waren in Wiesensteig an einem Fluss und haben Schiffchen gebastelt. Borkenschiffe. Und dann haben wir Zettel geschrieben. Ich habe ganz alleine geschrieben. Romy hat nur ein kleines bisschen geholfen. Wir haben draufgeschrieben, warum wir manchmal traurig sind. Dann haben wir das Papier als Segel an den Mast gebunden und die Schiffchen im Wasser den ganzen Fluss runterfahren lassen, bis wir sie nicht mehr gesehen haben. Schade.

Eigentlich wollte ich dir das Boot zeigen. Aber Katrin hat Fotos gemacht. Da kannst du es sehen. Und sonst wären die Sorgen und die Traurigkeit ja auch nicht weggespült worden…"

Es war der Abschlusstag der Kindertrauergruppe eines katholischen Hospizes, die Svenja seit einem halben Jahr besuchte. Sie war zu diesem Zeitpunkt in der ersten Klasse. Andis Tod lag vier Jahre zurück. Diese Trauergruppe ist für Kinder zwischen sechs und zwölf Jahren. Vorher sind sie zu klein, um ihrer Trauer in dieser Art Ausdruck zu verleihen. Ich hatte für Svenja in den letzten Jahren schon eine Form der Begegnung mit anderen Halbwaisen gefunden, die vor allem auf das Miteinander, auf Haltgeben und Bewegung ausgerichtet war. Das Sprechen über Trauer stand dort nicht im Mittelpunkt. Da sie nun aber alt genug war, war es mir wichtig, dass auch sie die Möglichkeit erhielt, ihren Verlust richtig wahrzunehmen und sich mit anderen betroffenen Kindern auszutauschen. Denn Verluste kann man nicht einfach ignorieren. Es gibt sie. Und sie lösen sich auch nicht irgendwann in Wohlgefallen auf. Erst recht nicht, wenn es eine ganze Kettenreaktion von ihnen gibt. Das Wegschauen birgt keine Lösung.

Nun hatte Svenja innerhalb dieser Kindertrauergruppe eine klare Sonderstellung, denn bei den anderen Kindern war der Tod eines Elternteiles nur wenige Monate her. Sie hatten alle konkrete Erinnerungen an ihre Mama oder ihren Papa und der Verlust war ihnen zu diesem Zeitpunkt schmerzlich bewusst. Bei Svenja war das nicht so. Natürlich spürte auch sie im Alltag immer wieder das Fehlen ihres Papas. Und auch bei ihr gab es Erinnerungen, wenn auch nur wenige, und diese waren recht vermischt mit Erzählungen und Fotos. Das Bewusstsein des Verlustes war bei ihr deutlich schwächer. Doch dieses Hinsehen, das Wahrnehmen ist im Trauerprozess unheimlich wichtig, damit es weitergeht. Und genau dahin wollte ich sie führen.

Als Freunde und Familie mitbekamen, dass ich Svenja nach so langer Zeit mit dem Thema Tod nochmals offensiv konfrontierte, gab es recht verhaltene und gemischte Reaktionen. Das Verständnis hielt sich sehr in Grenzen. Doch ich ließ mich nicht davon abbringen. Ich war mir sicher, dass es Svenja aufwühlen würde, gleichzeitig wollte ich allerdings auch, dass sie eine weitere Möglichkeit erhielt, sich den Tod ihres Vaters nochmals bewusst zu machen und ihn vor allem auch zu betrauern. Vor mir hielt sie sich seit Jahren zurück. Aus Rücksicht – damit die Mama nicht wieder traurig wird! Denn natürlich war sie so feinfühlig, dass ihr meine Stimmungswechsel sofort auffielen, auch wenn ich in vielen Situationen um einen neutralen Ton bemüht war und sicher nicht immer gleich in Tränen ausgebrochen bin.

Ihre Reaktionen während der Zeit der Begegnungen gaben mir im Nachhinein recht. Und auch von den Trauerbegleiterinnen erhielt ich nur positive Signale. Sie konnte zum ersten Mal um ihren Papa weinen – und ich glaube, diese Tränen waren gesund. Sie öffnete sich innerhalb der Gruppe, erzählte, hörte den anderen Kindern zu und nahm Ratschläge an. Einmal wiederholte sie zu Hause die Worte vom 9-jährigen Fabian: „Also, wenn ich traurig bin, ganz, ganz arg, und an meinen Papa denken muss, dann esse ich immer ein Eis. Und dann geht es mir besser." Als Erwachsener muss man vielleicht grinsen. Ehrlich gesagt, musste ich auch schnell zur Seite schauen, als mir Svenja das mit ganz ernster Miene berichtete. Aber genau so trauern eben Kinder.

Egal, ob man ein Kind oder erwachsen ist. Egal, ob es Trauer über einen fehlenden Menschen gibt, einen geplatzten Traum, eine versperrte Zukunft, eine körperliche Einschränkung oder die Änderung eines sozialen Status: Einen Verlust müssen wir wahrnehmen. Denn damit ich ihn überhaupt betrauern kann, muss ich ihn mir bewusst machen, sonst holt er mich irgendwann wieder ein oder blockiert mich innerlich. Bei Svenja fand das mit Verzögerung statt. Trotzdem glaube ich, dass es ihrem offenen Umgang mit dem Thema Tod, mit Andi und ihrer gesamten Entwicklung sehr gutgetan hat. Wir müssen unseren Verlustgefühlen einen Raum geben und uns aktiv mit ihnen auseinandersetzen.

Ich selber habe gemerkt, wie es ist, wenn man einen Verlust einfach „wegdrückt" und ignoriert. Ich erlitt in der 9. Schwangerschaftswoche, kurz nach Ausbruch von Andis Krebserkrankung, einen Abbruch. Jede Fehlgeburt tut weh. Ist für Eltern immer schwierig. Letztendlich gibt es trotzdem meistens etwas später eine neue Chance für ein Baby. Auch wir hatten das schon erlebt. Damals nahm ich mir die Zeit für Traurigkeit. Ich weinte und ließ meiner

Enttäuschung freien Lauf. Als Andi krank war, machte ich das nicht. Der rasante neue Alltag, die Sorgen, all das riss mich mit und verbannte die Fehlgeburt in den allerletzten Winkel. Dort saß sie gedanklich fest. Bis Andi starb. Und brach dann in einer Heftigkeit über mich herein, die mich selber erschütterte. Nun hatte ich nicht nur den Verlust der Fehlgeburt zu betrauern, sondern auch noch die Tatsache, dass es ein weiteres Kind mit meinem Mann nie mehr geben wird.

Vielleicht hilft ja gerade das Aufmalen oder Aufschreiben der Verluste, um sie sich wirklich bewusst zu machen. Denn wenn ich weiß, was ich verloren habe, kann ich mit etwas Abstand eben auch genau an dieser Stelle ansetzen, um meinem Leben eine neue Richtung oder vielleicht einfach einen neuen Impuls zu geben. Ich hatte sicher neben vielen anderen Dingen auch eine gewisse finanzielle Sicherheit verloren. Dieser Verlust ließ dennoch neue Gedanken für meine berufliche Zukunft zu. Ich habe mir diese Veränderung früher nie gewünscht. Nun aber war sie einfach nötig und möglich. Ich erkannte das und ergriff die Chance, mich nochmals zu verändern und in eine ganz andere Richtung weiterzuentwickeln.

Wir müssen uns manchmal von langen Wegbegleitern trennen, von Träumen und einer geplanten Zukunft. Trotzdem gibt es auch Erinnerungen, die wir einfangen können.

Das Ampelmännchen

"Da ist eins!" Svenja läuft aufgeregt die letzten Meter bis vor die Fußgängerampel. Freudestrahlend bleibt sie stehen – mitten im Strom der Menschen, die alle nur eins wollen: die Straße ‚Unter den Linden' überqueren. Selbst als die Ampel erneut umschaltet und nun das rote Ampelmännchen hell erstrahlt, steht sie immer noch auf der Stelle und betrachtet vergnügt das leuchtende Signal.

Mit der ehemaligen DDR verbinden Menschen ganz unterschiedliche Erinnerungen. Das Ampelmännchen ist sicher eine schöne davon, die in der Gegenwart einen Platz gefunden hat, ohne zu verklären. Berlin hat sie eingefangen. Im Osten wie auch im Westen. Die lustigen Männchen mit den Hüten, den Händen und Schuhen, mit Nasenspitze und Kinn sind an jeder Straßenecke zu sehen. Mittlerweile sind die Ampelmännchen selbst in manchen süddeutschen Städten zu finden. An so einem ungewöhnlichen Beispiel zeigt sich, dass an einer einzelnen Erinnerung schöne Facetten einer andern Welt sichtbar sein können. Trotzdem darf man nicht jeder Erinnerung den gleichen Raum geben. Denn es gibt Erinnerungen, die stärken und Mut machen, und es gibt Erinnerungen aus der Vergangenheit, die schwächen und das Leben stocken lassen, wenn wir sie nicht loslassen. Wir müssen also herausfinden, ob sie nur das Vergangene oder auch das Heute betreffen, um zu beurteilen, ob sie guttun und einen berechtigten Raum bekommen oder eben nicht.

Bei mir zu Hause ging es da genau genommen um einen ganz konkreten Schrank. Als Andi noch lebte, hatte ich ihm unseren Schlafzimmerschrank überlassen. Seine Anzüge nahmen eine Menge Platz ein und zudem hatten wir in der zweiten Hälfte noch unsere Bürosachen mit Ordnern und diversen Büchern untergebracht. Ich wich mit meiner Kleidung ins Kinderzimmer aus, in dem wir einen weiteren großen Schrank hatten. Diese Aufteilung behielt ich auch nach seinem Tod bei. In den ersten Tagen. In den ersten Wochen. Nach drei Monaten begann mich das Hin-und-her-Gerenne zwischen den Zimmern bereits zu nerven. Die Schiebetüren des Schlafzimmerschrankes hatte ich mehrfach geöffnet, um sie dann schnell nach Anblick von Andis Kleidung wieder zu verschließen. Aber irgendwann war es genug. Ich glaube, ich besitze eine Menge Realismus und Pragmatismus. Diese kamen mir sicherlich zu Hilfe. Ich konnte und ich wollte diesen geschlossenen Schrank nicht weiter ignorieren. Er nutzte niemandem mehr. Und gut tat der Anblick auch nicht. Also begann ich umzuräumen. Stück für Stück. Bei jedem einzelnen Teil blutete mir das Herz und ich hatte sofort eine Szene im Kopf, in der Andi dieses Kleidungsstück trug. Ich arbeitete mich alleine von T-Shirts zu Pullis, von Anzügen zu Jacken, von Jeans zu Socken, von Hemden zu Krawatten. Und ich hatte mir selber eine Grenze gesetzt: fünf T-Shirts, fünf Pullis, seine Lieblingsjeans, seine Segeljacke, sein Hochzeitsanzug. Das wollte ich aufheben. Mehr nicht. Genau diese Kleidungsstücke wanderten in den Schrank ins Kinderzimmer. Den Rest brachte ich zur

Diakonie in einen Tafelladen. Bei meinem Tun sah ich gedanklich immer Andi mit erhobenem Daumen vor mir. Er konnte sich eigentlich schwer von Sachen trennen. Aber nur, weil er der Meinung war, man könne das ja noch irgendwann mal gebrauchen. Dass seine Sachen im Schrank versauern, hätte er sicher nicht gewollt. Und so konnte ich wenigstens helfen, irgendjemandem, der eine Winterjacke vielleicht dringend nötig hatte. Und mir selbst half ich auch, denn Vergangenes einzusperren brachte mich nicht weiter. Den Schrank jedoch neu für mich einzuräumen, die Türen wieder jeden Morgen zu öffnen, um daraus etwas zu entnehmen, das brachte mich vorwärts.

Erinnerungen an Verlorenes sollten wir nicht einsperren und konservieren, wie Klamotten in einem Schrank oder Erinnerungsstücke in einer Vitrine. Wenn wir uns an Vergangenes erinnern möchten, dann müssen diese Erinnerungen leben, im Jetzt, in der Gegenwart. Es gibt bestimmt bessere Ausdrucksformen, als einen verschlossenen Schrank zu öffnen und von altem Ballast zu befreien. Beispielsweise erinnere ich mich, indem ich aufschreibe und aus der Vergangenheit erzähle. So erwecke ich wieder etwas zum Leben. Auch die Musik, Malerei, Bewegung oder einfach ein Gespräch bilden Grundlagen für das Erinnern. Sicher helfen auch neue Rituale, die einen Tag, der an die Vergangenheit erinnert, etwas leichter machen. Wir lassen an Andis Geburtstag Luftballons steigen. Die Angehörigen der Terroropfer des 11. Septembers 2001 verlesen jedes Jahr am Ground Zero in New York die Namen der fast 3 000 getöteten Menschen und halten zu den

Uhrzeiten, zu denen die Passagierflugzeuge in das World Trade Center flogen, eine Schweigeminute ab. Dieses Erinnern ist wirklichkeitsnah und am Leben orientiert. Den Tag auf diese Weise anzugehen, hilft sowohl den Angehörigen als auch den vielen anderen Menschen auf der ganzen Welt, die vor dreizehn Jahren vor ihrem Fernseher saßen und bei etwas zusahen, dass sie bis heute nicht wirklich fassen können. Dagegen sind Nutella-Gläser, die keiner anbricht, Kleidung im Schrank, die niemand mehr trägt oder Spielsachen im Kinderzimmer, mit denen niemand mehr spielt, sicher keine gute Methode, um an Vergangenem festzuhalten. Dieses Vorgehen ist wirklichkeitsfremd und verwahrt ausschließlich Dinge, die nur noch der Vergangenheit angehören. Und das kann sehr belasten. Natürlich heißt das nicht, dass ich gegen jegliche Erinnerungsstücke bin. Auch ich behielt ja einzelne Kleidungsstücke zurück. Aber eben nur einen Bruchteil, nach dem Sortieren, nach der Auseinandersetzung. Man kann aus der Vergangenheit nicht alles festhalten. Das erdrückt. Sich aber bewusst auf einzelne Erinnerungsstücke zu konzentrieren, das verschafft wieder Luft zum Atmen.

Bruchlandung

„Mist, Mist, Mist! Wieso gerade diese Tasse? Das gibt's doch nicht!" Ich schimpfe wütend in der Küche vor mich hin, während ich auf Socken versuche, einen Weg zum Küchenschrank zurückzulegen, ohne dabei auf eine der herumliegenden Scherben auf dem Boden zu treten. „Was ist

denn passiert?" Svenja bleibt abrupt in der Küchentür stehen, als sie meine abwehrende Handbewegung wahrnimmt. "Stopp, hier liegen Scherben. Die Papa-Tasse ist runtergefallen." Mittlerweile sitze ich in der Hocke auf dem Boden und sammle die größeren Stücke ein. "Oh, nein, aber die kann man bestimmt wieder kleben." Mit diesen Worten versucht mich meine Tochter tatsächlich zu trösten. "Nein!", rutscht es mir heftiger raus als beabsichtigt, während ich bereits den Mülleimer öffne. Sie sieht mich fragend an. "Svenja, manche Dinge kann man nicht kleben. Manchmal gehen Dinge einfach kaputt, wenn man sie lange gebraucht hat. Das ist schade. Mich ärgert das auch. Trotzdem ist es nun einfach so."

Sicher habe ich nach Andis Tod ebenfalls erst einmal einige Dinge dort belassen, wo sie waren: die Segelbücher im Bücherregal, den Schlüssel am Schlüsselbrett, die Baseballmützen im Garderobenschrank. Das alles waren aber Dinge, die mir weder im Weg standen noch von mir benötigt wurden. Viele andere Dinge benutzte ich allerdings ganz bewusst und offensiv weiter: seine Alabama-Tasse zum Kaffeetrinken, die aus seiner Praktikumszeit in den USA während des Studiums stammte. Sein Fahrrad, wenn meines mal wieder einen Platten hatte. Seinen Schlafsack, in den ich Svenja abends beim Zelten steckte. Sein Handy, weil es neuer war als meins und ich nur die SIM-Karten austauschen musste. Sein Snowboard, indem ich es an einen Freund verschenkte, mit dem er früher schon öfters die Bretter getauscht hatte.

Ich benutze nun auch eine seiner Sonnenbrillen, da sein Modell deutlich besser in Schuss war als meines. Wir hatten beide eine ähnliche Sportbrille zum Rad- und Skifahren. Auf die Schnelle kam es früher manchmal vor, dass wir sie vertauschten. Dabei hagelte es immer völliges Unverständnis für mich, da meine Gläser fast immer jede Menge Fingertapser aufwiesen und er das überhaupt nicht leiden konnte: „Ich versteh echt nicht, wie du da durchsiehst!" Tja, wenn ich heute beim Joggen seine Sonnenbrille aufhabe, grinse ich schon ab und zu in den Himmel, wenn ich merke, wie ein Fingerabdruck auf diesem Heiligtum vor meinem Auge schwebt...

Gegenstände müssen bei mir benutzt werden. An den vielen Tagen nach dem Todesfall, an denen ich immer mal wieder Andis Tasse mit Kaffee in der Hand hielt oder sie Svenja mit einem Kakao darin hingestellt habe, entlockte sie mir ein Lächeln. Ich habe mich immer dagegen gewehrt, eine Art Altar oder eine Vitrine mit seinen persönlichen Erinnerungsstücken zu errichten. Das lag mir völlig fern. Ich wollte auch meine Tochter von ständigen Rufen wie „Nicht anfassen!" verschonen. Doch wenn man Dinge gebraucht, läuft man eben auch Gefahr, dass diese einmal kaputtgehen. Wir haben sicher zwanzig alte und nicht zusammengehörige Becher in der Küche stehen. Und von diesen musste mir natürlich ausgerechnet die Alabama-Tasse herunterfallen. Geärgert hat es mich schon. Und ein bisschen wehmütig war ich auch. Die vielen Male, die ich sie jedoch in Gebrauch hatte und kurz an ihn gedacht habe, sind tausendmal besser als das Stehen in einer Vitrine, in der man nur etwas bewegt, wenn man alle paar Jahre mal abstaubt. Ich verwende die Sachen von Andi lieber im Alltag und setze mich der Gefahr aus, sie zu verlieren und eventuell auch loslassen zu müssen. Mein Leben geht aber auch dann weiter.

Es ist nicht so, dass meine Trauer über die einzelnen Verluste, die mit dem Todesfall von Andi verbunden sind, mit der Zeit einfach völlig verschwindet. Das Leben wandelt sich nicht von ganz Schwarz in ganz Weiß. Trotzdem gibt mir diese Art des Erinnerns und des Loslassens von Tag zu Tag Kraft. Und das ist es, was mir guttut.

KAPITEL 9

Regenbögen fallen nicht vom Himmel
Wieso Sie Ihr altes Leben nicht ausradieren müssen

Ich halte mir die Hand als Sonnenschutz vor die Augen und schaue den Berg hinauf. Etwa eine Viertelstunde Fußweg trennt uns noch von der kleinen Almhütte. Unsere Mitwanderer sind bereits vorausgegangen, Svenja und ich trotten seit einer Weile langsam hinterher. Wir haben die Breitachklamm durchwandert und sind nun über die Alpe Dornach, eine Hütte mit Gästezimmern und Restaurant, auf dem Rückweg. Es ist früher Nachmittag und die Augustsonne brennt erbarmungslos vom Himmel. Das lichte Waldstückchen, das wir in der letzten halben Stunde durchquert haben, bot uns ein schattiges Dach. Nun aber lassen zusätzlich Hitze und Sonne die Beine der Kinder schwer werden. Aus diesem Grund wollen wir auf der Hütte vor dem Abstieg noch eine kleine Pause einlegen. „Mama, ich kann echt nicht mehr." Der Ton meiner Tochter ist alles andere als heiter. „Kannst du mich tragen?" Bei aller Liebe. Aber das schaffe ich nicht mehr. Meine Fünfjährige bringt mittlerweile zwanzig Kilo auf die Waage. Sie tut mir leid, denn sie hat wirklich schon eine ganz schöne Strecke zurückgelegt. Aber ich weiß auch keine andere Lösung als Durchhalten und langsam einen Fuß vor den anderen setzen. Für ihren

Papa wäre das Schultern kein Problem gewesen. Mal wieder wandert mein Blick Hilfe suchend in den Himmel und plötzlich kommt mir eine Idee.

„Weißt du was, Svenja? Der Papa hat mit dem Uropa Oskar im Himmel eine Wette geschlossen. Der Papa glaubt ganz fest daran, dass du es alleine bis zur Hütte schaffst, der Uropa glaubt das nicht. Was meinst du, wer gewinnt?" Svenja sieht mich verdutzt an und zieht die Nase kraus. Einen Moment ist es still. Dann kommt es wie aus der Pistole geschossen: „Der Papa soll gewinnen." Und schon marschiert meine Tochter – angefeuert aus dem Himmel – mit unerwartetem Tempo den kleinen Pfad entlang. Die gutmütigen Kühe auf der Weide, die bunten Sommerblumen, die einladende Holzbank – all das wird von jetzt auf nachher ignoriert. Ihr Blick ist nach vorne gerichtet und sie verfolgt geradewegs ihr Ziel. Ich bin im ersten Moment völlig perplex und habe gleichzeitig ein schlechtes Gewissen, so einen Trick angewandt zu haben. Dann stelle ich mir die beiden Männer da oben im Himmel vor, wie sie gerade gespannt mein kleines Wandermädchen beobachten, lache in mich hinein und folge Svenja in Richtung Hütte.

Sie hält es tatsächlich durch. Wie eine Eins. Und das Strahlen, das sie im Gesicht hat, als sie vor der Hütte steht, ist unglaublich. Trotzdem hadere ich noch ein bisschen mit mir, selbst als wir längst im Auto sitzen und Richtung Heimat fahren. Kurz vor Stuttgart kommen wir in einen heftigen Regenschauer. Als der Flughafen von der Autobahn aus in Sicht ist, bricht die rote Abendsonne nochmals hinter den dunklen Wolken hervor. „Mama!!!", ertönt plötzlich ein

Aufschrei von der Rückbank. Erschrocken drehe ich mich vom Beifahrersitz aus nach Svenja um. Und da sehe ich es ebenfalls. Ein riesiger, leuchtender Regenbogen hat sich hinter uns aufgebaut. Er ist zum Greifen nahe und seine Farben spiegeln sich auf dem nassen Asphalt der Autobahn. Alles um uns herum glitzert und glänzt. „Svenja, der Papa hat es gesehen! Er hat gesehen, wie du auf den Berg gelaufen bist. Ganz, ganz sicher." Svenja und ich sind völlig aus dem Häuschen und ich merke ihr an, wie der Stolz sie zum zweiten Mal an diesem Tag einholt.

Ich kann es nicht fassen. Manchmal zweifle ich wirklich, ob das alles immer Zufall ist. Ich habe keine Ahnung, aber es ist, als würde Andi seine Tochter durch die Luft wirbeln und mir gleichzeitig sagen: Das passt schon, das mit der Geschichte!

Bitte Abstand halten!

Wenn ich im Zug unterwegs bin oder im Wartezimmer beim Arzt sitze, komme ich mit vielen Menschen locker ins Gespräch, wenn es um das Wetter, die Verspätung der Bahn oder die Empfehlung eines örtlichen guten Restaurants geht. Über meine Trauer kann ich in diesen Situationen nicht sprechen. Eine Unterhaltung über dieses Thema ist mit Fremden nicht möglich. Ich kann im Bekanntenkreis Urlaubsfotos oder Kinderfotos herumzeigen und mich über Reiseziele oder Kinderveranstaltungen austauschen. Bilder von der Beerdigung oder Bilder eines gezeichneten Kranken dagegen möchte keiner sehen. So etwas erschreckt, zerstört die gute Stimmung und muss man sich doch nicht anschauen! Das, was mich am meisten beschäftigt, was mich traurig macht und was ich nicht fassen kann, das kann ich kaum nach außen tragen. Denn das ist es, was mich abgrenzt. Ja, manchmal sogar ausgrenzt von den anderen, von meinem Gegenüber. Denn ich gelte nicht mehr als „normal". Ich bin jetzt anders. Ich habe etwas an mir, das anderen Angst macht. Über das sie nicht Bescheid wissen. Es wirkt fast wie eine Bedrohung: Der Tod ist plötzlich ganz nah. Ich bin quasi der Berührungspunkt, obwohl die Mehrzahl der Menschen bisher versuchte, genau diesen zu ignorieren. Als gäbe es den Tod einfach nicht. Und jetzt macht diese Nähe Angst. Und unsicher.

Wenn sich vor Svenja und mir ein Regenbogen aufbaut oder wir das Lied „Somewhere over the Rainbow" im Radio hören, ist es, als erhalten wir einen kleinen Gruß aus dem Himmel. Unsere Gedanken sind sofort bei Andi und der Dialog zwischen meiner Tochter und mir ist eröffnet. Sind wir bei solch einem Ereignis nicht nur zu zweit, kann es passieren, dass die Unterhaltung aufgrund ablehnender Reaktionen schwer ins Stocken gerät. Unseren mittlerweile sehr offenen Umgang mit dem großen Verlust kann nicht jeder unbefangen teilen. Selbst harmlose Sätze meiner Tochter wie „Mein Papa mag auch Salami!" bei einem gemeinsamen Abendessen mit Bekannten werden einfach übergangen oder es wird schnell das Thema gewechselt.

Doch wo kommt dieser verkrampfte Umgang eigentlich her? Mir selber ging es früher ja ganz genauso. Ich war unsicher und wusste nicht genau, wie ich mich verhalten, wie ich Menschen in Trauer ansprechen sollte. Wenn ich an meine Kindheit zurückdenke, war das Thema Tod nicht präsent. Ich hatte das Glück, dass mich alle vier Großeltern bis ins Erwachsenenalter begleiteten und bis dahin auch kein anderes nahes Familienmitglied oder ein enger Freund verstarb. Es gab somit keine Berührungspunkte, und genau deshalb kam es so gut wie nie zur Sprache. Bestimmt geht es vielen Menschen ähnlich wie mir früher. Und das ist nicht nur auf den Bereich Tod oder Trauer beschränkt, sondern passiert auch in Bezug auf andere Themen wie beispielsweise schwere Krankheiten, Behinderung oder kulturelle, religiöse und sexuelle Orientierung. Wenn man einen Freund mit einer Behinderung hat oder Bekannte, die aus unterschiedlichen Kulturen stammen, lernt man ganz automatisch neue Sichtweisen kennen. Wenn nicht, mangelt es an Wissen und Erfahrung im Umgang. Weiter kommt hinzu, dass der Tod immer ein Ereignis ist, das Traurigkeit weckt, die eigene Vergänglichkeit aufzeigt und Verluste birgt. Genau das macht emotional, Angst und hemmt. Dafür ist im Alltag wenig Platz. Das Leben soll lieber schön und erfreulich sein und am besten auch die Dinge, mit denen man sich beschäftigt. Aus diesen Gründen hält man das Thema Tod gerne fern von sich.

Warum tun wir uns denn alle so schwer damit, über solche Themen zu sprechen beziehungsweise mit ihnen souverän umzugehen?

Privat bleibt privat, oder nicht?

"Bei der Bestatterin, die mir nach Andis Tod zur Seite stand, gibt es sogar eine kleine Werkstatt, in der man Särge selber bemalen und gestalten kann. Ich fände es gut, wenn jedes Kind zum Beispiel mit seiner Schulklasse einmal die Gelegenheit bekäme, einen Sarg zu bemalen, und dabei nebenbei erfährt, was nach dem Sterben und bei einem Bestatter genau passiert." *Meine Worte sind mehr laute Gedanken, denen ich zunächst selber noch nachhänge. Doch die Antwort, die mir von einem Freund lautstark entgegenhallt, reißt mich sehr energisch aus meinen Überlegungen:*

"Was? Dass meine Tochter an so einer Veranstaltung teilnehmen soll, das käme für mich nicht infrage!"

"Warum denn nicht?", antworte ich perplex.

Mein Gegenüber sucht nach Argumenten, aber es kommen nur Satzanfänge. Die genaue Antwort bleibt er mir schuldig.

Als meine Tochter noch den Kindergarten besuchte, gab es eine abendliche Elternveranstaltung, in der es um die Thematik „Kinder und das Thema Tod" ging. Die Veranstaltung war organisiert von der Diakonie und eine Mitarbeiterin wollte die Eltern darauf vorbereiten, wie Kinder mit diesen Fragen umgehen, was sie bewegt und wie man dieses Thema kindgerecht bespricht. An diesem Abend saßen neben mir und einigen Erzieherinnen nur drei weitere Elternteile: eine Mutter aus Ruanda, die den Völkermord in diesem Land selber erlebte und dabei viele Familienangehörige verloren hatte, eine Mutter, deren Schwiegermutter erst kürzlich verstorben war, und ein Mitglied des Elternbeirates. Alle weiteren Eltern der über vierzig Kinder blieben dieser Informationsveranstaltung fern. Warum? Weil der Tod sie nicht betrifft? Weil man Kinder doch nicht mit solch schwierigen Dingen belasten muss? Oder weil sie selber damit nicht konfrontiert werden möchten? Ich kann es nicht nachvollziehen. Klar ist nur, dass wir, die da saßen, den Tod nicht einfach ignorieren konnten. Wir sprachen bereits mit unseren Kindern darüber. Gerade wir hätten diese Veranstaltung höchstwahrscheinlich nicht besuchen müssen.

Die geringe Zahl der Teilnehmer und das wenige Interesse erschreckten mich damals sehr. Es zeigte mir wieder einmal, wie wenig Raum viele Menschen dem Thema Tod geben möchten, selbst wenn man ihn nur auf einer Informationsveranstaltung abstrakt und ohne konkreten Anlass diskutiert. Im Kleinen zeigt sich hier, was im Großen eine gesellschaftliche Regel ist: Über den Tod spricht man nicht. Der Tod ist privat, passiert im Stillen, in der Familie, im Einzelfall. Oder in einer Vielzahl in den Medien, wenn Journalisten über hohe Opferzahlen von Erdbeben, Kriegen oder Anschlägen irgendwo auf der Welt berichten. Doch Nachrichten anschauen oder über Nachrichten reden ist ein großer Unterschied. Das Zweite hat wenig Platz in geselliger Runde, im Sportverein oder in der Schule. Und so fehlt der Austausch, um sich unterschiedliche Positionen vor Augen zu führen und Vorurteile abzubauen. Dass wir alle irgendwann sterben müssen, ist Fakt. Das weiß jeder. Doch diese

Tatsache möchte man nicht allumfassend besprechen, darüber möchte man so wenig wie möglich hören und ihr auch keinen Platz einräumen. Leider schafft man auf diese Art einen unfreien und verklemmten Umgang, der sich auf jeden Einzelfall auswirken kann und häufig mit großer Unsicherheit im Verhalten endet.

Zum Glück gibt es immer wieder Institutionen, die den Mut haben, diese eingeschlichene Regel, dieses ungeschriebene Gesetz, zu brechen: Um dem großen Tabuthema Tod entgegenzutreten, konzipierte die ARD im Jahr 2012 eine ganze Fernsehwoche, in der es um das Thema „Leben mit dem Tod" ging. Mehrere Tage bot das Programm Beiträge, in denen Diskussionsteilnehmer über das Sterben sprachen, in denen Menschen zu Wort kamen, die genau das in Kürze erleben sollten, und Angehörige, die schwer kranke oder alte Menschen auf diesem Weg begleiteten. Der Sender zeigte Schicksalsschläge, die sonst nur sehr selten in den Medien zu finden sind. Ich finde das gut, dass die ARD diesem Thema einen so großen Raum gab. Es fiel auf. Sogar sehr. Es war etwas Besonderes. Das zeigt aber auch, dass es sonst eben wenig Platz dafür gibt. Eine ähnliche Aufmerksamkeit bekam auch der ehemalige Fußballnationalspieler Thomas Hitzlsperger zu spüren, als er sich kürzlich öffentlich zu seiner Homosexualität bekannte. Ein weiteres Tabu unserer Tage. Der Wirbel war so groß, dass sich nach Bekanntgabe des Outings sogar der Regierungssprecher veranlasst sah, dies zu kommentieren, und man es in Talkshows spontan zum Sendethema machte.

Natürlich hat nicht jeder so einen hohen Bekanntheitsgrad wie dieser Fußballspieler. Und es ist ja auch nicht wünschenswert, dass man jedes Ereignis groß in der Öffentlichkeit diskutiert. Erstrebenswerter wäre es, wenn Tabuthemen zukünftig eben nicht mehr tabu, sondern präsent wären, sodass ein einzelnes Coming-out nicht solch einen Rummel erzeugen würde und eine Themenwoche gar nicht notwendig wäre. Ich persönlich wünschte mir nach dem Todesfall von den Menschen in meiner Nähe einfach einen offenen Umgang mit mir und mit dem Thema Tod und Sterben. Ich wollte mich nicht ausgegrenzt fühlen allein durch die Tatsache, dass etwas zwischen uns stand, was ich betrachten und manch anderer ignorieren wollte. Schon bei der normalsten Frage der Welt, „Wie geht es dir?", habe ich mir oft gewünscht, dass tatsächlich eine ehrliche Antwort erwartet wird und nicht nur ein floskelhaftes „Gut, und dir?". Denn eine ehrliche Antwort meinerseits auf diese Frage führte nicht nur einmal zu einem völlig entsetzten Gesichtsausdruck meines jeweiligen Gegenübers.

Was aber kann man tun? Auf einen Wandel in der Gesellschaft warten? Das denke ich nicht. Ich bin der Meinung, dass Sie die Dinge selber in der Hand haben und somit auch die Möglichkeit besitzen, eine Regel individuell zu brechen.

Koautoren gesucht

„Mama, schau mal." Meine Tochter hält mir begeistert die neue Prinzessinnen-Bettwäsche unter die Nase. Neben ihr flackern vier Kerzen fröhlich im Geburtstagszug, der wie immer, umringt von vielen Smarties, Blumen und dem Marmorkuchen, auf dem Tisch steht. Gleich nachdem ich die Bettwäsche für „sehr schön" erklärt habe, fliegt sie auch schon auf den Boden und das nächste Geschenk gerät in den Blickpunkt. „Puh, das ist ja schwer!" Das Päckchen plumpst auf den Teppich. Ich halte den Atem an, als sie ungestüm das lila Papier aufreißt. Auf Geschenkbänder habe ich wohlweislich verzichtet. „Da ist ja der Papa drauf." Die Stimme meiner Tochter klingt erstaunt und neugierig. „Ja, mein Schatz, denn das ist ein Papa-Buch. Da sind ganz viele Fotos und Geschichten über den Papa drin." Eifriges Blätterraschen ist zu hören. „Mama, da bist ja auch du. Und ich!" In ihrem kurzen, rosa-weiß gestreiften Schlafanzug hockt sie auf dem Boden und wendet begeistert Seite um Seite. Bei jedem bekannten Gesicht ertönt erneut ein freudiger Ausruf. Die anderen Päckchen sind kurzzeitig vergessen. Doch Bilder anschauen reicht ihr. Der Text interessiert heute noch nicht. Zwei Jahre sind seit dem Tod ihres Vaters vergangen. Nun hält sie das wundervolle Erinnerungsstück in ihren kleinen Händen: ihr einzigartiges Papa-Buch.

Ich habe die Regel gebrochen und von Freunden und Familie sogar noch mehr gefordert, als „nur" über den Tod zu reden. Ich habe sie darüber schreiben lassen. Wie ich das angestellt habe? Ja, das war anfangs kein Vorsatz, sondern erst einmal eine noch nicht ganz ausgereifte Idee.

Nach Andis Tod fühlte ich mich abends allein im Wohnzimmer schrecklich verloren. Tagsüber war ich unterwegs, traf Freunde und Familie. Nachdem ich aber meine Tochter ins Bett gebracht hatte, verkrümelte ich mich regelmäßig zur Ablenkung vor den Computer. Ich begann festzuhalten, was mich am meisten beschäftigte – die vergangenen zehn Monate. Ich schrieb in Brieffform an meine Tochter, was geschehen war. Als ich damit fertig war, hatte ich eine Krankengeschichte dokumentiert. Doch das war mir als Erinnerung zu wenig. Es folgten schriftliche Berichte über ihre Geburt, Andi als Papa, unseren etwas holprigen Beziehungsstart und das Wachsen einer intensiven Liebe. Ich stellte die Charaktere ihrer Eltern gegenüber und beschrieb Andis leidenschaftliches Hobby als Regattasegler, seine Lieblingsfarbe Gelb, seine Angewohnheit, Croissants in den Kaffee zu tauchen, oder seinen Musikgeschmack. Es wurde immer mehr. Irgendwann war mir selbst das zu wenig. Ich wollte, dass meine Tochter ihren Papa umfassend kennenlernt, wozu sie selbst mit zwei Jahren noch nicht in der Lage war. Und genau dafür benötigte ich weitere Perspektiven.

Ich wandte mich mit einer E-Mail an Freunde und Familienmitglieder und bat sie, ebenfalls einen Brief an Svenja zu schreiben, in dem sie über Andi erzählten oder einfach eine Begebenheit schilderten, die ihnen in guter Erinnerung geblieben ist. Aus all diesen Briefen wollte ich schlussendlich über einen Selbstverlag ein richtiges Buch herstellen lassen. Die ersten Reaktionen waren verhalten, wenn auch viele die Idee an sich für gut hielten. Trotzdem war damit eine Gesprächsgrundlage geschaffen. Das Buch war Thema: „Ich muss mich mal in Ruhe hinsetzen…", „Ich weiß noch gar nicht genau, was ich schreiben soll", „Gibt es schon Briefe?" – genau diese Ansätze führten zu Gesprächen. Letztendlich erhielt ich 20 einzigartige wertvolle Briefe einschließlich vieler Fotos. Mehr, als ich je zu hoffen gewagt hatte.

Vielleicht ist es bei vielen Menschen in der Gesellschaft eine Regel, dass man über den Tod und alles, was damit verbunden ist, nicht spricht. Bei mir war es anders. Ich habe diese Regel ausgehebelt. Sowohl die Beerdigung mit dem Lied und dem Symbol des Regenbogens als auch später das Buch gaben mir Anlass zu Gesprächen. Und gerade in den Briefen kam deutlich zum Ausdruck, was auch andere durch den Tod verloren hatten. Andi fehlte eben nicht nur mir, Svenja und seiner Mutter. Er fehlte überall. Als guter Freund, als verlässlicher Kollege, als Mitglied des Regatta-Teams, als liebevoller Onkel… Diese Menschen waren nicht nur Publikum und Zuhörer meiner Trauer. Sie trauerten ebenfalls. Sie waren Mitbetroffene, hatten ebenfalls jemanden verloren, den man nicht ersetzen kann. Und genau darauf kommt es an. Ein Todesfall trifft nicht nur eine einzelne Person. Er zieht Kreise, große und kleine. Diesen Raum muss man als nächster Angehöriger sehen. Denn genau dort können wir Menschen einbinden, die letztendlich etwas Großartiges zurückgeben – ein Zusammengehörigkeitsgefühl und somit die Flucht aus der Isolation.

Es ist das Schaffen einer gemeinsamen Ebene, denn alle sind über das Geschehene geschockt. Haben Angst. Fühlen Entsetzen. Diese Gefühle zu teilen, ist wichtig. Im Austausch. Und um zu erfahren, was in dem jeweiligen Gegenüber vor sich geht. Meine Freunde wissen, mit was sie mich konfrontieren können. Heute ist es im Freundeskreis normal, dass bei Treffen auch Situationen aus der Vergangenheit hervorgekramt und geschildert werden, in denen Andi vorkommt, ohne dass als Konsequenz betretenes Schweigen herrscht. Mir wird erzählt, wenn ein Radiosender das Lied mal wieder rauf und runter spielte oder es kommt vor, dass Freunde in unserem Wohnzimmer das „Papa-Buch" in die Hand nehmen und es einfach noch mal durchblättern.

Ein Tabu muss man nicht hinnehmen. Es ist ein gesellschaftliches Phänomen, mit dem ich mich nicht abfinden oder mein eigenes Leben dadurch bestimmen lassen muss. Denn wenn ich mich als Betroffener anders verhalte, dann schaffen das auch Menschen in meinem Umfeld. Ein offenes Verhalten stößt auf Resonanz. Wer Offenheit vorlebt, erhält auch die Chance, diese zurückzuerhalten, denn ein offener Umgang färbt ab! Ich zeige Ihnen, dass Sie die Kraft haben für diesen Befreiungsschlag. Jederzeit.

Die erste Geige

Nicht erst nach Andis Tod musste ich mich mit Tabus auseinandersetzen. Schon während seiner Zeit im Krankenhaus wurde ich damit konfrontiert. Ich erinnere mich an einen Tag kurz nach dem einschneidenden Krampfanfall:

Andis Krankenbett in einer Stuttgarter Klinik ist, wie schon so oft, völlig belagert. Svenja sitzt mitten auf seinem Bauch, ich seitlich neben ihm und seine Mutter steht am Bettende. Soeben brachte eine Krankenschwester einen Aufbau-Shake mit Erdbeergeschmack. Das Schlucken fällt Andi seit Tagen sehr schwer und diese flüssige Nahrung soll ihm Erleichterung beim Essen verschaffen. Durch den Krampfanfall vor wenigen Tagen kann er sich nicht mehr selbstständig aufrichten. Svenja hält ihm deshalb fürsorglich den Becher und den Strohhalm entgegen. „Klick." Der Auslöser der Fotokamera meiner Schwiegermutter ist zu hören. Mittlerweile stört mich das nicht mehr. Sie fotografiert seit Monaten unseren Alltag, ihren Sohn, egal welche Situation auch kommt. Anfangs rebellierte ich innerlich. So etwas muss man doch nicht festhalten! Andi dagegen zuckte nur gelassen mit den Schultern, als ich es ihm gegenüber ansprach. Und nachdem er mir einmal Fotos unter die Nase hielt, die eine Mitarbeiterin des Krankenhauses auf seinen Wunsch hin aufgenommen hatte und die ihn bei der Bestrahlung mit Maske vor dem Gesicht zeigen, habe ich aufgegeben, mich innerlich gegen Bilder meines kranken und gezeichneten Mannes zu wehren.

„Das macht man doch nicht!", „Wie sieht denn das aus?", „Das geht doch nicht!", „Muss das sein?". Diese und ähnliche Sätze schleichen sich in den unterschiedlichsten Situationen immer wieder spontan in unsere Köpfe. Und zwar immer genau dann, wenn wir unsicher sind, wenn wir nicht genau Bescheid wissen oder uns etwas Unübliches begegnet. Auch ich war anfangs im Umgang mit der Krankheit gehemmt. Das zeigte sich schnell bei den Fotos meines schwer kranken Mannes. Egal, für wie offen und tolerant wir uns halten, diese Sätze kommen. In einer ersten Reaktion. Und zwar, weil sie stillschweigend praktizierte gesellschaftliche Regeln oder Prägungen widerspiegeln, die wir bisher nicht infrage gestellt haben, weil es keinen Grund dafür gab. Tabus beeinflussen unser Handeln ganz schnell. Manchmal ist es nur das Zögern, den Kollegen auf seine Krankheit anzusprechen. Zum Glück heißt das nicht, dass wir diesem Korsett ausgeliefert sind, denn es gibt immer mindestens einen, der in so einer verkrampften Situation das Ruder in die Hand nimmt und uns zeigen kann, dass wir uns nicht von irgendwelchen Verhaltensregeln ausbremsen lassen müssen.

Und wer könnte das besser als der am härtesten Betroffene in einer Krisensituation: ein schwer kranker Patient, ein nächster Angehöriger nach einem Todesfall, ein durch Behinderung gezeichneter Mensch. Genau diese Personen haben die größte Macht, Einfluss auszuüben und gesellschaftlichen Vorgaben entgegenzutreten. Denn diese sind gestaltbarer, als man anfangs denkt. Sie erinnern sich noch an den offenen Umgang, der abfärbt? Ja, wie genau färbt der denn nun ab? Nur wenn die am stärksten betroffene Person Offenheit demonstriert, über ihr Schicksal spricht oder in einer anderen Form Gesprächsbereitschaft signalisiert, dann können das auch andere. Wenn diese abblockt, sich zurückzieht und schweigt, dann schweigt auch das Umfeld. Menschen richten sich nach demjenigen, der die Tonart vorgibt. Wie auch die Musiker im Orchester sich nach der ersten Geige richten. Genau das habe ich auch gemacht, als es um die Fotos ging. Andi setzte sowohl mir als auch seiner Mutter gegenüber klare Zeichen. Und obwohl mir anfangs andere Gedanken durch den Kopf schwirrten, habe ich mein Verhalten angepasst, ja ich habe das Fotografieren mit der Zeit nicht einmal mehr als störend empfunden und heute bin ich froh über jedes einzelne Bild als Erinnerung an die letzte Zeit mit ihm.

Hat sich ein Betroffener für einen offenen Umgang entschieden, muss er diesen auch demonstrieren. Das ist der wichtigste Schritt. Realisierbar ist das durch die unterschiedlichsten Gesten. Eine Form davon sind bestimmt eindeutige und ehrliche Worte. Aber auch die Aufforderung, einen Brief für Svenja zu schreiben, gehörte dazu. Meine Freundin Ute entschied sich während ihrer Krebserkrankung statt für das Tragen einer Perücke für ein Kopftuch. Ein klares Signal! Denn über ein Kopftuch kann man nicht hinwegsehen, über eine Perücke schon. Sie argumentierte: „Mit Perücke erkenne ich mich nicht. Das bin nicht ich. Ich bin krank. So fühle ich mich. Und das kann auch jeder sehen." Eine starke Haltung, vor der ich immer noch den Hut ziehe, denn sie hielt das durch, egal ob bei der Einschulung ihres Sohnes, beim Einkaufen oder abends, als wir einmal gemeinsam während dieser Zeit in einer Bar saßen.

Diese Form der Konfrontation mit einer schweren Krankheit kann für Außenstehende hart sein. Denn ich will nicht behaupten, dass mit der eindeutigen Vorgabe des am stärksten Betroffenen gleich alle Welt darauf anspringt und bereit ist, ebenfalls Offenheit an den Tag zu legen. Das ist sogar eher die Ausnahme. Viele Menschen brauchen etwas Zeit, um sich zu öffnen. In dieser Situation aber einfach abzuwarten, kann schiefgehen.

Schreiben braucht Zeit

Liebe Svenja,
ich muss oft an Deinen Papa denken, und immer sehe ich ihn mit dem großen freundlichen Lachen im Gesicht und einem flotten „Hey Mary!" auf den Lippen.
Ich kann mich noch genau an seine Stimme erinnern – wir haben aber auch wirklich viel gequatscht und viel zusammen gelacht. Man konnte so viel Spaß mit ihm haben! Richtig gut kennengelernt haben wir uns, als wir in der 12. und 13. Klasse nebeneinander im Physik-Grundkurs saßen. Ich glaube, wir haben beide nicht so recht gewusst, was wir da eigentlich sollen, und so haben wir uns die Zeit mit allen möglichen Sachen vertrieben – außer Physik.
Einmal hatte Dein Papa ein Überraschungsei dabei, und in diesem war ein kleiner grüner Spielzeugfrosch. Wenn man diesem auf den Kopf gedrückt hat, ist er in die Luft gesprungen und hat einen Salto gemacht. Wir lagen unter der Bank vor lauter Lachen und seither musste der kleine Frosch in den beiden Jahren bestimmt Hunderte von Saltos absolvieren – und jedes Mal mussten wir aufs Neue losprusten.

Den kleinen Frosch habe ich heute noch und weil wir immer so viel Spaß hatten, habe ich mich immer richtig auf Physik gefreut. Das Beste war, dass wir es trotzdem auch immer wieder geschafft haben, mit guten Physik-Noten nach Hause zu kommen. Immer wusste der eine, was der andere nicht wusste – und wir waren richtig gut darin, diese Informationen unauffällig auszutauschen.
Dein Papa ist überhaupt einer der hilfsbereitesten Menschen gewesen, den ich kenne. Man konnte ihn immer und jederzeit um Rat fragen und hatte nie das Gefühl, dass es ihn stört oder dass er mal keine Zeit für einen hat. Außerdem kann ich mich überhaupt nicht erinnern, dass Dein Papa mal richtig böse auf jemanden geworden wäre. Ich glaube, er hat einfach immer das Gute in jedem Menschen gesehen.
Ich bin sehr froh, dass ich Deinen Papa kannte und er fehlt uns sehr.
Maria

Hätte ich mich nach meiner ersten E-Mail, in der ich andere zum Briefeschreiben aufforderte, zurückgelehnt und abgewartet, wären wahrscheinlich nur zwei oder drei Briefe geschrieben worden. Meine Aktion wäre im Sande verlaufen und hätte ein ungutes Gefühl bei mir und auch bei vielen anderen zurückgelassen. Das Schreiben war bei mir ein Ventil. Viele andere standen damit jedoch vor einer echten Herausforderung. Schließlich hatte ich sie aufgefordert, sich intensiv mit etwas auseinanderzusetzen, was sie zwar tief bewegte, sie aber dennoch mit gewissem Abstand betrachteten. Ich dagegen wachte morgens in dem Bewusstsein auf, dass Andi nicht mehr da war, und ging mit den nicht weichenden Gedanken abends wieder schlafen. Durch das Schreiben hatte ich in dieser Phase einen Weg gefunden, etwas besser mit meiner Trauer umzugehen. Aber es war mein Weg. Den konnte ich nicht von heute auf morgen anderen überstülpen. Bei einem so wenig in der Öffentlichkeit diskutierten und präsenten Thema wie dem Tod konnte ich nicht einfach einen Wunsch äußern und dann davon ausgehen, dass die Mehrzahl der Empfänger sich begeistert hinsetzt und schreibt.

Als am härtesten betroffene Person hat man einfach keine Möglichkeit, einem Schicksal auszuweichen, es zu ignorieren. Es begleitet einen Tag für Tag. 24 Stunden am Stück. Eine Behinderung, eine Krankheit, ein Verlust oder Trauer verfolgen einen auf Schritt und Tritt. Entscheidet man sich für einen offenen Umgang, lebt man auch diesen täglich. Ein Tabuthema ist nicht mehr tabu – es gehört plötzlich zum Alltag. Ganz anders ist das für Außenstehende. Selbstverständlich nimmt die Konfrontation mit den genannten Themen deutlich weniger Zeit in Anspruch. Eine sehr ungleiche Zeitverteilung. Und genau das ist der Grund, warum es auch eine gewisse Zeit braucht, bis Außenstehende den gleichen offenen Umgang wie ein Betroffener lernen können. Sie müssen sich erst an das Thema herantasten. Langsam. Und sie wollen dabei den Betroffenen auch keinesfalls verletzen. Um Ausweichen geht es oft gar nicht.

Ich wurde also erneut aktiv. Egal, wo ich war oder wen ich traf – ich fragte nach. Ich erklärte, warum mir dieses Buch so wichtig war und warum jeder einzelne Brief später einmal eine enorme Bedeutung für Svenja haben würde. Ich äußerte ebenfalls Verständnis, dass so etwas zu schreiben Zeit braucht. Und ich akzeptierte, wenn mir jemand erklärte, dass er dazu nicht in der Lage wäre. Schließlich ist das ebenfalls eine Art von Offenheit. Sogar eine, die mir deutlich lieber ist, als wenn man ausweicht oder sich überhaupt nicht äußert. Menschen sind verschieden, genauso verschieden ist auch ihr Umgang mit bestimmten Themen. Aber egal, ob geschrieben wurde oder nicht: Der Todesfall war Gesprächsthema und genauso unsere Trauer, unsere Fassungslosigkeit darüber und das gemeinsame Erinnern an viele schöne Tage.

Offenheit zeigt sich nicht nur in einer ersten herausfordernden Geste. Offenheit muss man leben, und zwar zusammen mit anderen, die ebenfalls betroffen sind. Indem man sie einbindet und akzeptiert, dass Öffnen Zeit braucht. Und indem man auch anerkennt, dass es immer wieder Menschen im Umfeld gibt, die diese Offenheit nicht leben können. Das ist einfach so. Umso mehr sollte man sich auf diejenigen konzentrieren, die einen wirklich begleiten. Mit ihnen kann man sich erinnern und wird nicht dazu genötigt, sein bisheriges Leben auszuradieren, nur weil die anderen nicht zurückblicken möchten.

Der Wandel der Gedanken

Und immer sind da Spuren deines Lebens,
Gedanken, Bilder und Augenblicke.
Sie werden uns an dich erinnern,
uns glücklich und traurig machen und dich nie vergessen lassen.
Joseph von Eichendorff

Bei uns ist diese Erinnerung von bunten Farben geprägt.

„Jedes Mal, wenn ich einen Regenbogen sehe oder das Lied „Somewhere over the Rainbow" höre, muss ich an Andi denken." Diese Worte habe ich in den letzten Jahren von vielen gehört. Auch für mich selbst und besonders für meine Tochter ist dieses Symbol von unschätzbarem Wert.

Doch die positiven Gefühle, die wir heute beim Anblick eines Regenbogens empfinden, waren nicht immer da. Marko äußerte einmal nach der Beerdigung über das Lied: „Es ist verbrannt. Es tut so weh, dass ich es nicht mehr anhören kann." Für ihn war das schöne Lied mit Schmerz und Trauer verbunden.

Heute ist das anders. „Es ist, als hätte ich zum Hörer gegriffen und mit Andi telefoniert. Ich kann wieder durchatmen." Mir selbst geht es ganz ähnlich. Als ich es zum ersten Mal nach dem Tod öffentlich in einem Einkaufszentrum hörte, wusste ich kurzzeitig vor Schmerz und Irritation nicht, was ich tun sollte. Ich rannte umher wie ein aufgescheuchtes Huhn und gab bestimmt für andere ein seltsames Bild ab. Heute hingegen ist es wie ein Gruß aus dem Himmel, den ich annehmen und über den ich mich freuen kann, egal wo ich gerade bin.

Linda, eine gute Freundin von Andi, schilderte mir nach der Geburt ihrer Tochter folgende Szene: Als sie mit ihrem Mann und ihrer neu geborenen Tochter nach einem heftigen Gewitter das Krankenhaus verließ und die Eingangstür öffnete, zeigte sich einer der gewaltigsten Regenbögen, die sie je gesehen hatte. Laney ist ein lang ersehntes Wunschkind und in diesem Moment nahm Linda diesen Regenbogen als Zeichen wahr. Es war ein starker emotionaler Moment für sie. Doch er war positiv, wenn auch die Tränen nicht aufhören wollten zu fließen.

Solche Regenbögen fallen nicht einfach vom Himmel! Und ich meine jetzt nicht das Wetterphänomen, sondern das Erinnern an einen Schicksalsschlag und unseren offenen Umgang damit. So etwas passiert nicht von alleine. Dafür muss man etwas tun. Und Formen finden. Das braucht Zeit. Ich hatte auf den Trauerkärtchen bei der Beerdigung Andis Sterben als schweren Gang über den Regenbogen bezeichnet und die Hoffnung ausgesprochen, dass wir uns durch die bunten Farben des Regenbogens vor allem an seine Lebensfreude, seinen Optimismus und seine Herzlichkeit erinnern. Dieses Bild und auch das Lied haben sich mittlerweile verselbstständigt. Wie wir im Einzelfall das jeweilige Erscheinen deuten, ist nicht wichtig. Das Bedeutende ist die Kraft, die uns heute ein Lied oder ein Regenbogen gibt, die positiven Gefühle, das Erinnern und das anschließende miteinander Reden. Regenbögen sind bei uns eine Verbindung – sowohl zu Andi als auch zu den Menschen, die uns nahestehen. Und das ist es doch, worauf es ankommt.

Es muss nicht unbedingt ein Regenbogen sein, der dabei hilft, sich nach einem Schicksalsschlag an die schönen Dinge zu erinnern und diese auch in der Gegenwart bewusst und offen auszusprechen und zu leben. Dem leidenschaftlichen Autofahrer, der nach einem schweren Unfall im Rollstuhl saß, half ein besonderes Auto, um wieder ins Leben zurückzufinden. Bei dem Verlust eines geliebten Menschen können wir uns an die schönen Momente erinnern und uns bewusst Bilder vor Augen führen, die uns an diesen Menschen erinnern und uns mit ihm verbinden. Es ist wichtig dabei, nicht nur in Erinnerungen der Vergangenheit zu schwelgen, sondern bewusst Symbole, Bilder oder Objekte aus vergangener Zeit in die Gegenwart zu holen, wo sie einen neuen Platz und eine neue Bedeutung haben und uns helfen, unser altes Leben nicht durch ein neues auszutauschen. Das Vergangene kann helfen, die Gegenwart bewusst zu erleben und zu gestalten – statt unser altes Leben auszuradieren, nehmen wir den Stift in die Hand und erweitern unser Lebensbild.

KAPITEL 10

Stärker als zuvor

Warum es gut ist, dass Sie anders sind

„Clown oder Clownin?", fragt Bernhard Bayer, Leiter des Kinder- und Jugendhospizdienstes, eine bunt gekleidete Frau in der zweiten Reihe der Kirche. „Egal", ruft es fröhlich zurück. Clown Confetti richtet sich kurz auf, um sich dann wieder gemütlich und ausgestreckt auf die Kirchenbank sinken zu lassen. Ein leises Glucksen und Raunen ist von verschiedenen Stellen zu hören. Viele fragende Gesichter. Ein Clown in der Kirche? Das geht doch nicht! Oder doch?

Ihr Erscheinungsbild ist lustig: eine rote Knollennase, die sie häufig kräftig drückt, eine bunte weite Hose und eine Sonnenblume in der Hand, mit der sie sich immer mal wieder versonnen die Zöpfe kämmt. Sie bringt Unruhe und Farbe in den sonst so geregelten und immer ähnlichen Ablauf des Sonntagsgottesdienstes.

Nein, es ist wirklich kein gewöhnlicher Gottesdienst, der heute, am Faschingssonntag, hier in Stuttgart in einer katholischen Kirche abgehalten wird. Er ist anders. Und auch die Menschen sind anders. Unter den Gemeindemitgliedern sind verkleidete Kinder, Erwachsene mit bunten Hüten und ein Clown. Es sind Menschen, die sich mit einem Mal von der Masse abheben. Und Svenja und ich gehören dazu. Wir alle haben gemeinsam, dass wir einen nahestehenden

Menschen verloren haben oder diesen in absehbarer Zeit verlieren: ein Elternteil, einen Partner, eine Schwester, einen Bruder oder ein Kind.

„Rot oder grün?", schelmisch grinsend steht der Clown vor Svenja und hält ihr zwei Plastikbälle unter die Nase. Sie schaut mich überrascht an. Die Predigt ist in vollem Gange. Der Pfarrer liest aus der Bibel, ohne sich um das Geschehen im Kirchenschiff zu kümmern. Svenjas Blick spricht Bände: Darf ich den Ball jetzt nehmen? „Such dir einen aus", flüstere ich ihr zu und sie greift nach dem roten. Schon fliegt der grüne Ball zu den Jugendlichen in der Reihe vor uns, die ihn lachend auffangen. „Komm, wirf!", raunt der Clown Svenja zu. Nach zwei weiteren Ermutigungen traut sie sich und erntet einen geräuschlosen Applaus und eine Verbeugung von der Gestalt mit roter Nase und Zöpfen. Die Dame neben ihr schaut währenddessen reglos nach vorne.

Clown Confetti schleicht weiter durch die Reihen. Wir lassen sie nicht aus den Augen. Und das geht nicht nur uns so. Viele Augenpaare folgen der bunten Gestalt und immer wieder huscht ein Lächeln über ein Gesicht oder ist ein verstohlenes Kichern zu hören. Sie verteilt bunte Bälle und kleine Rasseleier, die sie vorher kräftig schüttelt, damit die Person, die das Ei bekommt, auch genau weiß, was zu tun ist. Sie schaut in viele lachende und aufgeschlossene Gesichter. Doch teilweise wird sie auch gekonnt ignoriert. Nicht jeder greift zu dem, was ihm angeboten wird, und die beiden Messdiener sind schon fast verzweifelt wegen der immer wiederkehrenden Aufmerksamkeit, die der Clown ihnen schenkt. Mein Blick wandert zwischen den Menschen in der

Kirche hin und her. Ich sehe verschränkte Arme und irritierte Blicke, gleichzeitig aber auch viele offene und bejahende Gesten.

Aber ein Clown ist keine Witzfigur. Im Gegenteil. Ein Clown ist sehr einfühlsam – fröhlich wie traurig. Er bleibt nie lange auf einer Gefühlsebene. Das Herantasten an jedes einzelne Kind ist gekonnt. Immer wieder steht der Clown auch vor Svenja. Lächelnd. Blinzelnd. Mit schiefem Kopf und einem bunten Ball auf der ausgestreckten Hand. Und mit jedem Mal wird sie zutraulicher und mutiger, obwohl die Dame neben ihr immer noch keine Regung zeigt.

Das alte Leben passt nicht mehr

So einen Gottesdienst habe ich wirklich vorher noch nie erlebt. Und er warf bei mir einige Fragen auf. Wieso funktionierte die Rolle des Clowns in dieser Kirche bei zahlreichen Gottesdienstbesuchern und bei anderen dagegen gar nicht? Für mich wirkte der Clown auch an diesem ungewöhnlichen Ort authentisch. Wie hat er es geschafft, seinen Platz zu finden, selbst in so einer außergewöhnlichen Situation? Als Clown hebt man sich generell von der Masse ab. Aber in einer Kirche ist das nochmals eine zusätzliche Herausforderung.

Haben Sie sich auch schon mal wie ein Clown gefühlt? Und ich meine jetzt nicht das Bunte und Lustige, sondern das Anderssein. Beispielsweise in Situationen nach einer akuten Krise. Die Momente, in denen man erneut alte Lebensbereiche kreuzt: die Rückkehr an den Arbeitsplatz nach einer schweren Erkrankung, die Begegnung mit Bekannten, denen man monatelang nicht gegenüberstand oder die Wiederaufnahme eines Hobbys, das man lange Zeit nicht ausüben konnte. Es ist oft viel Zeit vergangen. Und in dieser ist viel passiert. Und zwar nicht im Umfeld, sondern bei den Menschen, die einen schweren Schicksalsschlag erlitten haben.

Zum Zeitpunkt des Schicksalsschlages fühlte man sich herausgerissen aus dem Alltag, aus der Normalität und aus seinem bisherigen Leben. Lange Zeit wünscht man sich genau diesen Alltag wieder zurück – den Anknüpfungspunkt zur Normalität. Wenn dann aber der Moment gekommen ist, in dem man wieder in Teile des alten Lebens zurückkehren soll, weicht der Wunsch plötzlich. Gründe dafür sind Ängstlichkeit, Unsicherheit und Bedenken, denn nichts ist mehr so, wie es war. Und schon gar nicht man selber. Es ist wie bei einem Puzzle, bei dem zwei Teile bisher gut ineinandergegriffen haben. Auf einmal ist ein Teil verformt und lässt sich einfach nicht mehr an den gewohnten Platz zurücklegen.

Nach dem Todesfall traf ich manchmal auf Menschen, die ich über ein Jahr nicht gesehen hatte. Und das, obwohl wir früher regelmäßig Kontakt hatten, uns immer wieder über den Weg liefen und uns jede Menge zu sagen hatten. Heute funktioniert das nicht mehr. Bei einer zufälligen Begegnung reden wir, wenn überhaupt, über das Wetter oder die Kinder. Eben etwas Neutrales. Sonst über nichts. Zwei Leben haben sich regelrecht auseinanderentwickelt. Wie kommt es dazu? Was genau hat sich verändert? Äußerlichkeiten? In manchen Krisensituationen ändern sich auch diese. Allerdings nicht zwingend. Was es in jedem Fall bei jedem einzelnen der betroffenen Menschen gibt, sind tief greifende Erfahrungen: Verluste, Verletzungen und erschütternde Erlebnisse, die prägen, Ansichten wandeln und diese Menschen verändert haben. Denn eine Krise ist identitätsbildend. Mehr, als man sich das anfangs vorstellen kann.

Was heißt das denn genau? Und wie wirkt sich so etwas aus? Spätestens in dem Moment, in dem man sich mit der Vergangenheit konfrontiert sieht, merkt man auf einmal, dass man anders geworden ist. Und dass das alte Leben einfach nicht mehr existiert. Ich konnte alten Bekannten nicht gegenüberstehen und so tun, als wäre alles wie früher. Als wäre einfach eine schlimme Zeit vorbei und nun bin ich eben wieder präsent. Die Alte. Es ging nicht. Ich war es nicht mehr. Mein bisheriger Platz war weg. Ich hatte plötzlich Angst vor Begegnungen mit meinem alten Leben, weil ich merkte, dass ich nicht einfach an der Stelle weitermachen konnte, wo ich ursprünglich unterbrochen wurde. Manche Rückkehr in alte Lebensbereiche stellt eine enorme Herausforderung dar, weil einem in dem Moment sehr bewusst wird, wie sehr man sich verändert hat. Ich verstand auf einmal, warum Menschen nach einem tief greifenden Erlebnis beispielsweise ihre Arbeitsstelle kündigen oder umziehen, um anderswo ganz neu anzufangen, an einem Ort, an dem man sie noch überhaupt nicht kennt. Man muss sich das mal vorstellen: Da hat man während einer Krise bestimmte Dinge vermisst und wieder herbeigesehnt. Und plötzlich gibt man genau denen keinen Platz mehr, sondern sucht etwas ganz Neues.

Was passiert, wenn wir versuchen, die Veränderung zu ignorieren und einfach an unser altes Leben anzuknüpfen? Diesen Versuch unternehmen viele Menschen, die einen schweren Schicksalsschlag erlitten haben, um wieder in den vertrauten Alltag zurückzufinden. Aber gibt es das überhaupt noch – das alte Leben?

Am Katzentisch

„Kommen." Zum ersten Mal seit drei Jahren betätige ich wieder die elektronische Zeiterfassung an meinem Arbeitsplatz. Es ist viel geschehen in dieser Zeit. Ich hole tief Luft und laufe langsam zum Aufzug. Meine Abteilung ist umgezogen. Das Gebäude ist mir nicht vertraut. Nur ein einziges Mal war ich hier, erst wenige Wochen zuvor. Nach dem Gespräch mit dem Abteilungsleiter bin ich geradezu wieder geflüchtet. Es ist schwierig, wieder in diese Arbeitswelt einzutauchen, auf Kollegen zu treffen, die ich lange Zeit nicht gesehen habe. Ich fühle mich, als gehöre ich nicht hierher. Jeder Krankenhausflur ist mir mittlerweile vertrauter als diese Bürogänge. Doch es gibt kein Zurück. Meine Elternzeit ist vorbei und ich muss mich ab heute um unseren Lebensunterhalt kümmern. Alleine.

Die Tür des Fahrstuhls schließt sich, und ich drücke den Knopf, um in den dritten Stock zu gelangen. Als ich vor drei Jahren meinen Arbeitsplatz verlassen habe, wusste ich nicht, wann und ob ich jemals zurückkommen werde. Ich war hochschwanger, voller Vorfreude auf die Geburt, auf unser Kind und unser neues Familienleben. Svenja sollte kein Einzelkind bleiben. Im ersten Jahr hat sich alles, was ich mir erträumt hatte, auch erfüllt. Bereits 14 Monate später wurde alles infrage gestellt. Und nun bin ich keine „normale" Mitarbeiterin, die aus der Elternzeit zurückkommt. Nein, ich bin anders. Auf einmal ganz anders. Und so fühle ich mich auch.

Ich spazierte nach meiner Rückkehr aus der Elternzeit nicht voller Vorfreude zurück an meinen Schreibtisch, sondern kam mir vor, als passte ich nicht mehr dorthin. Ich stand unter enormem Erwartungsdruck und fühlte mich allein durch das Geschehene unheimlich unter Beobachtung. Mein Kopf war voll von den Ereignissen der letzten Monate, die mich wahnsinnig beschäftigten, und ich wusste nicht, ob ich die geforderte Konzentration für die Arbeitswelt aufbringen konnte. Mir war alles fremd geworden und ich hatte das Gefühl, als erwarte man eine Person zurück, die es nicht mehr gibt. Ich hatte Angst zu enttäuschen und konnte dennoch nicht aus meiner Haut.

Diese Andersartigkeit kann man nicht einfach aufheben. Sie ist existent. Ich fühlte sie sehr bewusst. Das zeigte sich auch an anderen Stellen. Andi und ich waren beide in unmittelbarer Nähe zueinander aufgewachsen und zur Schule gegangen. Wir lebten seit Jahren am gleichen Ort und hatten einen großen Freundes- und Bekanntenkreis. Die Nachricht über seinen Tod verbreitete sich weitläufig.

Sie war Gesprächsthema. Überall. Egal, ob ich anwesend war oder nicht. Diese plötzliche, große, ungewollte Aufmerksamkeit war mir ein Gräuel und verunsicherte mich stark, denn ich hatte selber völlig die Orientierung verloren und wusste nicht, was für mich nun gut oder eben unpassend war. Was mir dagegen schnell bewusst wurde, war die Tatsache, dass ich mich nicht einfach wieder still und heimlich irgendwo einfügen konnte. Ich musste auf einmal einen neuen Platz finden, der jetzt zu mir passte.

Es gab aber auch Situationen, in denen mir mein Anderssein nicht von Anfang an bewusst war. Was passiert, wenn man versucht, nahtlos an sein altes Leben anzuknüpfen? Kann man sich in den Menschen zurückverwandeln, der man mal war, und das Gewesene einfach ignorieren? Ich habe es ausprobiert. In einem Sommer verbrachte ich mit meiner Tochter eine Woche in Bayern in einem gemütlichen Familienhotel. Was andere können, das können wir auch. Wie früher. Wir sind nun eben eine ganz kleine Familie. Dachte ich. Aber mein Vorhaben ging gründlich schief. Allein schon jede Mahlzeit wurde zum Spießrutenlauf. Jede Familie hatte einen zugewiesenen Tisch. Mal größer, mal kleiner. Je nach Anzahl der Familienmitglieder. Wir hatten den kleinsten. Den Katzentisch. Und zwar genau in der Mitte des Restaurants. Svenja und ich waren es gewohnt, zu Hause zu zweit am Tisch zu sitzen. Aber umringt von dieser Masse an Familien schmeckte es weder mir noch meiner Tochter. Und den Kindertisch am Ende des Raumes verweigerte sie trotz meiner häufigen Aufforderungen völlig: „Mama, dann musst du ja ganz alleine essen!"

Nach dieser Woche war ich geheilt. Wie konnte ich nur glauben, dass es funktioniert, so zu tun, als unterscheiden wir uns nicht von den anderen Familien. Wir waren anders. Der Versuch, sich anzupassen, war völlig sinnlos und barg nur Enttäuschungen. Ich konnte nicht mit dem Strom schwimmen. Wir konnten Tatsachen nicht einfach verleugnen. Wir waren keine vollständige Familie mehr. Und konnten diese auch nicht imitieren. Der Anblick zahlreicher Familien in Urlaubsstimmung stumpfte uns nicht ab, er schmerzte. Den alten Platz als Familie gab es für uns nicht mehr. Der Versuch, an Gewesenes anzuknüpfen, war völlig sinnlos.

Man muss eines ganz klar sehen: Der alte Platz ist weg! Das alte Leben gibt es nicht mehr. Wenn man diese Tatsachen nicht akzeptiert, sein Leben nicht neu gestaltet, den Dingen einfach ihren Lauf lässt und versucht, sich anzupassen, sind Enttäuschungen vorprogrammiert. Es gelten plötzlich andere Regeln, und denen muss man Beachtung schenken.

Genau darum geht es infolge einer Krisensituation: Veränderung kann man nicht einfach beiseiteschieben und ignorieren. Vielleicht existiert noch der alte Arbeitsplatz, die Spielerposition auf dem Fußballplatz oder der Part als Tenor im Chor. Was aber schon nicht mehr vorhanden sein kann, sind bisherige Umgangsformen von Außenstehenden, gewisse Strukturen oder Selbstverständlichkeiten. Das spürt man an Reaktionen von außen: Statt eines kleinen Plausches hört man von Kollegen nun nur noch ein kurzes Hallo auf dem Flur. Oder man merkt es an sich selbst, wenn sich persönliche Einstellungen verändert haben und man nun eben nicht mehr Tag und Nacht für die Arbeitswelt auf dem Handy erreichbar ist, sondern nur noch zu vereinbarten Sprechzeiten, weil man endlich begriffen hat, wie wichtig Auszeiten für einen selber sind.

Halten wir fest: Eine Andersartigkeit kann ich nicht aufheben. Egal, ob sie bewusst oder unbewusst existiert. Man muss sein Leben erneut in die Hand nehmen und gestalten, sonst findet man keinen passenden Platz für sich.

Herr Keuner und die Flut

Herr Keuner ging durch ein Tal, als er plötzlich bemerkte, dass seine Füße in Wasser gingen. Da erkannte er, dass sein Tal in Wirklichkeit ein Meeresarm war und dass die Zeit der Flut herannahte. Er blieb sofort stehen, um sich nach einem Kahn umzusehen, und solange er auf einen Kahn hoffte, blieb er stehen. Als aber kein Kahn in Sicht kam, gab er diese Hoffnung auf und hoffte, dass das Wasser nicht mehr steigen möchte. Erst als ihm das Wasser bis ans Kinn ging, gab er auch diese Hoffnung auf und schwamm. Er hatte erkannt, dass er selber ein Kahn war.
Bertolt Brecht

Der Clown damals in der Kirche hat es mir gezeigt: Man kann anders sein. Aber wenn das funktionieren soll, dann muss man dazu stehen. Auch wenn es auffällt. Wenn ich an meine Geschichte denke, dann bekam sie sowieso große Aufmerksamkeit. Ein Verstecken, Anpas so tun, als wäre nichts gewesen, war für mich generell undenkbar. Ich musste akzeptieren, dass ich anders war, und das auch verinnerlichen und mir bewusst machen. Das geht jedem Rollstuhlfahrer so, der nicht einfach wie früher aufstehen und mit seinem alten Leben weitermachen kann, als wäre nichts gewesen. Genauso kann eine Krebspatientin nicht plötzlich wieder ihre langen Haare ankleben und so tun, als wäre nichts passiert. Es hat sich etwas verändert. Und dazu gibt es keine Alternative. Diese Entwicklung müssen wir akzeptieren. Und schließlich bedeutet diese Veränderung ja nicht ausschließlich Negatives. Bei jedem erlebten Schicksalsschlag muss man plötzlich über den Tellerrand schauen, ob man will oder nicht. Genau das ist aber der Auslöser für manch eine veränderte Einstellung. Man selbst hat sich verändert und ist an den Erfahrungen gewachsen und stärker geworden. Der Blickwinkel ist ein anderer.

Es reicht also nicht, einfach abzuwarten und sich darauf zu verlassen, dass man den Faden des früheren Lebens schon wieder aufnehmen kann. Das klappt nicht. Genauso wenig wie bei der Geschichte von Herrn Keuner. Wir müssen auf die Entwicklung reagieren, denn sonst gehen auch wir unter. Ich musste mit meiner Tochter quasi abzweigen und mich etwas von der Masse entfernen, beispielsweise was unsere Wochenenden anging. Kein Tag unter der Woche war für uns so schwierig wie das Wochenende. Viele Türen sind samstags und sonntags für Außenstehende verschlossen. Man macht auf „Familie", wenn die Väter mal Zeit haben. Und es gab tatsächlich auch in unserem Umfeld nur wenige Familien, bei denen wir auch an diesen Tagen regelmäßig willkommen waren. Mit der Zeit habe ich gelernt, dass es nichts nutzt, mich am Wochenende zurückzuziehen und aus der Ferne Familien bei einem gemeinsamen Spaziergang zu beobachten. Ich wurde aktiv – zusammen mit meiner Tochter. Ich packte sie ins Auto und fuhr einfach los: mal in den Schwarzwald, mal in den Zoo, auf einen großen Spielplatz oder an einen Baggersee. „Nur wir?", Svenjas Entsetzen war anfangs immer deutlich spürbar. Aber bei jeder Rückkehr blickten wir auf einen schönen Tag zurück.

Das Familienhotel werden wir zu zweit nicht mehr besuchen. Was uns guttut, sind Ferien mit Freunden oder Familie. Ganz individuell. In diesem großen Kreis fühlen wir uns wohl und sicher. Doch letztendlich gibt es auch für uns nicht immer die Gelegenheit, irgendwo anzudocken. Svenja und ich haben deshalb auch eine neue Form des Urlaubmachens gefunden: Wir reisen in Städte. „Was? Mit einer Sechsjährigen?" Manche Eltern können sich das wirklich nicht vorstellen. Wahrscheinlich hätte ich es unter anderen Umständen auch nicht probiert und für viel zu früh gehalten. Aber jetzt sind wir eben anders und testen Dinge, die früher nicht so schnell in unser Blickfeld geraten wären. Unsere Reise nach Berlin bewies, dass es wunderbar funktionieren kann. Es war toll für uns beide. Und in diesem Jahr steht schon Wien auf dem Programm.

Es hat keinen Sinn, so zu tun, als wäre nichts. Wenn ich eine Krebserkrankung hinter mir habe, werden mich die Ängste immer wieder einholen und begleiten. Alle drei

Monate steht eine Nachkontrolle an, die aufwühlt und ängstigt. „Hoffentlich ist alles in Ordnung..." Es herrscht niemals mehr die gleiche Sorglosigkeit und Unbefangenheit wie früher. Es existiert eine latente Bedrohung, mit der man umgehen lernen muss und die immer wieder an die Oberfläche kommt. Das kann man weder ignorieren noch muss man es verstecken. Denn genau das beeinflusst eine neue Denkweise. Das Bewusstsein für die Endlichkeit, für die Tatsache, wie schnell ein Leben vorbei sein oder sich ändern kann, ist viel ausgeprägter. Das verschiebt Prioritäten und lässt einen durchaus auch gelassener werden, was Alltagsprobleme angeht.

Selbst wenn ich versuche, so zu tun, als wäre alles wieder in Ordnung, zeigt mir manche Konfrontation schnell, dass dem nicht so ist: Auch noch nach Jahren landet immer wieder an Andi adressierte Post in unserem Briefkasten. Kürzlich fragte mich ein Versicherungsvertreter am Telefon, ob denn mein Mann Interesse an einer privaten Zusatzversicherung hätte. Svenja wurde im Kindergarten mehrfach mit der Frage konfrontiert, wieso sie eigentlich nie von ihrem Papa abgeholt wird. Und von der Veranstaltung „Plätzchenbacken mit den Papas am Samstag" erfuhr ich erst im Nachhinein durch einen Zufall. Meine Tochter stand von Anfang an nicht auf der Teilnehmerliste.

Nach einem Schicksalsschlag hat sich sehr viel verändert. Und man weiß jetzt, dass das Leben weiß und schwarz sein kann, aber auch rot und gelb und blau und grün. Es hat Facetten, immer wieder neue, auf die man manchmal nur reagieren kann. Letztendlich ist es dieses

Wissen, das der Auslöser für ein Anderssein ist, und nicht nur die sichtbaren Spuren wie Gebrechlichkeit oder Behinderung, die ein Anderssein scheinbar belegen. Dieses Wissen bewirkt eine Veränderung, führt aber ebenfalls zu innerer Stärke. Eine Krise macht nicht nur schwach, sondern auch stark!

Wie schafft man es aber, zu dieser Veränderung zu stehen?

Die Pauschalitätsfalle

- *Unsere Woche hat sieben Tage – genau wie für jeden anderen auch.*
- *Ich fahre im morgendlichen Berufsverkehr zur Arbeit – genau wie viele Arbeitnehmer auch.*
- *Meine Tochter läuft zu Fuß in die Schule – genau wie ihre Klassenkameraden auch.*
- *Lesen ist immer noch eine große Leidenschaft von mir – genau wie für viele andere auch.*
- *Svenja lernt Flöte und geht ins Ballett – genau wie viele ihrer Freundinnen auch.*

Man glaubt, das Leben habe sich komplett verändert. Als wäre nichts mehr, wie es war. Als hätte mich mein Leben an einen Abgrund geführt und heruntergestoßen. Überlebt habe ich. Ich stehe nun aber sehr entfernt vom Rest der Welt. Nach oben schaffe ich es nicht zurück. Und selbst wenn – es wäre sinnlos! Denn mein Weg ginge dort sowieso nicht weiter.

Aber stimmt das wirklich? Ich kreuze doch immer wieder mein altes Leben und tue Dinge, die jeder andere auch tut. Und ganz anders bin ich ebenfalls nicht geworden. Zumindest erkennt man mich noch. Gerade durch den Umzug treffe ich immer wieder auf alte Klassenkameraden oder deren Eltern, die Reaktionen zeigen. Auch mein Lieblingsessen ist seit vielen Jahren dasselbe. Ich hatte schon immer eine Vorliebe für die Farbe Blau und sehe abends gerne das *„heute-journal"*.

Es ist also nicht alles anders, obwohl man nach einem Schicksalsschlag schnell auf die Veränderung fixiert ist. Es stimmt aber nicht, dass alles anders ist. Auch wenn die aufgeführten Dinge natürlich nur Kleinigkeiten betreffen und ich mich manchmal schon als Sonderling fühle. Ich glaube aber trotzdem, dass das ein ganz wichtiger Punkt ist, den man sich vor Augen führen sollte. Durch einen Schicksalsschlag hat sich bestimmt vieles verändert – aber eben nicht alles. Ein Pauschalurteil ist völlig fehl am Platz. Man muss differenzieren und trennen, was denn wirklich noch Bestand hat. Seine alte Arbeitsstelle wieder einzunehmen, ist ganz klar ein Anknüpfungspunkt an das „alte" Leben. Und diese Rückkehr kann guttun. Trotzdem bewältigt man seinen Arbeitsalltag vielleicht auf einmal ganz anders: trennt viel deutlicher in Wichtig und Unwichtig, setzt andere Prioritäten. Und genau das ist ja auch wichtig. Denn diese Dinge krempelt man schließlich um, weil man die „alte Normalität" nicht mehr leben will oder kann. Aufgrund der Erlebnisse, der Erfahrungen und Erkenntnisse oder der Nachwirkungen. Deshalb ist aber nicht gleich alles neu.

Wenn ich beschließe, nach einer Krankheit mehr auf mich und meine Gesundheit zu achten, mich weniger Stress auszusetzen und feste Arbeitszeiten regelmäßig einzuhalten, ist das völlig unabhängig von meiner Arbeitsqualität, die ich schließlich wie bisher erbringen kann. Ich gebe meinem Arbeitsleben einen neuen Rahmen. Genau dieser ist neu, nicht das Arbeiten oder die Leistung an sich. Natürlich kann man nicht davon ausgehen, dass dieses Anderssein immer und überall positiv aufgenommen wird. Wenn man als Arbeitnehmer beschließt, kürzerzutreten, ist das letztendlich eine Umstellung, ja vielleicht sogar eine Belastung für Kollegen. Eventuell gibt es Reibungspunkte. Eine Zeit der Umstellung und Eingewöhnung ist notwendig, denn auch ein Gegenüber benötigt Zeit, um sich mit Änderungen zu arrangieren und vertraut zu machen. Auswirkungen einer Veränderung sind sicher auch nicht auf das Berufsleben beschränkt. Sie treffen ebenfalls eine Partnerschaft, die Familie oder den Freundeskreis. Hier gilt es ebenfalls auszuloten und offen zu zeigen, was sich bewegt oder verändert hat, um vor allem dem Pauschalurteil zu entgehen: „Die ist ja überhaupt nicht mehr wiederzuerkennen." Denn es gibt neben den veränderten Tatsachen einiges, was nach wie vor Bestand hat. Wichtig ist es, auch diese Dinge wertzuschätzen, das Alte zu kultivieren und ihm Zeit einzuräumen.

Ein Schicksalsschlag stellt ein Leben auf den Kopf, ändert vieles, aber nicht alles! Er ist keine Phase, die von heute auf morgen vorbei ist, sondern ein Ereignis, das nun zu einem Lebenslauf gehört und dem eigenen Profil neue

Akzente und neue Grenzen setzt. Wir machen nicht auf einmal alles anders! Und wir sind auch nicht ganz anders! Doch das, was sich verändert hat, muss man nicht verstecken, sondern annehmen. Veränderungen dürfen wir zeigen und leben, denn sie definieren unser weiteres Leben. Ein Schicksalsschlag lässt sich nicht einfach löschen. DELETE. Wie das ein Feld auf der Tastatur möglich macht. Man kann nicht so tun, als wäre nichts gewesen. Ich halte noch nicht einmal etwas von dem Begriff „überwinden". Denn ein Schicksal ist prägend, ob wir das wollen oder nicht, und begleitet uns für den Rest unseres Lebens. Meine Veränderung betrifft nicht nur einen Verlust, sondern auch die Tatsache, dass ich die Kraft gefunden habe, nach so einem Schlag wieder aufzustehen. Diese Stärke begleitet mich heute täglich und lässt mich spüren, dass mir ein bisschen Gegenwind nicht so schnell etwas anhaben kann.

Trotzdem fühlt man sich manchmal durch ein Schicksal wie ein Einzelkämpfer. Das Anderssein kann aber auch verbinden. Schließlich bin nicht nur ich anders. Oder?

Auf die gleiche Weise anders

„Tamara hat auf dem Pausenhof zusammen mit ihren Freundinnen gelacht, Spaß gehabt, Witze gemacht. Daraufhin gab es ein Gespräch zwischen einer Mutter und der Klassenlehrerin. Die Mutter hielt mein Kind für nicht normal, da sie mit anderen Kindern fröhlich war, statt über den Verlust ihres Vaters in der Öffentlichkeit zu weinen." Ich

stehe zusammen mit Tamaras Mutter im Warteraum des Hospizes. Unsere Töchter sind beide Teilnehmer einer Kindertrauergruppe, die in ein paar Minuten zu Ende geht. Die Worte, die ich höre, empören mich zutiefst. Doch ich kann sie leider nachvollziehen, denn in den letzten Jahren habe ich selber immer wieder ähnliche Erfahrungen gemacht.

Ein Anderssein fällt auf. Egal ob das eine Hautfarbe, eine andere Nationalität, eine Behinderung oder ein erlebter Schicksalsschlag ist. Und genau dann, wenn man anders ist, steht man besonders unter Beobachtung und wird von seinem Umfeld teilweise auch sehr skeptisch beäugt. Und wenn das Verhalten, das Außenstehende wahrnehmen, ihrer Meinung nach nicht zur Situation des Betroffenen passt, hagelt es ganz schnell Kritik. Es fehlt an Verständnis für ein untypisches Verhalten oder an der mangelnden Fähigkeit, sich in die Situation des Gegenübers hineinzuversetzen.

Das kann einen Menschen schnell isolieren. Ehrlich gesagt fühlte ich mich schon ohne laute Kritik sehr als Exot. Als Witwe mit 34 Jahren mit einem Kleinkind. Da gerät man ganz schnell in die Position des Außenseiters, selbst wenn man auf stabile Freundschaften und Familie zurückgreifen kann. Es ist einfach vieles passiert, was andere nicht erlebt haben. Ich geriet ständig in neue Situationen, mit denen andere nicht konfrontiert wurden. Ich hatte das Gefühl, um mich herum herrscht eine heile Welt und bei mir tobt das Chaos. Dagegen richteten auch viele aufmunternde und unterstützende Worte nicht viel aus.

Ich fühlte mich allein auf weiter Flur, obwohl ich umringt war von lieben Menschen, die mir Halt gaben. Andis Mutter war dabei einer der stärksten Anker für mich, denn sie hatte vor vielen Jahren einen vergleichbaren Schicksalsschlag erlebt, brachte somit ein enormes Verständnis für mich auf und unterstützte uns, wo es nur ging. Doch ich merkte, dass das alles trotzdem nicht ausreichte.

Ich suchte lange und wurde endlich fündig. Bei der Münchner Nicolaidis Stiftung traf ich auf junge Witwen und Witwer, die alle Ähnliches erlebt und durchlitten hatten. Viele von ihnen hatten ebenfalls Kleinkinder und kannten den Schmerz und den schwierigen Alltag, den es auf einmal ohne Partner zu bewältigen galt. Ich nahm an Familienausflügen teil und fuhr öfters zusammen mit meiner Tochter übers Wochenende nach München. Ich fand dort einen guten Freund, der mir bis heute unheimlich viel Kraft gibt, der ein Vorbild ist und für mich jegliches Verständnis aufbringt. Auch ohne viele Worte. Durch diese Organisation traf ich Menschen, die mir ähnlich waren. Ich konnte reden und wurde einfach verstanden. Ich fühlte mich plötzlich nicht mehr so sehr als Außenseiter und auch meine Tochter merkte, dass es andere Kinder gibt, die lachen und fröhlich sein können, auch wenn sie nur noch der Papa oder eben die Mama durch dieses Leben begleitet.

Anders zu sein, ist nicht immer nur eine Abhebung, sondern kann auch wieder gemeinschaftsbildend sein. Das funktioniert aber nur, wenn ich mein Anderssein erkenne und mich auf die Suche nach einer passenden

Gemeinschaft mache: Ja, ich habe „Trauergruppen für junge Witwen und Witwer mit Kindern" gegoogelt!

Diese Menschen bewirkten, dass ich das Selbstvertrauen bekam, zu mir zu stehen. Ich war anders. Aber nicht anders als der Rest der Welt. Es gab Trauernde mit den gleichen Sorgen und Nöten, mit ähnlichen Erlebnissen und Auswirkungen. Das war für mich unheimlich hilfreich und unterstützend.

Wahrscheinlich ist es vergleichbar mit Menschen, die neu in ein fremdes Land kommen und erst mal den Kontakt zu ihresgleichen suchen. Das gibt Sicherheit und Halt in der Fremde. Und genauso ist es auch nach einem Schicksalsschlag. Die Suche nach Gleichgesinnten und das gemeinsame Gespräch vertreiben das Gefühl, ein Einzelkämpfer zu sein. Man fühlt sich plötzlich verstanden. Ob das nun einzelne Personen, eine Selbsthilfegruppe, Bekanntschaften durch eine Therapie oder eine Organisation sind, ist sicher nicht ausschlaggebend. Das Gefühl, nicht völlig isoliert vom Rest zu sein, ist maßgeblich. Und letztendlich ist es eine Tatsache, dass immer dann das Verständnis besonders groß ist, wenn man selber schon einmal einer vergleichbaren Situation ausgesetzt war. „Ja genau, das kenne ich!", „Bei mir war das auch so!", „Das kann ich gut nachvollziehen!", diese Worte von Menschen mit ähnlichen Erfahrungen sind Balsam für die Seele, ein Trost und gleichzeitig ein Mutmacher.

Leider kamen der Mutter der Klassenkameradin von Tamara diese Worte oder Gedanken nicht in den Sinn. Glücklicherweise war die Lehrerin eine Person, die zumindest großes Verständnis für ein trauerndes Kind aufbrachte und so vermitteln konnte.

Gerade für Kinder ist es nach einem Todesfall besonders schwierig, sich neu zurechtzufinden. Ich merkte an Svenjas Reaktion nach unseren Fahrten nach München, wie wichtig für sie der Umgang mit anderen Halbwaisen war. Stuttgart–München. Die Strecke war für mein Kind zu lang. Und mit drei Jahren hängt man sich ja auch nicht ans Telefon, um Kontakte zu pflegen. Speziell für Svenja suchte ich erneut im Umkreis von Stuttgart und hatte Glück. Die Zirkusgruppe für Kleinkinder des katholischen Hospizes St. Martin war für sie optimal. Hier fand sie spielerisch den Kontakt zu anderen Kindern mit gleichen Erlebnissen und unheimliches Verständnis von den Zirkuspädagogen und Helfern.

„Mein Papa ist im Himmel." Dass ein Kind diese Worte offen aussprechen kann, ist keine Selbstverständlichkeit. Gerade Kinder suchen Ähnlichkeiten mit anderen und wollen sich nicht mit irgendeiner Aussage völlig ins Abseits bugsieren. Doch Svenjas Wissen, dass sie ihr Schicksal mit Jonathan, Nina, Fabian, Tamara, Nike, Kutrum, Sabrina, Florian… teilt, macht sie stark und selbstbewusst. Denn man kann anders sein. Und darf das auch leben.

Der generelle Versuch, sich wie ein Chamäleon wieder der Umgebung anzupassen, ist zum Scheitern verurteilt. Denn nach einem Schicksalsschlag hebt man sich ab. Genauso wie ein Clown in der Kirche. Aber egal wie ungewöhnlich er erscheint in so einem Gottesdienst: Jeder kann einen Platz finden, der richtig für einen ist.

Bei vielen Außenstehenden führt das zu einer Verunsicherung. Doch das Wichtigste ist, dass man sich davon nicht anstecken lässt, sondern den Mut hat, darüber zu reden, das Schweigen bricht und sich zeigt, wie man heute ist. Vielleicht kann es sinnvoll sein, Gewohnheiten von früher zu ändern, wenn diese nicht mehr passen oder guttun. Entscheidend ist es, dazu zu stehen – zu einem Anderssein. Das einen geschwächt hat und gleichzeitig stark machen kann. Der Clown hat es Svenja und mir gezeigt: Man kann anders sein, man darf anders sein!

Nach jeder Schwarz-Weiß-Erfahrung kann das Leben wieder bunt werden. Und selbst rote Nasen sind dabei erlaubt.

KAPITEL 11

Die Fahrradtour
Wie es immer wieder weitergeht

Geschafft! Erleichtert lasse ich mich auf einen Stuhl plumpsen, der mitten im Wohnzimmer steht. Um mich herum türmen sich unausgepackte Umzugskartons, Wäschekörbe mit Ordnern und Büchern, Kissen, Pflanzen, Lampen und vieles mehr. Wenn es auch noch sehr nach Chaos aussieht – das meiste liegt hinter uns. Der Umzug ist dank tatkräftiger und zahlreicher Unterstützung aus dem Freundeskreis und der Familie schneller über die Bühne gegangen als erwartet. Und das Wichtigste hängt: die neue Schaukel in Svenjas Zimmer. Alles andere kann folgen. Und zudem ist es erst drei Uhr nachmittags, also noch viel Zeit zum Räumen und Auspacken.

Die pralle Frühlingssonne durchflutet den Wintergarten und das Wohnzimmer. Durch das geöffnete Fenster hört man Stimmen von vorbeiradelnden Kindern, Spaziergängern und Hundegebell. Es ist ein tolles Fleckchen Erde, das wir uns ausgesucht haben. Die neue Wohnung ist umringt von Wiesen und Wäldern und liegt trotzdem direkt neben der kleinen Grundschule, in die Svenja in nur wenigen Monaten eingeschult wird. „Ein bisschen wie Bullerbü", kommt mir immer wieder in den Sinn.

Der große Schritt ist gemacht. Ich kann es kaum fassen. Ich habe es geschafft, das Alte zu verlassen. Und es geht mir gut. Es fühlt sich toll an. Dies ist nun mein Reich. Das von meiner Tochter und mir. Etwas Andi haben wir in der alten Wohnung zurückgelassen. Seltsamerweise tut es nicht weh. Im Gegenteil. Ich spüre Erleichterung, denn die Vergangenheit ist dunkel und grau. Hier aber ist es hell, freundlich und sonnig. Und komischerweise fühle ich mich gerade deswegen dem Himmel ein Stückchen näher. Vielleicht liegt es auch an den Dachfenstern oder am Wintergarten. Fast in jedem Zimmer ist der Himmel zum Greifen nah.

„*Mama, machen wir eine Fahrradtour?" Svenja kommt aus ihrem Zimmer angesaust und bleibt an einem geöffneten Fenster stehen. „Jetzt?" Ich drehe mich perplex zu ihr um. „Svenja, wir sind am Umziehen." Mein Blick fällt beim Reden wieder auf die vielen Kartons, die nur einen schmalen Weg zum Laufen zulassen. „Aber wir sind doch schon fertig und es sind alle weg", ertönt erneut die Stimme vom Fenster aus. „Schon fertig? Na die ist gut", geht es mir durch den Kopf.*

Ich lege die eben ausgepackte Glasvase zurück in einen Umzugskarton und stelle mich neben Svenja. Ein leichter Wind fährt uns beiden durch die Haare. Warum eigentlich nicht? Ob ich nun heute die Kartons öffne oder morgen, darauf kommt es bestimmt nicht an. Mein Kopf und mein Bauch treten in einen kurzen Zweikampf. Eine Minute Schweigen und ich bin überzeugt: Sie hat recht. Wir haben so viel gemeistert, da setzen wir dem Tag nun eine Krone auf und machen unsere erste Fahrradtour in unserem neuen Zuhause. Und zwar genau jetzt!

Es war die beste Entscheidung des Tages. Strahlend radelt meine Tochter auf ihrem blauen Kinderfahrrad neben mir her. Wir durchkreuzen das Wohngebiet, umrunden die Felder und strampeln durch den Wald. Ich genieße den Fahrtwind, das Vogelgezwitscher, das Kinderlachen und bin einfach nur froh, dass ich es geschafft habe, auf meinen Bauch zu hören, der mich von den wirklich wichtigen Dingen im Leben überzeugen kann.

Die Gefahr der Krisenspirale

Mit diesem Umzug habe ich in meinem Leben wieder etwas bewegt. Selbst. Aus freien Stücken. Ohne Zwang und Bedrängnis. Diese räumliche Veränderung war gewollt, sie war geplant und von mir initiiert. Rückblickend hatte ich an diese Möglichkeit schon gar nicht mehr geglaubt, denn das Wort Veränderung war für mich seit der Diagnose, dass Andi einen Hirntumor hat, vollständig negativ besetzt und hatte mit eigenen Entscheidungen nicht mehr viel zu tun.

Die vergangenen Jahre waren geprägt von zig Veränderungen, die ich weder wollte noch verhindern konnte. Die ungefragt eintraten, wie ein Blitz aus heiterem Himmel, keine Vorbereitung zuließen und weitreichende Konsequenzen nach sich zogen. Ich wurde immer wieder fremdgesteuert und das Gefühl, mein Leben selber beeinflussen zu können, schwand. Es war, als hätte ich das Stimmrecht für mich selbst verloren.

Heute weiß ich, dass mein Lebensgefühl nur ein Eindruck war. Aber ich weiß ebenfalls, dass dieser Eindruck – ohne Hinterfragen – einen enormen Schaden anrichten kann. Es besteht nämlich die Gefahr, dass man im Modus der Krise verharrt. Und in einer Krise steht man nicht mehr selber im Mittelpunkt, sondern die Krise an sich. Sie ist maßgeblich. Das Wichtigste. Sie befindet sich sozusagen im Zentrum des Lebens. Das prägt und kann kontinuierlich Nachwirkungen auslösen.

Beispielsweise, wenn eine schwere Krankheit als überwunden gilt und die Ärzte ganz klar das Signal geben, dass Belastungen ohne Einschränkungen wieder möglich sind. Was aber, wenn die für gesund erklärte Person das nicht umsetzen kann? Wenn sie weiter auf ein Wanderwochenende mit Freunden oder die Rückkehr in den Tennisverein verzichtet, weil sie ja wieder krank werden könnte? Sie lebt, als wäre sie noch immer krank, als müsste sie sich weiter schonen und aufpassen, obwohl es dafür keinen objektiven Grund gibt. In viele Entscheidungen ihres weiteren Lebens bezieht sie die erlebte Krise ein und macht sich so immer weiter von ihr abhängig.

<u>Die Krise diktiert ein für alle Mal das Leben.</u>

Genauso geht es auch Menschen, die durch eine große Enttäuschung das Vertrauen in eine Beziehung verloren haben. Im Kopf tickt es: Nein! Ich gehe keine neue Beziehung mehr ein, denn ich könnte ja erneut verlassen und enttäuscht werden. Die Krise nimmt das Leben weiter in die Hand und bleibt der Mittelpunkt. Sie hat sich eingenistet wie ein unerwünschter Besucher, der nicht mehr an eine Abreise denkt. Und man selber hat durch die Erfahrungen der Vergangenheit das Gefühl dafür verloren gegenzusteuern und lässt es einfach geschehen.

Eine Dauerkrise wünscht sich jedoch niemand.

Kursänderung der inneren Haltung

„Das ist doch die, deren Mann gestorben ist! Arme Frau! Was hat das Leben ihr übel mitgespielt! Schlimm, schlimm!"

Ich konnte die Worte nicht immer hören, aber in vielen Gesichtern lesen. Ich fühlte mich gebrandmarkt, obwohl auf meiner Haut natürlich nicht wie bei Tieren ein Zeichen eingebrannt war, das mich kennzeichnete und zuordnete. Trotzdem waren mit mir die Begrifflichkeiten Krebs, Tod, Trauer und Witwe untrennbar verbunden, und ich sah in den Augen meiner Gegenüber immer wieder die gleichen Regungen und Gedanken. Ich nahm das Schweigen wahr, das plötzlich um mich herum herrschte. Die Zurückhaltung oder Eile bei vielen zufälligen Begegnungen. Oder die mitleidigen Blicke, wenn ich auf einem Kindergartensommerfest die Picknickdecke für Svenja und mich zwischen den vielen Familien ausbreitete.

Irgendwann hatte ich das alles satt. Natürlich ist es schlimm! Und natürlich gehört das Erlebte zu mir! In der ersten Zeit nach Andis Tod hatte ich auch überhaupt nicht das Gefühl, als würde es neben meiner Trauer noch groß etwas anderes für mich geben. Ich wollte und konnte kaum an etwas anderes denken. In dieser Zeit hatte ich das Lachen verlernt und war gerade noch dazu in der Lage, ab und an die Mundwinkel zu verziehen.

Doch im Lauf der Zeit veränderte sich das. Und irgendwann fiel es mir wie Schuppen von den Augen: Ich hatte Platzangst! Mein Schicksal bedrängte mich so sehr und grenzte mich ab. Egal wann, egal wo, egal bei wem. Es hatte sozusagen die Alleinherrschaft übernommen und zeichnete mich aus. Ich definierte mich nur noch über meinen Schicksalsschlag.

Vielleicht ist es Ihnen schon einmal ähnlich wie mir ergangen und Sie wollten ebenfalls einfach einmal wieder Sie selbst sein. Und nicht mehr auf die Definition „Mann im Rollstuhl" oder „Frau mit Brustkrebs" reduziert werden. Das kann ich gut verstehen und weiß heute auch, wo man ansetzen kann.

Denn dieses Empfinden, wie man auf andere wirkt, spiegelt vor allem die innere Haltung wider. Wenn man mit den Erwartungen oder auch Befürchtungen weiterlebt, dass das eigene Leben fremdgesteuert ist und man es nicht mehr beeinflussen kann, vermeidet man auch zusätzliche Veränderungen. Und zwar vor allem die positiven. Die selbst initiierten. Nämlich genau die, die im Leben wieder für Abwechslung sorgen. Und zwar im positiven Sinn. Veränderungen, die in eine Richtung führen könnten, in die man sich auch wirklich bewegen möchte. Verharrt man und wartet auf die nächste schicksalhafte Fügung, kommt es zum Stillstand. Und so bleibt natürlich auch dem Umfeld vor allem der Schicksalsschlag präsent.

Ich wollte meine Vergangenheit weder vergessen noch verdrängen. Doch ich wollte irgendwann, dass man mich wieder mit anderen Dingen in Verbindung bringt.

Um das allerdings zu erreichen, musste ich erst mal aufstehen.

Als der Tag nicht aufstehen wollte

Es war einmal ein Tag, der einfach keine Lust zum Aufstehen hatte. Längst war es Zeit für ihn, anzubrechen, aber er weigerte sich. Der Tag wollte lieber im Bett bleiben und schlafen.

Die Menschen machten sich natürlich Sorgen, als die Nacht einfach weiterging, denn sie war kurzfristig für den Tag eingesprungen. Aber die Sorgen der Menschen kümmerten den Tag nicht.

Da schaltete sich das Leben ein und ging zum Tag.

„Tag", sagte das Leben, „du musst aufstehen."

„Nö, ich habe keine Lust", antwortete der Tag.

„Sei nicht dumm und vergeude mit diesem Unsinn deine Lebenszeit. Du wirst nie wieder Tag sein können, du bist nur heute. Du bist dieser Tag und kein anderer – das ist alles, was du je sein wirst. Nutze den Tag!", sagte das Leben und lächelte innerlich über dieses Wortspiel.

Der Tag war nachdenklich geworden.

Was, wenn das stimmte und er wäre nur heute? Würde er dann tatsächlich nicht aufstehen wollen?

Er überlegte noch einen Moment und brach endlich an. Und es wurde ein guter Tag.

Tania Konnerth

Nach einem Schicksalsschlag hat man in der ersten Zeit keine Vorstellung mehr davon, für was sich ein „Aufstehen", also ein Teilnehmen am Leben, eigentlich lohnt. Der Schmerz, der Verlust, die Auswirkungen überschatten einfach alles. Meine Tochter war für mich der einzige Grund, weiterhin so etwas wie Alltag zu gestalten. Ich beschützte sie, ich existierte, aber ich lebte nicht mehr.

Diese Gefühlslage halte ich anfangs für völlig normal. Und sie dauert. Irgendwann kam ich trotzdem an den Punkt, an dem ich das Gefühl hatte, mich immer wieder im Kreis um mein Schicksal zu drehen. Dieses Stehenbleiben tat einfach nicht mehr gut. Ich wollte nicht mehr als Witwe in einer Runde sitzen, sondern wieder als Andrea Riedinger. Ich wollte, dass sich Menschen etwas über mich erzählen, ohne im ersten Satz den Tod von Andi zu erwähnen. Ich wollte wieder richtig lachen können und den lästigen Gedanken abschütteln, dass ich dazu eigentlich überhaupt keinen Grund mehr habe.

Ich wollte wieder vorwärtskommen. Neue Vorhaben umsetzen. Mich über ein erreichtes Ziel freuen. Doch mir wurde klar, dass das nichts ist, was plötzlich von alleine passiert. Ohne eigenes Zutun. Etwas, worauf ich einfach warten könnte. Nein! Die Initiative musste ich schon selber ergreifen. Für eine positive Veränderung im Leben muss man selber sorgen. Diese Erkenntnis war unheimlich hilfreich.

Es ist wie beim Fahrradfahren. Damit man nicht umfällt, muss man sich bewegen. Sicher hat jeder von Ihnen schon einmal an einer roten Ampel versucht, mit beiden Beinen auf den Pedalen zu bleiben. Solange sich das Rad dreht, klappt das ja, auch wenn es noch so langsam rollt. Ein Stehenbleiben dagegen führt dazu, dass es kippt. Und es kann sogar zum Sturz führen. Die Bewegung bringt einen vorwärts. Und der Schwung beim Fahrradfahren kommt nur, wenn man selber kräftig in die Pedale tritt. Wir können also eine Veränderung vorantreiben.

Eine wichtige Erfahrung habe ich allerdings gemacht und diese prägt auch den Blick auf meine Zukunft: Es wird immer wieder Krisen im Leben geben, die uns von Zeit zu Zeit ausbremsen und bei denen wir keine Möglichkeit haben, selbst eine Entscheidung zu treffen. Oder um es am Bild des Fahrrads zu verdeutlichen: Krisen sind wie ein Baumstamm, der bei einer Fahrradtour den Weg versperrt, oder ein Unfall, der uns aus dem Sattel hebt. Vielleicht müssen wir nach so einem Erlebnis umdrehen, da es an dieser Stelle kein Vorwärtskommen mehr gibt. Eventuell sind wir verletzt und brauchen eine Auszeit. Vielleicht benötigen wir auch ein neues Fahrrad, da das alte nicht mehr funktionsfähig ist. Es wird immer wieder Momente geben, in denen sich uns im Leben Hindernisse in den Weg stellen. Wichtig ist allerdings eine Devise, die vor allem Reiter von der ersten Reitstunde an eingebläut bekommen: Nach einem Sturz muss man wieder in den Sattel!

Das Leben ist immer eine Gratwanderung und besteht aus Dingen, die ich in der Hand habe, und aus Dingen, die ich nicht beeinflussen kann und hinnehmen muss. Läuft das Leben rund, ist einem diese Gratwanderung gar nicht bewusst. Erst in einer Krise wird das richtig klar.

Doch genau dann darf ich die Möglichkeiten, die ich selber in der Hand habe, nicht ignorieren. Denn sonst werde ich das Gefühl sicher nicht los, dass mein Leben plötzlich vollständig fremdgesteuert ist. Es ist wichtig, die Erfahrung zu machen, dass man sein Leben auch wieder mitgestalten kann. Das Leben ist Veränderung! Immer wieder. Mal in die eine, mal in die andere Richtung. Veränderungen sind keine Einbahnstraßen. Sie bewegen sich nicht immer nur in eine Richtung. Es wird nicht automatisch alles nur schlimmer und schlimmer. Veränderungen bewirken einen Kurswechsel, den wir selber einleiten können. Indem wir im Leben einen Schritt nach vorne machen.

Vielleicht einen Umzug planen, ein neues Hobby ausprobieren, eine lang ersehnte Reise realisieren oder ein soziales Engagement übernehmen. Was es im Einzelnen auch ist – es muss zu einem passen, es muss einen ansprechen und wieder neu motivieren. Nur dann funktioniert auch der Kurswechsel mit der Zeit.

Natürlich kann man dabei Verluste nicht kompensieren. Ich kann meinen Mann nicht zum Leben erwecken oder Krankheiten verschwinden lassen. Was ich dennoch tun kann, ist, mein Leben lebenswerter zu gestalten. Zukunftsgerichtet. Nicht vergangenheitsorientiert.

Da ich weiß, wie schnell sich mein Leben ändern kann, schrecke ich heute vor Veränderungen weniger zurück. Ein Beispiel dafür ist mein Beruf. Vor meiner Elternzeit war meine Arbeit ein fester Bestandteil meines Lebens. Ich arbeitete gerne, entwickelte mich beruflich weiter, besuchte Fortbildungen, wechselte auch mal den Arbeitgeber und absolvierte nebenher ein Abendstudium. Jahrelang drehte sich für mich alles um das Thema Bankgeschäfte. Ich stellte meine Berufswahl nicht infrage. Diesen Weg hatte ich nach dem Abitur eingeschlagen. Und diese Spur verfolgte ich, mit Unterbrechung durch den Kinderwunsch. Ich kam nicht einmal ansatzweise auf den Gedanken, daran jemals etwas umzukrempeln.

Andis Tod änderte das radikal. Ich sah mich dem Spagat ausgesetzt, auf der einen Seite für ein Familieneinkommen zu sorgen, auf der anderen Seite eine Mutter zu sein, die für ihre Tochter nachmittags da ist. Svenja ist heute noch unheimlich unsicher, sobald wir uns länger als einen halben Tag nicht sehen. Selbst eine Übernachtung bei der Oma ist im Vorfeld immer mit Tränen verbunden. Würde ich ganztags arbeiten, würde sie sehr darunter leiden. Das war mir von Anfang an klar, obwohl es im ersten Augenblick so aussah, als ob es dazu keine Alternative gebe. Die Krise diktierte die Regeln. Aber ich wollte mich nicht fügen. Ich musste mich also bewegen, mich verändern, sonst wäre es zum „Sturz" gekommen. Und das habe ich getan: Ich studierte Journalismus, eigentlich bisher ein Hobby, ein Hirngespinst. Doch ich vertiefte dabei genau die Themen, die mir sowieso permanent im Kopf herumspukten: Medizin, Krebs, Schicksalsschläge. Danach machte ich mich selbstständig. Ich arbeite heute einen Großteil von zu Hause aus und reduzierte meinen früheren Job auf eine Teilzeittätigkeit. Diese Veränderung war rückblickend, sowohl für mich als auch für Svenja, eine unheimlich wichtige Entscheidung.

Denn diese Veränderung schaffte Stabilität. Eigentlich ein Widerspruch. Wie kann das trotzdem funktionieren?

Was guttut

„Heute ist Freitag. Also denk daran, dass du nach der Schule nicht in die Mittagsbetreuung gehst, sondern direkt nach Hause kommst." Bei meinen Worten erscheint auf dem Gesicht meiner Tochter ein Strahlen, wie immer, wenn ich ihr sage, dass sie bereits zum Mittagessen heimkommen kann, weil ich nicht außer Haus arbeite. „Mama, geht das schnell vorbei?" „Wie ein Flitzebogen", beantworte ich die Frage wie jeden Morgen – unser kleines Ritual. Schon schwingt Svenjas Arm wie ein Bogen durch die Luft und ein Zischen ist zu hören. „Okay, dann tschüss bis später." Mit diesen Worten, einem Handkuss für mich und einem quietschvergnügten Gesichtsausdruck hüpft meine Erstklässlerin stufenweise die Treppe hinunter, um sich zusammen mit ihren Freundinnen auf den Weg zur Schule zu machen.

Es ist einfacher gesagt als getan, einen anderen Weg einzuschlagen und sich neue Perspektiven zu suchen. Nach einer Krise gibt es ja keinen Neustart, der das Geschehene vergessen lässt, sondern ein Weiterleben, bei dem man einen Rattenschwanz an Vergangenheit mitschleppt und sicher auch einiges gar nicht umsortieren kann oder möchte. Zudem bringt es überhaupt nichts, wenn man von außen zu einem Aktionismus gedrängt wird. Leider ist es manchmal gar nicht so einfach, diesem zu entkommen. Mein Cousin hat auf tragische Weise vor Kurzem seinen Vater verloren. Er ist gerade 18 Jahre alt geworden, und vor der Haustür steht nun ein unbenutztes Auto. Für viele Nahestehende war es deshalb völlig selbstverständlich, dass sich mein Cousin so schnell wie möglich für die Führerscheinprüfung anmeldet. Das Auto kann man ja nicht einfach ungenutzt stehen lassen, so der weitläufige Tenor. Er aber machte das nicht. Er hatte schließlich gerade eine Art Achterbahnfahrt der Gefühle hinter sich. An Verständnis für diese Entscheidung mangelte es leider.

Eine Vorgabe von außen bringt nichts. Man muss selbst feststellen, was guttut, und den Schritt nach vorne aus eigener Überzeugung machen. Es ist nach einem Schicksalsschlag so viel in Unordnung geraten, dass man erst einmal sein inneres Chaos sortieren muss, um überhaupt an eine neue Herausforderung denken zu können. Je mehr man dabei von anderen gedrängt wird, umso heftiger wehrt man sich schon wieder innerlich gegen das Neue, da man sich erneut fremdgesteuert fühlt. Es ist wie der Aufruf: „Hör doch mal auf zu trauern und finde eine neue Perspektive für dein Leben!" Auch wenn ich die gut gemeinten Absichten nicht infrage stellen möchte.

Manchmal werden diese Gefühle allein schon durch bestimmte Aussagen ausgelöst. Nach Andis Tod hörte ich oft den Satz: „Hältst du es in eurer gemeinsamen Wohnung überhaupt aus?", und ich begann ebenfalls zu grübeln. Mein Kopf sagte mir damals schnell: Nix wie weg, aber mein Bauchgefühl sprach deutlich dagegen. Und im Nachhinein betrachtet war das Warten auch richtig. Ich gab mir Zeit, ein neues Ziel zu finden. Nämlich eines, in dem ich mich heute wieder zu Hause fühle. Auch wenn es naheliegend war, eine Hauruckaktion hätte nichts bewirkt und mir niemals die Stabilität gebracht, die ich heute nach dem Umzug empfinde.

Aktionismus bringt gar nichts. „Hauptsache anders!" ist nicht gut. Das ist allenfalls eine kurze Ablenkung, besser gesagt ein Ablenkungsmanöver, aber noch lange kein Kurswechsel. Es gilt abzuwägen: Passt es gerade für mich, ist es stimmig mit meinem Bauchgefühl oder eben nicht? Es ist unheimlich wichtig, wieder seiner Intuition zu vertrauen. Hören Sie auf Ihr Bauchgefühl, auf Ihre innere Stimme! Sie hat Ihnen mehr zu erzählen, als Sie sich vorstellen können!

Direkt nach der Beerdigung von Andi bekam ich von meiner Freundin aus Hamburg das Angebot, mit ihr und unseren Kindern eine Woche an die Ostsee zu fahren. Diese Aussicht schien am Abend der Beerdigung wie ein Ausweg aus einem riesen Schlamassel zu sein. Ich wollte weg. Einfach nur weg. Doch schnell kamen mir auch die Gedanken: „Ich kann doch jetzt nicht einfach in den Urlaub fahren. Das macht man doch nicht!" Da waren sie wieder: mein Kopf und mein Bauch. Trotzdem nahm ich meinen Wunsch ernst und ignorierte, was andere darüber denken könnten. Eine Woche Flucht war damals genau das Richtige.

Wir müssen ein neues Selbstvertrauen entwickeln, indem wir uns selber neu vertrauen. Auch wenn unsere Entscheidungen vielleicht nicht der Norm entsprechen. Aber wir sind ohnehin aus einem Raster gefallen, fallen auf, sind gezeichnet, einfach anders. Es bringt wenig, sich immer nach allgemeingültigen Konventionen zu richten. Die eigene innere Stimme hingegen weiß genau, wie es uns geht. Und genau deshalb kann sie einen viel leichter wieder ins Gleichgewicht bringen. Das funktioniert aber nur, wenn man auch auf sie hört.

Das Leben ist wie ein Schattenspiel, in dem es weder absolute Dunkelheit noch uneingeschränktes Licht gibt. Man kann die Schatten nicht verbannen, denn das würde bedeuten, dass auch das Licht fehlt. Wir können uns aber immer wieder aus dem Schatten heraus dem Licht zudrehen, damit das Leben neue Stabilität gewinnt. Und für dieses Leben gibt es ganz besondere Stützen, die es zu entdecken gilt.

Wer guttut

Damals, beim Vorgespräch für Andis Beerdigung, gab mir die Pfarrerin eine hilfreiche Erkenntnis mit auf den Weg, die noch lange in mir nachhallte:

„Sehen Sie diese Situation auch als Chance. Sie wissen nun, wer zu Ihnen steht und wer nicht. Wer für Sie da ist und wer nicht. Andere haben vielleicht nie die Gelegenheit, das herauszufinden."

Von meinem Mann durch eine tückische Krankheit getrennt zu werden, war das Schrecklichste, was mir in meinem Leben widerfahren ist. Wenn man am Tag der Hochzeit gemeinsam vor dem Altar steht und den Satz „Bis dass der Tod euch scheidet" hört, nickt man das ab, weil es ganz, ganz weit entfernt liegt und mit dem momentanen Leben nichts zu tun hat. Aber dieser Schein kann trügen.

Aber es ist ja nicht immer nur der Tod, der unser Leben scheidet. Manchmal trennen sich Paare und beenden einen gemeinsamen Weg. Freundschaften zerbrechen, weil Vertrauen missbraucht wurde oder man sich einfach aus den Augen verliert. Es gibt auch Situationen, in denen Menschen einfach von der Bildfläche verschwinden, weil etwas Schlimmes in ihrem Leben passiert ist, was plötzlich ihre ganze Aufmerksamkeit fordert, und sie nicht mehr in der Lage sind, Kontakte zu pflegen. Und dann? Gilt dann die Devise: „Aus den Augen, aus dem Sinn"?

Zum Glück war es damals bei uns anders. Dennoch waren wir auf eine gewisse Weise einsam. Vor allem in der Zeit, die wir in Freiburg verbrachten. Dies galt vor allem für Andi. Ich selbst war so beschäftigt mit Organisieren, mit Svenja, dem Hin und Her zwischen Krankenhaus und Wohnung, dass mich diese Entwicklung weniger berührte. Andi hingegen hatte Zeit. Er lag tagaus, tagein in seinem Krankenbett in einer fremden Stadt und konnte seinen Gedanken freien Lauf lassen. Dass sich unser großer Bekanntenkreis und auch seine Familie fast vollständig aus unserem Leben raushielten und seine Versuche, den Kontakt zu halten, oft ins Leere führten, konnte er nicht nachvollziehen. Nur einige wenige, wirklich gute Freunde standen jederzeit bereit. Seine Enttäuschung und sein Unverständnis für gewisse Hemmschwellen beim Umgang mit seiner Krankheit waren groß. Auf den ersten Blick war es eine Enttäuschung. Niemand merkt gerne, dass Freunde zwar mit einem feiern, fröhlich sind und Spaß haben, sich aber dann, wenn es ernst wird, doch lieber zurückziehen. Abwarten, bis vielleicht die Krise vorbei ist. Und lieber mal jemand anders fragen, wie es dem Kranken geht, anstatt selbst zum Hörer zu greifen.

Doch auf den zweiten Blick? Auf den zweiten Blick bewahrheitet sich genau das, was die Pfarrerin ansprach: Die Täuschung ist weg! Und man weiß wirklich genau, auf wen man im Leben zählen kann. Es ist immer so: Letztendlich messen sich Freundschaften im Handeln. Ganz besonders in einer Krise. Und genau dieser Aspekt ist wichtig. Es schwächt Sie, wenn Sie ständig über Verluste grübeln, über Freundschaften, die sich früher sehr intensiv anfühlten und sich auf einmal als Trugschluss erweisen. Dagegen stärkt es, genau zu wissen, auf wen man zählen kann, wer zu einem steht – langfristig. Egal ob das Leben ein Hoch oder ein Tief erreicht hat.

Ganz genau kann ich mich an jenen Morgen erinnern, als ich völlig verloren vor Andis Bett stand und wusste, dass er in Kürze sterben wird. In diesem Moment klopfte es. Zaghaft. Nicht beherzt, so wie es Schwestern und Ärzte machen. Als die Tür aufging, sah ich Martina. Noch nie in meinem Leben war ich so froh, jemanden neben mir zu wissen. Martina und ich kannten uns schon viele Jahre. Allerdings stand bei unseren Begegnungen in der Vergangenheit hauptsächlich die langjährige und intensive Freundschaft unserer Männer im Mittelpunkt. Wir beide waren eben die Partner, die zwar gut miteinander auskamen, jedoch fast nie zu zweit aufeinandertrafen.

Ich war damals überwältigt von ihrem Mut, mir beizustehen. Sie wusste genau, was passieren wird. Und trotzdem stand sie völlig selbstverständlich als Einzige neben mir, obwohl sie genauso wie ich um Fassung rang.

Diese Geste hat sich bei mir eingebrannt und ich werde sie auch nie vergessen. Niemals zuvor hat mich ein Mensch so positiv überrascht. Es ist ja nicht immer nur so, dass man Menschen verliert. Vor allem Krisen zeigen auch, dass man Freunde gewinnt oder auf einmal merkt, wen man wirklich neben sich weiß. Es ist einfach so: Menschen kommen und gehen. Auch in Beziehungsfragen verändert sich stetig etwas. Man muss einfach akzeptieren, dass diese Bewegung nicht nur von einem selbst ausgeht. Nicht nur mein Leben ändert sich immer wieder. Auch das der anderen. Für eine Weile gibt es Überschneidungen. Einige dauern länger, andere nicht so lange. Dann trennen sich die Wege wieder.

Nicht jeder schafft es, einem Krebskranken offen zu begegnen. Oder einer Witwe. Oder einem verlassenen Partner. Gerade Krisen verändern. Und nicht nur die unmittelbar Betroffenen, sondern auch diejenigen, die danebenstehen. Hier findet Bewegung statt. Diese muss ich jedem zugestehen. Manchmal bilden sich neue Freundschaften, in anderen Fällen muss ich Menschen ziehen lassen und diese Tatsache einfach akzeptieren. Was nützt eine Freundschaft, die mal gut war, jetzt aber nur noch eine Hülle ist? Um genau das festzustellen, fehlt ja oftmals die Gelegenheit. Immer wieder wird man davon überrascht, wie sich Meinungen gerade in Krisenzeiten ändern können.

Beispielsweise wenn eine ältere Frau immer gerne auf eine ausländische Familie im Haus schimpfte: der Lärm, die vielen Kinder, der häufige Besuch, die laute Musik. Wenn dann aber genau diese Frau mit einem Oberschenkelhalsbruch auf dem Sofa liegt und es nicht ihre eigenen Kinder sind, die täglich mit einem warmen Mittagessen in der Türe auftauchen, sondern die Nachbarn, die bisher nichts recht machen konnten – dann ändert sich auf einmal ein Vorurteil, das man bisher gar nicht wahrhaben wollte.

Sowohl in einer Krise als auch in der Zeit danach zeigt sich, auf wen man zählen kann und auf wen eben nicht. Auch diese Veränderung gibt dem Leben ein großes Maß an Stabilität, obwohl sich manchmal doch so einiges umsortiert.

Um nach einem Schicksalsschlag wieder vorwärtszukommen, ist es also wichtig, Veränderungen anzugehen. Dabei kann es auch vorkommen, dass man neue Grenzen setzen muss!

Nein!

Ganz bestimmt waren Sie auch in der letzten Zeit einmal bei Freunden zum Essen eingeladen. Rufen Sie sich so einen gemütlichen Abend unter Freunden einfach noch mal ins Gedächtnis:

Die Stimmung ist ausgelassen und fröhlich. Lautes Stimmengewirr ist zu hören. Die Wanduhr zeigt kurz vor zehn. Das Kerzenlicht flimmert in den unterschiedlichsten Ecken des Zimmers und hinter den Fensterscheiben ist es dunkel geworden. Das Essen war vorzüglich: Kressesüppchen als

Vorspeise, Antipasti als Zwischengang, Schweinemedaillons mit verschiedensten Beilagen als Hauptgericht und als Dessert eine Mousse au Chocolat, die Ihnen auf der Zunge zerging. Die Köchin des Hauses hat sich absolut übertroffen und nun sitzen Sie satt und zufrieden in der geselligen Runde. Der Hausherr schenkt gerade Wein nach, als sich die Tür zur Küche ein weiteres Mal öffnet und die Gastgeberin mit einer üppigen Käseplatte erscheint. Sie atmen tief durch. Es sieht lecker aus, doch innerhalb von Sekunden riegelt ihr Magen ab. Jedes weitere Stück Käse wäre zu viel. Nichts geht mehr. Die körperlichen Signale sind eindeutig und selbst die Psyche warnt, denn die Waage ruft sich ganz kurz ins Gedächtnis. Was tun Sie? Dankend ablehnen?

Natürlich tun Sie das, denn Sie merken, dass Sie sonst eine Grenze überschreiten, die Ihnen nicht guttut. Und jeder, der in Ihrer Situation wäre, hätte das Gleiche gemacht. Sie sagen Nein zu weiterem Essen. Sie können nicht mehr. Sie hören auf Ihre Bedürfnisse und auf Ihren Körper. Und das ist gut so.

Die eigenen Bedürfnisse wichtig nehmen!

Dieser Satz klingt im ersten Moment nach keiner harten Maßnahme. Doch auch wenn diese Worte einfach zu lesen sind, die Umsetzung birgt Zündstoff – vor allem in einer Krise.

Denn wie kann man bitte schön in einer Krisensituation Egoismus an den Tag legen? Und wenn ich in erster Linie an die eigenen Bedürfnisse denken soll, damit ich sie wichtig nehme, dann ist das ja total egoistisch. Geht das wirklich? Ja! Heute bin ich mir sicher: Es geht! Und es muss vor allem manchmal sein.

Genauso wichtig wie Hilfe annehmen ist es, Grenzen zu setzen. Kein Mensch kann unbegrenzt neue Aufgaben erfüllen, ohne dabei selber unter die Räder zu geraten. Niemandem stehen unbegrenzt Kraftspeicher und Leistungsfähigkeit zur Verfügung. Es gibt einen Punkt, ab dem Sie selber Schaden nehmen. Physisch wie psychisch. Die Überforderung beginnt. Und diesen Punkt sollte man ernst nehmen und sich vom Leistungsgedanken verabschieden. Engagement ist in unserer Gesellschaft positiv belegt, kann aber manchmal einen zartbitteren Beigeschmack haben. Zum Beispiel bergen große berufliche Ambitionen die Gefahr, dass die Grenze zwischen Engagement und Überforderung verwischt und somit schnell überschritten wird. Wichtig ist deshalb, die körperlichen und emotionalen Anzeichen wahrzunehmen und anzuerkennen.

Wie bedeutend sind beispielsweise für Menschen, die krank oder pflegebedürftig sind, die nächsten Angehörigen, die sich um sie kümmern. Wie wichtig sind Eltern für kranke oder behinderte Kinder. Sie sind eine wertvolle Stütze in einer schweren Zeit. Sie sind unersetzbar und leisten jeden Tag einen Dienst, der zehrt und Kräfte raubt. Und genau diesen Dienst können sie nur immer weiter leisten, wenn sie auch ihre eigenen Bedürfnisse ernst nehmen. Wenn sie im Rahmen ihrer Leistungsfähigkeit agieren und zu gewissen Dingen Nein sagen, wenn sie merken, dass ihre Belastungsgrenze erreicht ist. Vielleicht hilft auch einfach einmal eine kleine Auszeit, ein paar Tage Urlaub, in denen andere Personen ihre Aufgaben übernehmen. Vielleicht ist aber auch manchmal ein großer Schritt notwendig, wenn beispielsweise der Zeitpunkt erreicht ist, an dem man die häusliche Pflege nicht mehr bewältigen kann und der Wechsel in ein Pflegeheim ansteht.

Ich weiß selber, dass Nein sagen überhaupt nicht einfach ist. Doch genau das ist manchmal zwingend notwendig. Zum Schutz – für die eigenen Bedürfnisse. Auch ich habe in der Vergangenheit Warnsignale einfach überhört. Ich habe mich in vielen Situationen körperlich übernommen – sei es beim Schleppen schwerer Dinge oder beim Handwerkeln beim Umzug. Oder beim Essen, was oft ausfiel, wenn ich Svenja im Vorfeld abgefüttert hatte. Ich vergaß es einfach, merkte das aber erst, wenn ich mit knurrendem Magen schon im Bett lag. Ich hatte nicht Nein gesagt zu den Dingen, die mich überforderten oder mir schadeten.

Meine Hautkrebserkrankung war für mich ein ohrenbetäubender Warnschuss. In diesem Moment wurde mir klar, dass ich nicht weitermachen konnte wie bisher. Die Diagnose und der damit verbundene Schock öffneten mir die Augen: Meine Kraft reicht nicht unbegrenzt! So weit darf ich es nie wieder kommen lassen. Ich musste meine Einstellung ändern. Seit dem Tod meines Mannes war ich so darauf versessen, Svenja ein normales und weitgehend sorgenfreies Leben zu ermöglichen, dass ich kaum mehr auf mich selber achtete. Es war mir unangenehm, um Hilfe zu bitten. Ich wollte alles alleine schaffen, niemandem zur Last fallen und kürzte damit natürlich immer meine eigene Zeit und meine Kräfte. Ich wollte die Normalität wiederherstellen, die es in unserem Leben einfach nicht mehr gab. Jahrelang hatte ich den Tunnelblick behalten, wollte alles richtig machen und das, wenn möglich, sogar noch alleine. Ein riesengroßer Fehler, der beinahe fatale Folgen gehabt hätte. Heute ist mir bewusst: Auch ich bin wichtig. Ich bin nicht nur Mutter und Krisenmanager, sondern habe auch ein Recht auf mein eigenes Leben. Ein gewisses Chaos muss ich für mein Leben einfach anerkennen. Und welches Leben verläuft denn wirklich „normal"? Ich habe gelernt, Nein zu sagen, Hilfe anzunehmen und etwas für mich zu tun. Es fällt mir immer noch nicht leicht, aber ich werde immer besser.

Den Hautkrebs habe ich besiegt. Zumindest sieht es heute danach aus. Zwei Operationen, regelmäßige Kontrollen und eine Misteltherapie, der ich mich heute noch unterziehe, haben gewirkt. Ich hatte zudem das Glück, an einen Arzt zu geraten, der mich mit sehr deutlichen Worten wachgerüttelt hat.

In einer Krise ist jeder wichtig. Egal ob Patient, Angehöriger, Sterbender, Überlebender, Betroffener oder Helfer. Und jeder hat seine ganz persönlichen, individuellen Bedürfnisse, seine eigenen Grenzen. Und ebenfalls das Recht, Nein zu sagen.

Ich habe ein Lied gefunden, das die Individualität jedes Einzelnen ganz besonders hervorhebt.

Du bist du!

*Vergiss es nie: Dass du lebst, war keine eigene Idee,
und dass du atmest, kein Entschluss von dir.
Vergiss es nie: Dass du lebst, war eines anderen Idee,
und dass du atmest, sein Geschenk an dich.*

*Vergiss es nie: Niemand denkt und fühlt und handelt so wie du,
und niemand lächelt so, wie du's grad tust.
Vergiss es nie: Niemand sieht den Himmel ganz genau wie du,
und niemand hat je, was du weißt, gewusst.*

*Vergiss es nie: Dein Gesicht hat niemand sonst auf dieser Welt,
und solche Augen hast alleine du.
Vergiss es nie: Du bist reich, egal ob mit, ob ohne Geld;
denn du kannst leben! Niemand lebt wie du.*

*Du bist gewollt, kein Kind des Zufalls, keine Laune der Natur,
ganz egal, ob du dein Lebenslied in Moll singst oder Dur.
Du bist ein Gedanke Gottes, ein genialer noch dazu!
Du bist du,
das ist der Clou,
ja, du bist du!*

Jürgen Werth[1]

Als dieses Lied im Einschulungsgottesdienst meines Neffen gespielt wurde, gingen mir die Nerven durch. Ich weinte und weinte und konnte mich kaum mehr beruhigen. Einerseits, weil die Taufe von Svenja plötzlich wieder ganz präsent war: das Lied, das ihr Papa und ich für sie ausgesucht hatten. Die Zeit, in der noch alles gut war. Unsere kleine Familie, die damals noch vollständig am Taufbecken stand. Andererseits, weil mir auf einmal etwas sehr bewusst wurde: Dieses Lied galt auch für mich!

Seit der Diagnose der Krebserkrankung von Andi rannte ich immer wieder einer gewissen Normalität hinterher. Das Normale ist das Schönste! Ich war zwar bereit, eine Phase durchzustehen, dann allerdings sollte mein Leben bitte schön wieder in geordneten Bahnen verlaufen. Normal sein. Zumindest so, dass ich es für normal hielt. Natürlich klappte das nicht. Und dieses Lied spiegelte mir auf einmal deutlich wider, warum.

Es gibt eigentlich keine „normalen" Menschen, denn jeder Mensch ist unterschiedlich. Manchmal sind es nur Facetten, manchmal auch gravierende Unterschiede. Individualität ist eine absolute Grundeigenschaft jedes Einzelnen, die man mal mitbeeinflussen kann, mal einfach annehmen muss. Und genauso gestaltet sich auch das Leben. Eben sehr individuell. Es ist ein ständiger Fluss, es ist in Bewegung. Kein Verlauf gleicht dem anderen. Ich muss auch nicht jede einzelne Windung verstehen oder nachvollziehen. Genauso wenig kann ich alle Fäden meines Lebens in der Hand halten. Manchmal bleibt mir nicht mehr, als zu vertrauen, durchzustehen und zu akzeptieren. Dann wiederum gibt es Gelegenheit zum Gestalten, Beeinflussen und Formen.

Wenn ich mir bewusst mache, dass sich mein Leben immer wieder neu verändert, dann nehme ich diese Beweglichkeit als Leitmotiv des Daseins wahr. Etwas, was mich vor allem in Krisen stärkt und schützt. Das mir vor Augen hält, dass es nach einer Abwärtsbewegung auch wieder ein Aufwärts gibt. Auch wenn es noch gar nicht in Sicht ist. Keiner von uns ist vor radikalen Wendungen im Leben gefeit. Schicksalsschläge kommen aus dem Nichts. Und sind leider oft sehr ungerecht verteilt. Ob ich mein Päckchen schon größtenteils geschultert habe, weiß ich nicht. Aber ich habe gelernt, dass es eine Möglichkeit gibt, trotz einer furchtbaren Krise irgendwann wieder zu sagen, dass das Leben gut ist. Ich sage Ja zu meinem Leben. Ich gehe den Weg, egal was das Leben auch immer mit mir vorhat. Und ich versuche in Bewegung zu bleiben, etwas zu verändern. Genau aus diesem Grund ist das Empfinden, nur zu existieren, mit der Zeit verschwunden.

Und heute kann ich trotz der Schattenseiten wieder sagen: Ich lebe! Und das wünsche ich auch Ihnen! Haben Sie den Mut, nicht in Ihrer Trauer zu verharren. Stehen Sie auf und wagen Sie Veränderung. Es ist Ihr Leben – und das will gelebt werden!

EPILOG

Somewhere over the Rainbow

"Hast du im Wohnzimmer eine CD laufen?"

Meine Schwiegermutter betritt mit aufgeregt klingender Stimme die Küche, während ich das letzte Glas Sekt für die Gäste einschenke. Svenja hat Geburtstag und wir feiern am heutigen Sonntag ihren siebten Jahrestag mit Familie und engen Freunden.

Ich schnappe schwungvoll das Tablett mit den Gläsern und dem Salzgebäck, drehe mich Richtung Küchentür und antworte beim Hinausgehen: "Nein. Das Radio läuft. Wieso?"

Eine Antwort ist überflüssig. Während ich mich den anderen im Wohnzimmer nähere, höre ich schon die unverwechselbare Stimme des hawaiianischen Sängers Israel Kamakawiwo'ole. Es läuft der Song "Somewhere over the Rainbow". Für uns ist das viel mehr als ein wunderschöner Song – es ist das "Papa-Lied".

Im Wohnzimmer ist das Stimmengewirr trotz der großen Anzahl an Personen mit einem Mal fast verstummt. Es ist regelrecht fühlbar, wie jeder Einzelne die Luft für einen kleinen Moment anhält. Die Mimik der Gesichter ist dabei völlig unterschiedlich: von erstaunt bis entsetzt, von fröhlich bewegt bis ergriffen ist alles zu sehen. Doch es gibt eine Person im Raum, die durch und durch strahlt – und das ist meine Tochter.

Nachdem ich die Musik noch etwas lauter gestellt habe, verteile ich die Sekt- und Fruchtsaftgläser an die Erwachsenen sowie die Kinder. Dann nehme ich meine Tochter, soweit das mit unseren beiden Getränken möglich ist, ganz fest in die Arme und sage: „Na, dann schließe ich mich dem Papa mal schnell an. Alles, alles Liebe zum Geburtstag, mein Schatz! Auf Svenja!"

Foto: Sandra Wolf

Andrea Riedinger
Ausbildung als Bankfachwirtin und Medizinjournalistin. Ein Schwerpunkt ihrer journalistischen Arbeit sind die Themen Krebs, Krebsforschung und Prävention. Sie lebt mit ihrer Tochter in Filderstadt.
www.andreariedinger.de

Danke

Ganz herzlich danken möchte ich Oliver Gorus und seinem gesamten Team für die vielseitige Unterstützung von Anfang an. Ein besonderes Dankeschön gilt Stefan Weigand, der mich während der Schreibphase begleitet, motiviert, gefördert und gefordert hat.

Danke dem adeo-Verlag für das mir entgegengebrachte Vertrauen und die Chance, das zu veröffentlichen, was mich persönlich sehr bewegt.

Danken möchte ich auch meinen Freunden, die alle Phasen der Buchentstehung mit Interesse und Begeisterung verfolgt und unterstützt haben.

Verlagsgruppe Random House FSC® N001967
Das für dieses Buch verwendete FSC®-Papier *Munken Premium Cream*
liefert Arctic Paper Munkedals AB, Schweden.

© 2014 by adeo Verlag
in der Gerth Medien GmbH, Asslar,
Verlagsgruppe Random House GmbH, München

1. Auflage September 2014
Bestell-Nr. 835030
ISBN 978-3-86334-030-8

Wir danken den Verlagen für die erteilten Abdruckgenehmigungen:
S. 227, Herr Keuner und die Flut, aus: Bertolt Brecht, Werke. Große
kommentierte Berliner und Frankfurter Ausgabe, Band 18: Prosa 3.
© Bertolt-Brecht-Erben/Suhrkamp Verlag 1995
S. 246, Tania Konnerth, Aus der Schatzkiste des Lebens,
© Verlag Herder GmbH, Freiburg
S. 263, Du bist du, Originaltitel: I got you, Text und Musik: Paul Janz,
Dt. Text: Jürgen Werth © 1976 New Spring Publishing, adm. in DACH
by Small Stone Media Germany

Umschlaggestaltung: Gute Botschafter GmbH, Haltern am See
Satz: Uhl + Massopoust GmbH, Aalen
Druck: GGP Media GmbH, Pößneck
Printed in Germany